송충석의

재무제표 바로읽기

송충석의

재무제표 바로읽기

회계를 알고 재무제표를 읽으면 투자정보가 보인다

회계 기초개념부터 K-IFRS까지 완벽하게 정리하기

세학사

송충석의
재무제표 바로읽기

초판 인쇄 2020년 9월 29일
초판 발행 2020년 10월 7일

지은이 송충석
발행인 김원술

펴낸곳 도서출판 세학사
주 소 04607 서울특별시 중구 다산로15길 28 (다산동)
전 화 02-2231-4640(代)
팩 스 02-2253-2209
이메일 book@saehaksa.co.kr
http://www.saehaksa.co.kr

ISBN 978-89-6622-537-8 93320

정가 19,000원

머리말

회계를 모르면 기업을 제대로 알 수 없습니다. 회계를 알아야 재무제표를 읽을 수 있기 때문입니다. 그렇지만 회계는 다들 어렵다고 합니다. 일반인들은 물론 경영학과 학생들도 1학년 때 회계원리 첫 과목을 수강하고 나면 회계학을 기피과목으로 여기기 일쑤고, 모든 상장기업에 국제회계기준이 적용되기 시작한 2011년 이후로는 회계 담당자들도 회계기준을 제대로 이해하지 못하는 경우가 허다합니다. 영어로 쓰여진 '국제회계기준(IFRS)'을 단순 직역해서 우리 기준으로 삼은 것이 '한국채택국제회계기준(K-IFRS)'입니다. 그러다 보니 부자연스러운 표현과 난해한 문장은 심지어 회계전문가들에게도 부담스러운데, 안타깝게도 대학에서 가르치는 교재들 대부분이 K-IFRS 내용을 그대로 전달하는데 그치고 있습니다.

재무제표는 기업의 경영활동 결과를 정기적으로 이해관계자들에게 전달하는 결산보고서입니다. 지난 1년 동안 경영활동을 통해 돈을 얼마나 벌었는지, 그래서 회사의 살림형편은 어떻게 달라졌는지를 설명해줍니다. 애플이나 마이크로소프트, 삼성전자 같은 글로벌 기업도 불과 몇 페이지짜리 재무제표로 모든 재무상황을 요약할 수 있습니다. 재무제표는 매우 어렵고 복잡한 과정을 거쳐서 작성되지만 이러한 작업은 회계실무자와 전산프로그램이 감당할 몫입니다.

따라서 기업의 이해관계자들은 재무제표가 전달하는 회계정보를 이해하고 해석할 수만 있으면 충분합니다.

말처럼 쉬운 일은 아니지만, 주식투자의 비결은 좋은 주식을 싼 값에 사서 비싸게 파는 데 있습니다. 좋은 주식은 재무제표에 실적으로 나타납니다. 단기적으로는 주가가 재료에 따라 움직이지만 장기적 관점에서 보면 결국 기업 실적에 수렴되기 마련입니다. 흔히 워렌 버핏의 투자원칙이라고 회자되는 '절대 원금을 잃지 말라'는 말은 좋은 주식에 투자하면 손해볼 일이 없다는 뜻이 담겨있습니다. 증권회사 등으로부터 유망종목을 추천 받아 투자하거나 또는 단기매매 위주로 투자를 하더라도 대상기업의 재무제표를 한 번쯤은 들여다볼 필요가 있습니다. 최소한 증권회사나 네이버 금융이 제공하는 투자지표는 확인해야 하는데, 이들 지표를 이해하는데도 기본적인 회계지식은 갖춰야 합니다. 모쪼록 이 책이 회계를 처음 접하는 이들도 재무제표를 곧바로 읽을 수 있고, 재무제표가 전달하는 회계정보를 바르게 활용할 수 있는 디딤돌이 되기를 기대합니다.

이 책의 1장과 2장은 회계의 기초개념과 재무제표의 기본구조를 다루는 총론에 해당합니다. 초보자들이 회계적 마인드를 정립할 수 있고 재무제표의 틀을 이해할 수 있는 내용이므로 특히 중요한 부분입니다. 3장에서 6장까지는 재무상태표를 유동자산, 비유동자산, 부채, 자본의 넷으로 나누어 설명합니다. 이어서 7장에서는 경영활동의 결과를 알아보는 손익계산서를, 8장은 기업의 자금사정을 나타내주는 현금흐름표에 대해서 공부합니다. 그리고 9장에서는 회계감사제도의 이해와 감사보고서의 활용방법을 알아보고, 마지막 10장에서는 재무제표가 제공하는 회계정보를 투자정보로 활용하기 위한 재무제표분석에 대해서 다룹니다. 이처럼 회계의 다양한 수준과 범위를 단계별로 다루기 때문에 회계를 처음 접하는 독자들은 이 책을 반드시 순서대로 읽어야 합니다.

이 책은 초보자들을 위한 입문서로 시작하지만 K-IFRS에 기반한 재무제표를 읽고 해석할 수 있어야 하기 때문에 일부 수준 높은 주제도 함께 다룹니다. 특히 4장 비유동자산과 5장의 부채에서 다루는 유효이자율법과 상각후원가, 이연법인세자산과 이연법인세부채, 이연수익, 리스자산과 리스부채, 확정급여자산과 확정급여부채, 계약자산과 계약부채 등은 회계를 제법 안다는 사람들도 힘들어하는 내용입니다. 재무제표에 자주 나타나는 과목들인데 어렵다고 피해 갈 수만은 없는 일이지요. 그래서 이 책의 성격을 한마디로 요약하면 '수준 있는 회계입문서'인 셈입니다. 어려운 내용일수록 쉽게 풀어 설명하고 있으니 부담 없이 읽어서 기초적인 개념과 맥락만이라도 파악해두기 바랍니다.

본문에서 인용하는 재무제표와 주석은 삼성전자, 현대자동차, 네이버 등 20여 개의 우리나라 대표기업들이 금융감독원 전자공시시스템을 통해 공시한 내용입니다. 책을 읽어가면서 전자공시시스템에 접속하여 직접 확인해보고, 동일한 사항에 대해 자신의 관심기업은 어떻게 공시하고 있는지 비교해보는 것도 좋은 방법입니다. 그리고 본문 내용을 좀 더 깊이 있게 이해할 수 있도록 마련한 박스 글 형식의 보충강의도 빠짐없이 읽고, 회계지식의 응용능력을 높이기 위해 소개하는 회계 관련 뉴스도 가능하면 검색해서 읽어보기를 권합니다.

읽기 쉬운 회계입문서를 쓰겠다는 오랜 약속은 뒤늦게 지키게 됐지만 막상 탈고를 하고 나니 아쉬움이 많이 남습니다. 모자란 글재주로 난해한 내용을 쉽게 풀어쓰기가 여간 버거운 일이 아님을 새삼 깨달았습니다. 기회 되는 대로 부족한 것은 채우고 잘못된 곳은 다듬겠습니다. 전례 없는 코로나19 바이러스 때문에 힘들지 않은 곳이 없습니다. 하루 빨리 개인의 일상과 기업의 경제활동에 활력을 되찾을 수 있기를 기원합니다. 어려운 여건에도 흔쾌히 출판을 허락해주신 세학사 김원술 사장님과 세심한 작업 함께 해주신 편집부 직원 여러분께 감사드리고, 우리 지오에게도 한없는 사랑을 전합니다.

2020년 9월

저자 씀

목 차

Chapter 3
유동자산 : 단기 지급능력

Chapter 4
비유동자산 : 장기 이익창출 수단

Chapter 5
부채 : 갚아야 할 빚

Chapter 6
자본 : 기업의 순자산

Chapter 7

손익계산서 : 재무성과표

Chapter 8

현금흐름표 : 발생주의의 보완

Chapter 9

감사보고서 활용하기

Chapter 10

재무제표분석 : 재무정보의 활용

PROLOGUE

미리 보는 재무제표

미리 보는 재무제표

재무상태표

자 산 (들어올 돈)	1,000	부 채 (나갈 돈)	300
		자 본 (쌓인 돈)	700
	1,000		1,000

손익계산서

비 용 (쓴 돈)	1,350	수 익 (번 돈)	1,500
이 익 (남은 돈)	150		
	1,500		1,500

재무제표의 5가지 구성요소 : 자산 · 부채 · 자본 · 수익 · 비용

시작이 반이라고 하지요. 재무상태표와 손익계산서의 기본 구조와 구성요소만 알아도 재무제표의 절반은 이해하는 셈입니다. 재무상태표는 **결산일 현재의 자산 · 부채 · 자본**을 통해 회사의 살림형편 즉 부자회사인지 가난한 회사인지를 보여주고, 손익계산서는 지난 **1년 간의 수익과 비용**을 비교하여 얼마나 벌었는지를 알려줍니다. 우선 재무제표 구성요소 5가지와 괄호 안의 간단한 정의를 잘 봐두세요.

01
CHAPTER

알고 시작하면 편한 기초 회계개념

1. 회계정보와 이해관계자

회계는 기업의 언어

회계는 모든 조직에 필요합니다. 어떤 형태의 조직이든 사람과 돈으로 움직이기 때문입니다. 회사가 장부를 기록하고 매년 결산을 하는 것은 물론이고, 가정에서도 가계부를 작성합니다. 정부 역시 국회에 1년 동안의 살림살이를 보고하고 승인을 받습니다. 종교단체도 다른 조직처럼 대외적인 보고의무는 없지만 자금에 대한 내부통제시스템은 작동되고 있습니다. 동창회나 친목회에서도 회장이나 총무를 맡은 사람은 적어도 1년에 한 번은 회비 사용내역을 회원들에게 보고합니다. 다만 가정에서는 외부 이해관계자가 없으므로 가계부를 반드시 작성해야 하는 것은 아니고, 작성을 하더라도 내부적으로만 이용됩니다.

모든 조직에는 다양한 이해관계자들이 있습니다. 학교를 예로 들면 학생 · 교직원 · 재단 · 동창회 그리고 교육청 등이 있는 것처럼, 기업에는 주주 · 채권자 · 거래처 · 종업원 · 정부는 물론 경영자 자신도 이해관계자가 됩니다. 이해관계자들이 자신이 속한 조직과 관련된 의사결정을 하기 위해서는 충분한 정보가 있어야 하는데, 의사결정에 필요한 공통의 정보는 경영활동에 관한 **재무정보**라고 할 수 있습니다. 재무정보를 제공하는 역할을 수행하는 것이 바로 회계이므로 조직을 기업으로 한정하면 **회계는 기업의 경영활동을 화폐금액으로 표시하여 알려주는 것**이라고 정의할 수 있습니다.

이 책에서 다룰 내용은 회사의 회계 즉 **기업회계**입니다. 기업의 활동은 매우 활발하고 복잡하게 일어납니다. 대기업의 회장님은 물론 조그만 동네 편의점이나 약국 사장님도 자신이 경영하는 사업체의 재무상황을 한 눈에 파악하기가 쉽지 않습니다. 그래서 앞으로 남고 뒤로 밑진다는 말도 있지요. 회계의 역할은 기업의 경영활동을 빠짐없이 기록하고, 정기적인 결산을 통해 산출되는 재무정보를 이해관계자들에게 전달하는 데 있습니다. 이처럼 회계가 복잡한 기업의 상황을 재무정보로 전환하여 이해관계자들에게 전달하는 커뮤니케이션 역할을 수행하므로 회계를 **기업의 언어**라고도 부릅니다.

기업의 이해관계자와 그들에게 필요한 재무정보

회계는 기업의 모든 이해관계자들에게 필요한 도구입니다. 이해관계자들이 합리적인 의사결정을 할 수 있도록 필요한 정보를 회계가 제공해주기 때문입니다. 따라서 회계정보이용자는 바로 회사의 이해관계자들입니다.

기업의 대표적인 이해관계자로는 주주와 채권자가 있습니다. 이들은 넓은 의미의 투자자들로서 회계의 주된 대상이 됩니다. 회사에 근무하는 종업원, 기업으로부터 세금을 징수하는 국세청과 법규 준수를 감독하는 정부기관, 상품이나 원재료를 사고 파는 거래처, 소비자와 각종 사회단체 그리고 지역주민들도 모두 기업의 이해관계자가 됩니다. 그리고 기업을 경영하고 정보를 제공하는 경영자 자신도 이해관계자가 되는 것은 물론입니다. 이들 이해관계자들은 자신의 의사결정을 위해 기업의 수익성과 성장성 그리고 재무구조의 안정성 등에 관한 다양한 정보를 얻고자 합니다.

주주는 회사의 주인이고 이익도 주주들 몫입니다. 장기적으로 주가와 배당에 영향을 가장 크게 미치는 것은 기업 이익의 크기이므로 주주들은 기업의 수익성에 큰 관심을 갖습니다. 또 주가는 과거 이익보다 미래의 이익에 더 영향을 받는 탓에 기업의 성장성에도 관심이 큽니다. 여기서 말하는 주주에는 현재의 주주뿐만 아니라 미래의 잠재적 주주까지 포함됩니다. 잠재적 주주들도 투자이익률을 높이기 위해 그 기업의 주식을 언제, 얼마에 투자할 것인지 결정하기 위하여 회계정보를 이용하기 때문입니다.

기업에 돈을 빌려준 은행 등의 채권자는 정해진 날짜에 원금과 이자를 탈없이 회수할 수 있을지에 관심을 갖습니다. 그러므로 채권자가 가장 필요로 하는 정보는 기업의 안정성에 관한 정보입니다.

종업원들은 급여 지급능력과 고용의 안정에 관심을 갖습니다. 기본적으로 급여와 복지 수준을 결정하는 것은 회사의 수익성입니다. 또 안정적인 고용이 유지되기 위해서는 지속적인 성장이 가능해야 합니다. 그러므로 종업원들은 기업의 수익성과 성장성에 큰 관심을 가지게 됩니다.

국세청은 매년 벌어들이는 이익에 대하여 세금을 징수하므로 기업이 제대로 세금을 신고했는지 판단하기 위하여 기업의 재무정보를 활용합니다. 기업이 부담하는 세금은 법인세법에 의해 결정되지만 기초적인 자료를 제공하는 것은 기업회계에서 산출되는 이익입니다.

소비자들은 회사가 판매하는 제품이나 서비스의 품질은 물론 가격에도 큰 관심을 갖습니다. 소비자의식에 반하는 사회적 이슈가 발생하면 불매운동으로 이어지기도 하지요. 불매운동의 결과 매출이 10%만 줄어도 회사 이익은 30% 또는 50% 이상 감소하기도 합니다.

경영자의 경영능력은 기업의 성과로 나타납니다. 기업의 경영성과에 따라 상상을 초월하는 성과급을 받기도 하지만 주어진 임기를 다 채우지 못하고 중도에 퇴진하는 경우도 허다합니다. 기업의 경영성과를 부풀려 잘못된 재무정보를 제공할 경우 경영자는 민형사상 책임을 지기도 합니다. 그러므로 경영자는 회사의 경영성과에 주주 못지 않게 큰 관심을 갖는 이해관계자라고 할 수 있습니다.

이처럼 기업의 이해관계자가 다양하고 그들이 원하는 정보 또한 서로 다르므로 모든 이해관계자들의 정보 욕구를 빠짐없이 회계에 모두 반영하기가 쉽지 않습니다. 그래서 기업의 가장 중요한 이해관계자를 투자자 즉 주주와 채권자로 한정하고 이들을 주된 회계의 대상으로 삼게 됩니다. 그리고 주주와 채권자들에게 제공하는 정보는 다른 이해관계자들에게도 유용하다고 가정합니다.

정보중개인

투자자들은 기업의 재무정보에 누구보다 관심이 많지만 정보의 접근성과 수집된 정보를 해석하는 전문성에 한계가 있습니다. 그래서 기업과 투자자 사이에 정보중개인이 필요합니다. 정보중개인으로는 재무정보를 수집하여 미래이익을 예측하고 기업의 적정가치를 평가하는 증권분석가(security analysts), 기업의 신용도를 평가하여 회사채 등급을 부여하는 신용평가기관, 각종 투자정보를 제공하는 금융사이트 그리고 재무제표 정보의 신뢰성을 인증해주는 회계감사인 등이 있습니다.

정보중개인은 일반투자자들보다 더 많은 기업정보를 효율적으로 수집하여 분석할 수 있는 정보능력을 가지고 있어서 객관적이고 신뢰성 있는 정보를 생산하여 투자자들에게 제공하는 역할을 담당합니다. 따라서 주주와 채권자 입장에서 이들 역할을 대신하는 정보중개인 또한 실질적인 기업의 이해관계자가 됩니다.

기업 → 정보중개인 → 투자자

그럼 일반투자자들은 정보중개인이 제공하는 투자정보만 활용하면 될 테니 골치 아픈 회계지식은 필요가 없는 걸까요? 그렇지 않습니다. 우선 정보중개인이 제공하는 정보를 제대로 이해하기 위해서 필요합니다. 정보중개인이 제공하는 자료는 이용자들이 기초적인 회계지식을 갖춘 것으로 전제하고 만들어지기 때문입니다. 즉 회계와 재무제표에 관한 기초지식 없이는 각종 분석자료나 보고서를 제대로 이해할 수 없습니다. 또한 회사가 제공하는 기업의 회계자료를 이해하고 자신에게 유용한 정보로 가공하기 위해서도 기초적인 회계지식은 갖추어야 합니다.

기업의 경영활동 3가지

기업은 영업의 유형에 따라 제품을 생산하여 판매하는 제조업, 상품을 구매하여 판매하는 판매업 그리고 용역을 제공하는 서비스업 등으로 분류할 수 있습니다. 이처럼 기업의 유형이나 규모는 다양하지만 모든 기업의 경영활동은 영업활동, 투자활동, 재무활동의 셋으로 이루어집니다.

영업활동은 기업 본연의 목적인 재화나 서비스를 생산하고 판매하는 활동입니다. 영업활동에는 구체적으로 연구개발활동, 상품이나 원재료를 구입하는 구매활동, 공장에서 제품을 생산하는 제조활동, 재화나 서비스의 판매활동, 대금 회수활동, 판매 후 서비스 활동 등이 포함됩니다.

투자활동은 영업활동의 기반을 구축하기 위한 활동을 말합니다. 투자활동에는 건물이나 공장부지를 구입하는 일, 공장을 짓고 생산설비를 구입하는 일, 기업의 여유자금을 운용하기 위하여 다른 회사가 발행한 주식이나 채권을 구입하고 매각하는 활동 등이 포함됩니다.

재무활동은 기업의 영업활동 및 투자활동에 소요되는 운영자금과 시설자금을 조달하고 상환하는 활동을 말합니다. 구체적으로 금융기관으로부터 자금을 차입하거나 회사채 발행을 통해 타인자본을 조달하는 활동 그리고 유상증자 즉 주식 발행을 통한 자기자본의 조달활동 등이 포함됩니다.

경영활동의 결과는 정기적으로 결산보고서(재무제표)를 통해 이해관계자들에게 제공하는데 이 때 경영활동별로 구분하여 보고하게 됩니다. 손익계산서를 예로 들면 이익은 영업손익과 영업외손익으로 구분하여 보고합니다. 이 중 영업손익은 영업활동의 결과 얻은 손익이고, 영업외손익은 영업활동 이외의 활동 즉 투자활동과 재무활동에서 얻은 손익을 의미합니다. 그리고 현금흐름표에서도 3가지 경영활동을 기준으로 기업의 현금흐름을 구분합니다. 즉 영업활동으로 인한 현금흐름, 투자활동으로 인한 현금흐름, 재무활동으로 인한 현금흐름의 셋입니다.

경영활동과 재무제표

	손익계산서	현금흐름표
영업활동	영업손익	영업활동으로 인한 현금흐름
투자활동	영업외손익	투자활동으로 인한 현금흐름
재무활동		재무활동으로 인한 현금흐름

2. 회계기준은 왜 필요한가

회계는 기업의 이해관계자들의 의사결정에 유용한 재무정보를 제공하는 것이라고 정의했습니다. 여기서 이해관계라는 단어의 의미는 어느 일방에 이로우면 다른 일방에는 해롭다는 뜻입니다. 따라서 이해관계는 곧 서로 충돌하는 관계로 봐도 됩니다. '이해관계가 상충된다'라는 말에서 상충(相衝)은 바로 서로 충돌한다, 서로 부딪친다 라는 뜻입니다. 흔히 볼 수 있는 여야 정치권의 갈등, 노사간의 갈등, 고부간의 갈등 등을 연상하면 쉽게 이해할 수 있겠지요.

그럼 기업의 이해관계자들 간에는 어떻게 이해가 상충될까요?

경영자가 경영성과를 부풀려 지나치게 많은 성과보수를 받아가면 회사의 이익이 줄어들어 주주의 몫이 작아지고, 정부가 받아가는 법인세도 줄어들게 됩니다. 또 주주들에게 배당금을 너무 많이 지급하면 기업의 재무구조가 취약해져서 채권자들은 대출금의 회수가능성을 걱정하게 됩니다. 또 채권자에게 너무 높은 이자를 지급하면 주주의 몫이 줄어들게 마련입니다. 종업원들이 과도한 수준의 급여를 요구하면 주주의 몫이 줄어들고, 반대로 종업원의 급여 수준을 낮출수록 주주의 몫은 늘어나지요. 세금을 적게 납부하면 주주들에게는 이롭지만 정부 입장에서는 재정에 필요한 재원이 부족하게 됩니다. 또한 원자재의 납품단가를 낮추면 원가가 절감되어 주주의 이익은 커지지만 거래회사의 몫은 줄어들 것입니다.

이처럼 첨예하게 대립하는 이해관계자들 간의 갈등을 조정하기 위해서는 무엇보다 기업이 제공하는 회계정보가 **공정한 정보**라야만 합니다. 즉 어느 한편의 이해관계자에게 치우치는 정보를 제공해서는 안 된다는 것입니다. 그럼 어떻게 하면 공정한 정보를 제공할 수 있을까요? 공정한 재판을 위해 법률이 있고, 공정한 경기운영을 위해 경기규칙이 있는 것처럼 기업이 공정한 회계정보를 제공하기 위해서 반드시 준수해야 할 원칙으로 **회계기준**이 있습니다. 즉 권위 있는 기관이 제정한 **일반적으로 인정된 회계기준**(generally accepted accounting principles, GAAP)을 준수하여 산출된 회계정보는 공정하게 표시된 재무정보라고 판단합니다.

그럼 기업이 회계기준을 제대로 준수했는지는 또 어떻게 확인할 수 있을까요? 바로 **회계감사** 제도입니다. 회계감사는 회사가 회계기준을 제대로 준수했는지 여부를 독립된 전문가가 검증함으로써 회계정보의 신뢰성을 제고할 목적으로 이루어집니다. 우리나라의 경우 '주식회사의 외부감사에 관한 법률(외감법)'에 의하여 일정 규모 이상인 회사는 공인회계사에 의한 회계감사를 의무적으로 받도록 하고 있습니다. 또 기업은 사업보고서를 공시할 때 반드시 감사인의 감사보고서도 함께 공시하여야 합니다.

우리나라 회계기준의 종류

우리나라의 회계기준으로는 **한국회계기준원**이 제정한 **한국채택국제회계기준**과 **일반기업회계기준**이 있습니다. 큰 틀에서 상장기업은 한국채택국제회계기준을, 비상장기업은 일반기업회계기준을 적용한다고 보면 됩니다. 구체적으로는 다음 표에서 보는 것처럼 거래소에 상장되거나 기업의 규모가 커서 이해관계자가 많은 회사일수록 복잡하고 엄격한 회계기준을 적용하는 셈입니다. 예외적으로 중소기업은 이 2가지 기준보다 대폭 간소화된 **중소기업회계기준**을 적용할 수 있습니다.

우리나라의 회계기준

회계기준	적용 대상	근거 법률	제정기관
한국채택국제회계기준	상장기업 · 금융업 · 공기업	외감법	한국회계기준원
일반기업회계기준	위에 해당하지 않는 외부감사대상기업		
중소기업회계기준	외부감사대상이 아닌 중소기업	상 법	법무부

한국채택국제회계기준(Korean International Financial Reporting Standards, K-IFRS)은 회계기준의 신뢰성을 제고하고 세계적인 회계처리기준 단일화 추세에 부응하기 위하여 국제회계기준위원회가 제정한 **국제회계기준**(IFRS)을 우리나라 회계기준으로 삼은 것입니다. 즉 국제회계

기준을 우리말로 번역하여 우리나라 회계기준으로 채택한 것이므로 내용은 국제회계기준과 동일합니다. K-IFRS를 채택함으로써 우리나라 기업과 외국기업의 재무제표 간 비교가능성이 제고되고, 해외 증권시장에 상장된 우리나라 기업들은 해당 국가의 회계기준에 의한 재무제표를 재작성하지 않아도 되는 이점이 있습니다.

K-IFRS는 2007년 말에 제정되어 2011년부터 모든 상장기업이 의무적으로 적용하고 있습니다. K-IFRS의 도입에 따라 종전에 사용하던 대차대조표와 손익계산서의 명칭이 **재무상태표**와 **포괄손익계산서**로 바뀌었고, 모든 자산과 부채는 원칙적으로 **시가**(공정가치)를 적용하여 평가합니다. 또 지배기업(모회사)의 재무제표는 종속기업(자회사)의 재무제표와 함께 묶은 **연결재무제표**를 기본재무제표로 공시하여야 합니다. 이 책에서는 K-IFRS를 중심으로 다루되, 간혹 일반기업회계기준의 내용을 함께 비교하여 설명하는 경우도 있습니다.

K-IFRS는 모든 상장기업이 필수적으로 적용해야 하는 가장 중요한 회계기준이지만 용어가 생소하고 부자연스러운 데다 내용 또한 복잡하고 어려워서 회계실무자들에게도 매우 큰 부담이 되고 있습니다. 그렇지만 정보이용자 입장에서는 산출물인 회계정보를 이해하고 활용할 수 있는 능력만 갖추면 되기 때문에 크게 염려하지 않아도 됩니다.

3. 회계 전반에 적용되는 기본원칙

회계기준은 기업이 이해관계자들에게 유용한 회계정보를 제공하기 위해 반드시 준수해야 할 원칙들을 제시하고 있습니다. 정보이용자 입장에서도 제대로 정보를 활용하기 위해서는 재무보고의 바탕이 되는 기본원칙을 이해할 수 있어야 합니다. 여기서 설명하는 내용들은 K-IFRS나 일반기업회계기준에서 명문으로 규정하는 것은 물론 재무보고 전반에 영향을 미치는 중요한 개념들을 모두 포함하고 있습니다.

구체적으로 다룰 내용들은 계속기업의 가정, 발생주의, 수익·비용 대응, 자산의 평가기준, 비교정보, 총액표시, 중요성, 실질우선, 보수주의 등입니다. 이 중 계속기업의 가정은 K-IFRS에서는 회계기준보다 상위 개념인 '재무보고를 위한 기본가정'으로 분류하지만 여기서는 편의상 회계기준에 포함시켜 함께 설명합니다.

회계전반에 걸쳐 적용되는 원칙이나 개념을 설명하다 보면 부득이 각론에서 다룰 내용을 미리 언급하는 경우가 있습니다. 그래서 회계공부를 처음 시작하는 독자들은 어려운 용어들이 부담스러울 수도 있겠지만 우선 가볍게 읽고 큰 맥락만 이해하고 넘어가면 됩니다.

계속기업의 가정

회계보고는 **계속기업**(going concern)을 전제로 이루어집니다. 즉 기업이 경영활동을 청산할 의도나 상황과 같은 **확실한 반증이 있는 경우를 제외하고는** 앞으로도 계속적으로 존속한다고 가정하여 회계보고가 이루어진다는 의미입니다. 또 기업은 독자적인 생명력을 갖춘 조직이므로 소유주나 경영자가 바뀌더라도 기업실체는 그대로 존속하게 됩니다.

계속기업을 가정하기 때문에 보통 1년 단위로 기간을 구분하여 결산을 하게 됩니다. 나중에 다루겠지만 자산·부채를 유동과 비유동으로 구분하고, 건물이나 생산설비 같은 유형자산을 오랜 기간에 걸쳐 감가상각을 하거나 차량의 할부 구입대금을 3년이나 5년 동안 갚아야 할 장기부채로 기록하는 것도 그때까지 기업이 존속한다고 가정하기 때문에 가능한 회계처리입니다. 만일 청산을 바로 앞둔 기업이라면 미래를 전제로 하는 어떤 의사결정도 할 수 없으며, 자산평가 역시 계속기업에 적용되는 원가나 시가가 아니라 당장에 처분하여 회수할 수 있는 청산가치로 평가하여야 할 것입니다.

그렇다고 계속기업의 가정이 곧 기업이 영원히 망하지 않는다는 의미는 아닙니다. 우리나라 제1호 상장기업이었던 조흥은행은 1997년 창립 100주년을 맞아 '함께 한 100년, 함께 할 100년'이라는 슬로건으로 새로운 100년을 향해 야심 찬 출발을 다짐했지만 바로 그 해 IMF 외환위기로 사실상 퇴출되었습니다. 우리나라 대기업의 평균수명도 30년이 채 못 된다고 하지요. 따라서 계속기업의 가정은 기업이 절대 망하지 않는다는 것이 아니라 반증이 없는 한 계속하여 존속한다는 전제 하에 회계보고를 한다는 의미입니다.

다음은 2017년도 STX조선해양의 감사보고서 본문에 언급된 계속기업 관련 사례입니다. 감사인은 회사의 재무제표가 회계기준에 따라 작성되어 적정의견을 표명하면서도, 강조사항으로 향후 계속기업의 가정에 따른 불확실성이 있음을 밝히고 있습니다.

계속기업 가정에 따른 불확실성

첨부된 재무제표는 회사가 계속기업으로서 존속할 것이라는 가정을 전제로 작성되었으므로 회사의 자산과 부채가 정상적인 사업활동과정을 통하여 장부금액으로 회수되거나 상환될 수 있다는 가정하에 회계처리되었습니다. 그러나 재무제표에 대한 주석33에서 설명하고 있는 바와 같이, 회사는 조선산업 경기침체로 인한 수주실적 저조 등으로 2016년 회계연도에 197,513백만원의 영업손실이 발생하였고 당기에도 115,975백만원의 영업손실이 발생하였으며 매출액은 전기 대비 672,353백만원이 감소하였습니다. 이러한 상황은 회사의 계속기업으로서의 존속능력에 중대한 의문을 불러일으킬 만한 중요한 불확실성이 존재함을 의미하며, 이로 인해 회사의 자산과 부채를 정상적인 사업활동과정을 통하여 장부금액으로 회수하거나 상환하지 못할 수도 있습니다. 이와 같은 불확실성의 최종 결과로 계속기업 가정이 타당하지 않을 경우에 발생될 수도 있는 자산과 부채의 금액 및 분류표시와 관련 손익항목에 대한 수정사항은 위 재무제표에 반영되어 있지 않습니다.

우리나라 대부분의 기업들은 매년 1월 1일부터 12월 31일까지 1년 마다 한번씩 결산을 합니다. 구체적으로 금융감독원이 2019년에 우리나라 상장기업 2,230개를 조사한 결과에 의하면 98.3%가 12월 결산법인인 것으로 나타났습니다. 여기서 보고 대상이 되는 1년의 기간을 **회계기간**이라고 합니다. 정부를 비롯한 대부분의 비영리기관들도 마찬가지입니다. 다만 학교의 경우 우리나라가 3월 학기제를 채택하고 있어서 매년 3월 1일부터 이듬해 2월 말일까지를 한 회계기간으로 삼고 있습니다.

이 책에서도 특별한 전제가 없는 한 회계기간은 매년 1월 1일부터 12월 31일까지 1년이라고 가정합니다. 이 경우 회계기간이 시작

되는 1월 1일을 **기초**라 하고, 끝나는 12월 31일을 **기말**이라고 합니다. 특히 기말을 기준일로 삼아 매년 결산을 하기 때문에 이 날을 **결산일** 또는 **사업연도종료일**이라고 부릅니다. 회계에서 단기와 장기의 구분도 1년을 기준으로 합니다. 즉 결산일로부터 1년 이내에 기한이 도래하면 **단기**라 하고, 그 이후에 도래하면 **장기**라고 합니다. 또 보고 대상이 되는 당해 연도를 **당기**라 하고, 전년도를 **전기**, 다음 해를 **차기**라고 부릅니다.

발생주의

기업은 1년 단위로 결산을 한다고 했지요. 그런데 어떤 거래가 어느 한 회계기간에 시작돼서 그 기간 안에 모두 종료된다면 간단하겠지만, 둘 이상의 회계기간에 걸쳐 일어날 경우 이를 어느 해의 거래로 볼 것인가 즉 거래의 **기간별 배분**이 문제가 됩니다. 일례로 올해 상품을 매출하고 대금은 내년에 받기로 하였다면 이 매출을 판매가 이루어진 올해의 수익으로 볼 것인지 아니면 대금을 회수하는 내년의 매출로 기록할 것인지를 결정하여야 합니다. 이처럼 수익과 비용을 기간별로 배분하기 위한 기준 즉 보고시기를 결정하는 **손익의 인식기준**으로 현금주의와 발생주의가 있습니다.

현금주의는 현금의 수입이 이루어진 기간에 수익을 인식하고, 현금의 지출이 이루어진 기간에 비용으로 인식하는 방법입니다. 따라서 이 방법에 의하면 상품을 외상으로 판매한 당기가 아니라 외상대금을 받는 차기에 매출수익을 인식하게 됩니다. 가정에서 가계부를 작성할 때 현금이 들어오고 나가는 시점에 기록하는 방법과 같습니다. 이와 같은 현금주의에 의한 회계처리는 매우 단순하고 이해하기도 쉽지만 기간별 배분이 합리적으로 이루어지지 않는다는 중대한 문제점이 있습니다.

이에 반해 **발생주의**는 현금의 입출이 이루어진 기간이 아니라 거래가 **발생한 기간**에 수익과 비용을 인식해야 한다는 입장입니다. 따라서 대금을 회수하는 차기가 아니라 판매가 이루어진 당기에 매출을 인식하게 됩니다. 그러다 보면 아직 현금의 입출이 이루어지지 않았지만 수익이나 비용을 인식해야 할 경우가 생기고, 반대로 현금의 입출은 이루어졌어도 수익이나 비용을 인식할 수 없는 경우도 있습니다. 이런 이유로 발생주의는 현금주의에 비해 다소 복잡한 회계처리가 필요합니다. 그 대신 기간별 배분이 합리적으로 이루어진다는 장점이 있으므로 회계기준에서는 현금흐름표를 제외한 모든 재무제표는 발생주의에 의하여 작성하도록 하고 있습니다.

교통카드를 예로 들어 발생주의를 좀더 구체적으로 살펴보겠습니다. 교통카드의 종류로 미리 돈을 내고 타는 선불카드와, 먼저 타고 다음 달에 요금을 갚는 후불카드가 있지요. 선불카드를 사용하는 사람이 12월 1일에 100,000원을 충전했는데, 12월 31일 현재 카드에 남아 있는 금액을 확인했더니 30,000원이었다고 가정합니다. 이 경우 12월의 교통비를 현금주의로 인식하면 지출된 전체 금액 100,000원이 되지만, 발생주의에 의하면 버스를 실제로 이용한 70,000원만 교통비로 인식하게 됩니다. 그럼 이때 남은 돈 30,000원은 어떻게 처리할까요? 이 30,000원은 지출은 이루어졌지만 아직 사용하지 않은 돈으로 다음달 교통비를 미리 낸 셈입니다. 이처럼 지출은 이루어졌으나 아직 비용이 발생하지 않은 금액을 **선급비용**이라고 하고, 이는 다음 달에 버스를 탈 수 있는 권리이므로 결산시점인 12월 31일 현재로는 자산으로 처리합니다.

반대로 후불카드로 70,000원을 사용했다면 12월의 교통비는 얼마일까요? 먼저 현금주의에 의하면 아직 현금지출이 이루어지지 않았으므로 교통비는 전혀 기록되지 않습니다. 반면에 발생주의를 적용하면 선불카드와 마찬가지로 실제로 버스를 이용한 금액 70,000원이 됩니다. 즉 교통비가 70,000원 발생은 하였지만 대금을 아직 지급하지 않았으니 그만큼 빚을 진 셈이지요. 이처럼 비용은 발생하였지만 지출이 이루어지지 않은 금액을 **미지급비용**이라고 하고 이는 다음 달에 갚아야 할 의무이므로 부채로 인식하게 됩니다.

이와 같이 발생주의에 의하면 선불카드와 후불카드를 가리지 않고 실제로 버스를 이용한 70,000원을 12월의 교통비로 인식합니다. 즉 발생주의는 수익과 비용을 인식하는 기준이자 동시에 이와 관련된 자산과 부채를 인식하는 기준이 되므로 회계기준의 가장 핵심이 되는 원칙입니다.

선급비용과 미지급비용

	개 념	성격
선급비용	지출이 이루어졌지만 아직 비용은 발생하지 않은 금액(**미리 낸 돈**)	자산
미지급비용	비용이 발생하였지만 지출은 아직 이루어지지 않은 금액(**갚을 돈**)	부채

만약 12월 1일의 선불카드 충전액이 200,000원이었다면 발생주의와 현금주의에 의한 교통비는 어떻게 달라질지 생각해보세요. 발생주의는 선불카드를 사용하든 후불카드를 사용하든 또 얼마를 충전하든 **실제로 버스를 이용한** 70,000**원**을 교통비로 인식하지만, 현금주의는 지출 시점과 금액에 따라 다음 표처럼 그 결과가 달라집니다. 회계기준이 발생주의 회계원칙을 채택하는 이유는 이처럼 손익의 기간별 배분이 합리적으로 이루어지기 때문입니다.

12월의 교통비 비교

	현금주의		발생주의	
	10만원 충전	20만원 충전	10만원 충전	20만원 충전
선불카드	100,000	200,000	70,000	70,000
후불카드	0	0	70,000	70,000

지금까지는 교통비를 부담하는 승객 입장에서 설명을 했는데, 반대로 버스회사 입장에서는 어떻게 될까요? 위의 예를 그대로 대입하면 됩니다.

선불카드를 사용하는 고객이 12월 1일에 100,000원을 충전하였고, 12월 31일 현재 카드에 남은 금액이 30,000원이라면 발생주의에 의한 버스회사의 매출수익은 얼마일까요? 버스회사는 현금으로 100,000원을 미리 받았지만 실제로 서비스를 제공한 금액은 70,000원이므로 이 금액만 수익으로 인식해야 합니다. 그리고 남은 돈 30,000원에 해당하는 서비스는 다음달에 제공해야 할 의무가 있으므로 부채(채무)가 됩니다. 이처럼 돈은 받았지만 아직 서비스를 제공하지 않은 금액 즉 미리 받은 돈은 **선수수익**이라는 부채로 처리합니다.

반대로 고객이 후불카드를 사용하는 경우에도 실제로 서비스를 제공한 70,000원을 수익으로 인식합니다. 이 70,000원은 다음달 고객의 카드결제일에 대금을 회수할 권리에 해당하므로 12월 31일 현재의 자산(채권)이 됩니다. 이처럼 이미 서비스를 제공하여 수익은 발생하였지만, 아직 받지 않은 돈은 **미수수익**이라는 자산으로 처리합니다.

미수수익과 선수수익

	개 념	성 격
미수수익	수익은 발생하였지만 아직 받지 않은 금액(**받을 돈**)	자 산
선수수익	돈은 받았지만 아직 수익이 발생하지 않은 금액(**미리 받은 돈**)	부 채

손익의 기간별 배분과 정보이용자의 이해관계

발생주의를 적용하면 수익과 비용의 기간별 배분이 합리적으로 이루어지는 장점이 있다고 했는데, 좀더 구체적으로 기업의 이해관계자 입장에서 다시 살펴보겠습니다.

차기에 대금을 회수하는 조건으로 올해 대규모 매출이 이루어졌다고 가정합니다. 이 경우 발생주의 입장에서는 당연히 올해 매출로 인식을 할 테고, 현금주의라면 내년에 인식하겠지요. 그런데 만약 내년 3월에 임기가 도래하는 최고경영자 입장이라면 현금주의 적용에 동의할 수 있을까요? 또 자금사정 때문에 올해 부득이 이 회사의 주식을 팔아야 하는 투자자 입장이라면 어떨까요? 매출수익의 인식 시점에 따라 최고경영자에게는 연임 여부와 성과보수가 결정될 수 있습니다. 또 어느 해 매출로 인식하느냐에 따라 당연히 주가와 배당금에도 영향을 미치게 됩니다. 이는 곧 수익을 어느 기간에 보고하느냐에 따라 현재 주주와 미래 주주 간의 이해관계에 영향을 미친다는 뜻입니다. 그러므로 현재 경영자와 미래 경영자, 현재 주주와 미래 주주 간의 합리적인 이해관계 조정을 위해서도 발생주의에 따른 기간별 배분이 필요합니다.

추가적으로 다음 질문들에 대해서도 각자 생각해보세요. 이 책을 모두 공부하고 나면 스스로 답을 찾을 수 있게 됩니다.

- 12월에 거래처 접대를 위해 사용한 법인카드 대금은 어느 해의 비용으로 처리할까요?
- 10월 1일에 1년 만기 자동차보험을 가입하였다면 이 보험료는 어느 해의 비용으로 처리할까요?
- 5년 간 사용할 업무용 차량을 구입하였다면 차값은 어느 해의 비용이 될까요?
- 20년 후에 퇴직할 직원에게 지급하게 될 퇴직금은 어느 해의 비용으로 인식할까요?
- 거래처로부터 제품 주문과 함께 20%의 계약금을 미리 받았는데, 제품은 다음 해 6월 30일까지 인도하기로 하였다면 이 매출은 어느 해의 수익으로 처리할까요?
- 3년짜리 적금에 가입했다가 만기에 원금과 함께 찾게 될 3년치 이자는 어느 해의 수익일까요?
- 7년 간 고속철도 건설사업에 참여한 건설회사는 어느 해에 공사수익을 인식할까요?

수익과 비용의 대응

수익과 비용의 대응은 수익을 인식할 때 그 수익을 획득하기 위하여 발생한 비용도 함께 인식하여야 한다는 기준입니다. 따라서 관련 비용을 측정할 수 없을 경우에는 수익도 인식해서는 안 됩니다.

수익 · 비용 대응의 대표적인 예로는 매출수익과 매출원가의 대응이 있습니다. 즉 매출을 인식할 때는 판매된 상품의 원가인 매출원가도 함께 인식하여야 한다는 것입니다. 매출액의 일정 비율을 판매수수료로 지급하기로 하였다면 이 금액도 매출을 보고하는 회계기간에 함께 인식하여야 합니다. 이처럼 매출액의 증감에 따라 비용도 비례적으로 증감되는 비용(변동비) 즉 매출과 직접적인 인과관계가 있는 매출원가, 판매수수료, 매출운반비, 포장비 같은 비용과의 대응을 **개별대응** 또는 직접대응이라고 부릅니다.

반면에 수익과 직접적인 대응은 이루어지지 않지만 수익을 획득하는 과정에 없어서는 안 될 비용들이 있습니다. 대표적인 예로 건물에 대한 집세 즉 임차료가 있습니다. 사업을 영위하면서 자가건물을 사용하지 않는 한 임차료는 피할 수 없는 비용입니다. 그런데 임차료는 계약에 따라 일정 금액을 지급하기 때문에 매출액과는 직접적인 상관관계가 없습니다. 즉 장사가 잘 되든 안 되든 고정적인 금액(고정비)을 부담하게 됩니다. 이처럼 매출액과 직접적인 인과관계는 없어도 영업활동에 필수적으로 소요되는 비용들은 그 비용이 발생한 기간에 바로 인식합니다. 이와 같은 수익과 비용의 대응을 **기간대응** 또는 간접대응이라고 합니다. 이처럼 기간대응이 이루어지는 비용으로는 임차료 외에도 급여, 감가상각비, 보험료, 광고비 등이 있습니다.

앞에서 설명한 선급비용을 대응개념으로 다시 정의하면 차기 수익과 대응되어야 할 차기 비용인 셈이고, 미지급비용은 당기 수익에 대응시키기 위하여 인식하는 당기 비용이라고 할 수 있습니다.

자산의 평가기준

자산은 평가시점에 따라 그 금액이 달라집니다. 특히 건물이나 토지처럼 장기 보유하는 자산은 취득 시점의 원가와 평가 시점의 시가가 크게 차이날 수 있는데, 회계에서는 어떤 금액으로 평가할까요?

전통적으로 회계에서는 자산을 취득 시점에 지급한 대가 즉 취득원가로 평가해 왔습니다. 취득원가는 **역사적 원가**라고도 하며, 취득 시점의 구입대금에 수수료나 설치비 같은 부대비용을 합한 금액입니다. 이와 같이 취득원가로 자산을 평가하는 방법을 **원가기준**이라고 합니다.

원가기준을 주장하는 사람들은 재무보고는 계속기업을 전제로 이루어지므로 자산을 취득원가로 측정해야 한다고 봅니다. 즉 판매할 목적으로 보유하는 자산은 단기간 내에 판매를 통해 자연스럽게 시가로 교환이 이루어질 것이고, 토지나 건물처럼 장기간 보유하는 자산은 판매 목적이 아니라 사용을 목적으로 보유하는 자산이므로 현재 시점의 시세는 중요하지 않다고 판단합니다. 또 취득원가는 역사적인 기록으로 확정된 금액이므로 신뢰성이 높다는 점을 주장의 근거로 삼기도 합니다. 그렇지만 취득한 지 오래된 자산의 원가는 시가를 제대로 반영하지 못하여 기업의 적정한 재무상태를 나타낼 수가 없고, 특히 현재 시점의 부동산 담보가치를 판단하고 대출금액을 결정해야 하는 채권자 입장에서는 의사결정 목적에 부합하지 못한 정보를 제공받는 셈이 됩니다.

시가기준은 자산을 결산일 현재의 시세 즉 시가로 평가하는 방법을 말합니다. K-IFRS에 의하면 객관적으로 신뢰할 수 있는 상장주식이나 채권 같은 금융자산은 당연히 시가기준을 적용하고, 유형자산과 무형자산은 원가기준과 시가기준 중에서 선택적으로 적용할 수 있도록 규정하고 있습니다. K-IFRS에서 말하는 시가는 원칙적으로

공정가치(fair value)를 뜻합니다. 공정가치란 증권시장에서 형성되는 주가처럼 측정일에 시장참여자 사이의 정상거래에서 자산을 매매하면서 주고 받는 가격을 의미합니다. 따라서 특수관계인 간의 거래가격은 시장참여자 사이의 정상거래가 아니므로 공정가치로 볼 수가 없습니다. 시가의 개념으로는 공정가치 외에도 순실현가능가치나 순공정가치 등이 있는데 나중에 각론에서 개별적으로 설명합니다.

시가기준은 결산일 현재의 자산가치를 반영하므로 기업의 적정한 재무상태를 표시할 수 있다는 장점이 있는 반면에 시가를 객관적으로 측정하기가 쉽지 않아 평가자의 주관이 개입될 소지가 있다는 한계가 있습니다. 즉 시가기준에 의한 정보는 정보이용자들의 의사결정 목적에 적합한 정보를 제공할 수 있지만 그 정보의 신뢰성을 담보하기 어렵다는 단점이 있습니다.

다음으로 원가와 시가를 비교하여 낮은 금액으로 평가하는 **저가기준**이 있습니다. 저가기준의 실질적인 의미는 자산을 원가기준으로 평가하되, 시가가 원가보다 하락한 경우에만 시가를 적용하므로 보수적 관점의 회계처리라고 할 수 있습니다. K-IFRS에서는 판매를 목적으로 보유하는 상품과 제품 등의 재고자산 평가방법에 이 저가기준을 적용하도록 하고 있습니다.

자산의 평가기준

원가기준	자산을 구입 시점의 취득원가로 평가하는 방법. 정보의 신뢰성은 높지만 의사결정 목적에 적합한 정보를 제공할 수 없음
시가기준	자산을 결산일 현재의 시가로 평가하는 방법. 의사결정 목적에 적합한 정보를 제공하지만 시가에 대한 신뢰성이 낮음
저가기준	취득원가와 시가 중 낮은 금액으로 평가하는 방법. 보수적 관점의 평가기준

비교정보

집에서 아이들 키를 재고 나서 벽에다 눈금을 표시하지요. 왜 그럴까요? 키가 얼마나 자랐는지 금세 비교할 수 있기 때문입니다. 모든 정보는 절대값도 중요하지만 그 값이 비교 가능한 경우 정보로서의 가치가 더욱 증대됩니다. 기상캐스터는 날씨를 예보할 때 절대 온도와 함께 '오늘보다 5℃ 높겠다' 또는 '내일은 더 춥겠다'라는 식으로 부연 설명을 해줍니다. K-IFRS에서도 기간별 비교가능성을 제고하기 위하여 당기와 전기 금액을 함께 표시하는 **비교재무제표**를 작성하도록 규정하고 있습니다. 증권회사 리서치 자료나 경제신문 기사 등에서 기업의 실적 발표를 할 때 전기 또는 전분기 대비 증감률로 정보를 제공하는 것도 비교가능한 정보를 제공하기 위함입니다.

기간별 비교정보가 유용하기 위해서는 매년 적용하는 회계처리방법이 동일해야 합니다. 앞에서 설명한 것처럼 K-IFRS에서 유형자산의 평가를 원가와 시가 중에서 선택할 수 있도록 하고 있는데, 만약 원가기준을 채택한 경우에는 차기 이후에도 같은 원가기준을 계속해서 적용해야 한다는 것입니다. 매년 동일한 잣대가 적용되지 않으면 비교를 할 수 없기 때문입니다. 이처럼 한번 채택한 회계처리방법을 매년 계속하여 적용하는 것을 **계속성** 또는 일관성이라고 합니다. 이처럼 기업이 둘 이상의 대체적인 회계처리방법 중 어느 한 가지를 선택하는 예는 유형자산 평가방법 말고도 재고자산 평가방법(개별법, 선입선출법, 평균법)이나 유형자산의 감가상각방법(정액법, 정률법) 등에서도 찾아볼 수 있습니다.

계속성은 재무제표의 표시에도 적용됩니다. 즉 재무제표 항목의 표시와 분류가 매기 동일해야만 비교재무제표가 제 역할을 수행할 수 있기 때문입니다. 다만 기업의 사업내용에 중대한 변화가 있거나 또는 K-IFRS에서 표시방법의 변경을 요구하는 경우에는 예외적으로 변경할 수 있습니다. 이렇게 표시방법을 변경한 경우에는 비교목적으로 제시되는 전기 재무제표도 변경내용을 반영하여 재작성(소급수정)하여야 합니다.

다음은 비교정보를 제공하면서 자주 사용되는 용어들입니다.

YoY(Year on Year) 전년 동기 대비 증감률

QoQ(Quarter on Quarter) 직전 분기 대비 증감률

MoM(Month on Month) 전월 대비 증감률

YTD(Year to Date) 연초 이후 누적 금액 또는 연초 대비 증감률

TTM(Trailing Twelve Months) 최근 분기까지 1년간 실적

MRQ(Most Recent Quarter) 최근 분기 실적

%와 %p 그리고 bp

비율을 나타내는 %도 주의해서 사용해야 합니다. 어느 회사의 자기자본이익률이 전기는 10%이고, 당기는 15%일 경우 전기 대비 얼마나 높아졌다고 해야 할까요? 절대치를 비교할 때는 5% 증가가 아니라 5%p(포인트) 높아졌다고 해야 합니다. 10%에서 15%로 높아졌으므로 50% 증가로 표현할 수도 있기 때문입니다. 그래서 주가지수도 등락폭을 포인트와 %로 각각 표시하지요. 또 한국은행이 기준금리를 1.75%에서 1.50%로 낮출 때도 0.25%p 또는 25bp 인하했다고 표현합니다. 참고로 금리를 표시할 때 사용하는 bp는 basis point의 약자로 1bp는 0.01%를 의미합니다. bp는 소수점 이하의 작은 숫자를 간편하게 표현하는 수단으로 사용됩니다.

총액표시

총액표시는 자산과 부채 그리고 수익과 비용은 서로 상계하지 않고 총액으로 표시하여야 한다는 원칙입니다. 예를 들면, 매출액과 매출원가를 서로 상계하거나 A은행 예금에서 발생한 이자수익과 B은행의 차입금에서 발생한 이자비용을 서로 상계해서는 안 됩니다. 마찬가지로 서로 다른 거래처의 매출채권과 매입채무를 상계하거나 대여금과 차입금을 상계해서도 안 됩니다. 유사한 과목끼리 서로 상계하여 순액으로 재무제표를 표시하면 거래과정이 소멸되어 미래 현금흐름 예측을 어렵게 하고, 기업의 규모도 파악할 수 없기 때문입니다.

다만 예외적으로 다음과 같은 경우에는 K-IFRS가 상계를 허용하고 있습니다.

① 동일한 거래에서 발생하는 수익과 비용의 상계표시가 거래의 실질을 반영한다면 상계하여 표시합니다. 예를 들어 장부금액 7억원짜리 토지를 10억원에 매각하고 거래비용 1억원을 지출하였다면 매각대금에서 장부금액과 매각비용을 차감한 후의 순액 2억원만을 '유형자산처분이익'으로 표시합니다. 상품이나 제품의 매출과 달리 유형자산의 매각은 기업의 주된 영업활동이 아니므로 그 과정을 상세하게 설명하지 않아도 됩니다.

② 유가증권에 투자하여 발생하는 손익과 같이 유사한 거래의 집합에서 발생하는 이익과 손실은 순액으로 표시합니다. 예를 들면, 증권시장에서 주식을 매매한 경우 종목별로 일일이 매매이익과 매매손실을 따로 구분하지 않고 모두 합한 금액을

'유가증권처분이익' 또는 '유가증권처분손실'로 표시합니다. 유가증권 투자 역시 기업의 주된 영업활동이 아니기 때문입니다. 다만 은행이나 증권회사와 같은 금융업의 경우에는 유가증권 투자도 영업활동의 일부이므로 이익과 손실을 따로 구분하여 각각 표시합니다.

중요성

기업의 경영활동은 매우 복잡하므로 정보의 양 또한 무한합니다. 그렇다면 기업은 어느 정도의 회계정보를 제공해야 할까요? 정보 제공 여부를 결정짓는 판단기준으로 중요성의 원칙이 있습니다. **중요성**은 정보이용자들의 의사결정에 영향을 미치는 정보는 제공하지만 그렇지 않으면 제공하지 않아도 된다는 원칙입니다. 즉 중요성의 판단기준은 정보이용자들의 의사결정에 영향을 미치느냐의 여부에 따라 달라집니다.

중요성에는 항목의 중요성과 금액의 중요성이 있습니다. 먼저 항목의 중요성은 성격이나 기능이 서로 다를 경우 따로 구분하여 별도의 항목으로 표시하여야 하지만, 중요하지 않은 항목은 유사한 항목과 통합하여 표시한다는 의미입니다. 기업이 보유하는 제품이나 상품 등의 재고자산은 공장의 기계설비와 구분하여야 하지만, 사무용 책상이나 의자, 컴퓨터, 전화기 등은 모두 묶어서 비품이라는 과목으로 표시하는 것이 그 예입니다. 이러한 항목 구분에 대한 판단은 회사의 업종이나 규모에 따라 달라집니다.

금액의 중요성은 의사결정에 영향을 미치지 않는 작은 금액은 무시해도 된다는 뜻입니다. 그래서 재무제표의 금액을 원 단위가 아닌 천원이나 백만원 단위로 표시하기도 합니다. 금액의 중요성 여부는 기업의 규모에 따라 다릅니다. 같은 1억원이라도 자산총액이 300조원이 넘는 삼성전자(연결기준)에서는 중요한 금액이 아니지만, 자산총액이 100억원인 회사에서는 중요한 금액이 될 수 있습니다. 또 몇 백만원의 소액이라도 회계처리에 따라 회사의 이익과 손실이 뒤바뀌는 한계기업 입장에서는 중요한 금액으로 판단될 수도 있습니다.

중요성 개념을 이해하고 나면 회계에서 '정확하다'라는 표현을 사용해서는 안 되는 이유를 알게 됩니다. 회사의 규모와 상관없이 중요하지 않은 금액은 보고되지 않으므로 누구도 정확한 금액은 알 수가 없습니다. 혹시 여러분은 자신이 보유한 자산총액을 정확하게 알고 계신가요? 그러려면 숟가락이나 젓가락까지도 모두 값을 매겨야 하는데 그것이 가능한 일인지 또 그렇게 하면 얼마나 달라질지 생각해보세요.

중요성 개념은 재무보고를 하는 기업에만 해당되지 않고, 감사인이 회계감사를 실시하는 과정에서 그리고 감사의견을 표명할 때도 적용됩니다. 또한 정보이용자 입장에서도 기업이 제공하는 수많은 정보 중에서 자신이 중요하다고 판단하는 정보만을 선택적으로 이용하게 됩니다. 다음은 삼성전자의 2018년도 감사보고서에서 감사의견(적정의견) 부분을 발췌한 내용입니다.

> **감사의견**
> 우리의 의견으로는 별첨된 회사의 재무제표는 회사의 2018년 12월 31일과 2017년 12월 31일 현재의 재무상태와 동일로 종료되는 양 보고기간의 재무성과 및 현금흐름을 한국채택국제회계기준에 따라, **중요성**의 관점에서 공정하게 표시하고 있습니다.

실질우선

실질우선은 회계정보를 제공함에 있어서 형식보다 실질을 우선해야 한다는 원칙입니다. 회계정보가 특정 거래나 사건에 대해 나타내고자 하는 바를 충실하게 표현하기 위해서는 법률적 형식만으로 판단하지 않고 경제적 실질에 따라 처리하고 보고하여야 한다는 것입니다.

지배기업과 종속기업이 법률적으로는 별개의 회사지만 실질적으로는 하나의 경제실체에 해당하므로 연결재무제표를 작성하도록 하는 것은 실질우선의 대표적인 예라고 할 수 있습니다. 리스로 차량을 구입한 경우의 회계처리도 마찬가지입니다. 차량의 법률적 소유권은 리스회사에 있지만 리스이용자가 상당 기간 그 차량을 실질적으로 통제할 수 있다면 리스이용자의 재무상태표에 자산으로 인식합니다. 즉 리스회사는 리스이용자에게 차량을 사실상 판매한 것으로 보고, 리스이용자는 장기 할부조건으로 구입한 것처럼 회계처리를 합니다. 또 3년이나 5년 후에 만기가 도래하는 장기채권·채무의 명목가액이 현재가치와 차이가 큰 경우 실질가치에 해당하는 현재가치로 평가하는 것도 실질우선에 해당합니다. 예컨대 3년 후에 갚아야 할 계약 상의 금액(명목가액)이 100만원이라면 그 속에 포함된 3년 간의 이자를 차감한 현재가치는 당연히 그보다 작겠지요. 다만 만기가 1년 이내인 단기채권이나 단기채무는 명목가액과 현재가치의 차이가 크지 않을 것이므로 중요성의 관점에서 명목가액으로 평가합니다.

보수주의

보수주의는 선택 가능한 둘 이상의 회계처리 방법이 있을 경우 가능한 한 이익을 적게 계상하는 방법을 선택하여야 한다는 입장으로 **신중성** 또는 안전성이라고도 합니다.

회계기준에서 보수주의라는 용어를 명시적으로 사용하지는 않지만 여러 곳에서 그 사례를 찾아볼 수 있습니다. 구체적으로 비용보다 수익의 인식기준을 더 엄격하게 적용하거나 무형자산의 인식을 매우 제한적으로 허용하는 것 등이 그 예입니다. 또 재고자산을 평가할 때 저가기준을 적용하도록 하고, 기타포괄손익을 당기손익(이익잉여금)에 포함시키지 않으며, 유무형자산에 대하여 손상차손을 인식하는 것 또한 보수주의의 사례라고 할 수 있습니다. 구체적인 내용은 각론에서 개별적으로 다룹니다.

보수주의를 적용하여 이익을 적게 계상함으로써 기업의 법인세 부담과 배당금 지급이 줄어들어 결과적으로 기업의 재무상태를 건전하게 유지할 수 있고, 자신의 성과를 부풀리려고 하는 경영자의 낙관적 견해를 상쇄하는 긍정적인 효과도 기대할 수 있습니다.

4. 투자정보에 쉽게 접근하는 방법

기업이 정보이용자들에게 기업의 투자정보를 제공하는 것을 **공시**(disclosure) 라고 합니다. 기업공시의 핵심은 정보이용자의 의사결정에 필요한 정보를 충분히 그리고 제때에 제공하는데 있습니다. 구체적으로 정보의 내용과 양을 결정하는 재무제표의 작성에 대해서는 기업회계기준으로 정하고 있고, 정보의 제공시기는 '자본시장과 금융투자업에 관한 법률(자본시장법)'으로 규정하고 있습니다.

자본시장법에 의하면 상장기업의 경우 결산재무제표는 물론 분기보고서와 반기보고서도 공시하도록 요구하고 있습니다. 구체적으로 결산재무제표는 결산일 경과 후 90일 이내에, 분기 또는 반기보고서는 분기말 또는 반기말 경과 후 45일 이내에 금융감독원의 전자공시시스템을 통하여 공시하여야 합니다.

금융감독원 전자공시시스템

금융감독원 전자공시시스템(data analysis, retrieval and transfer system, DART)은 상장법인 등이 공시서류를 인터넷으로 제출하면, 이용자는 즉시 그 내용을 조회할 수 있는 기업공시 시스템입니다. 공시기업 입장에서는 금융감독원을 직접 방문하지 않고 전자문서로 제출할 수 있고, 정보이용자들은 장소와 시간에 구애받지 않고 공시자료를 바로 열람할 수 있는 편리한 시스템입니다. 또한 한국거래소, 한국공인회계사회 등에 각각 제출하던 서류를 금융감독원 한 곳으로 접수창구를 일원화함으로써 기업의 부담도 크게 줄여주고 있습니다.

정보이용자들은 금융감독원 전자공시시스템으로 들어가 ① 회사 이름을 입력한 다음, ② 기간과 정기공시를 체크하고 ③ 사업보고서(결산보고서), 반기보고서, 분기보고서 등을 선택한 후 검색하면 됩니다.

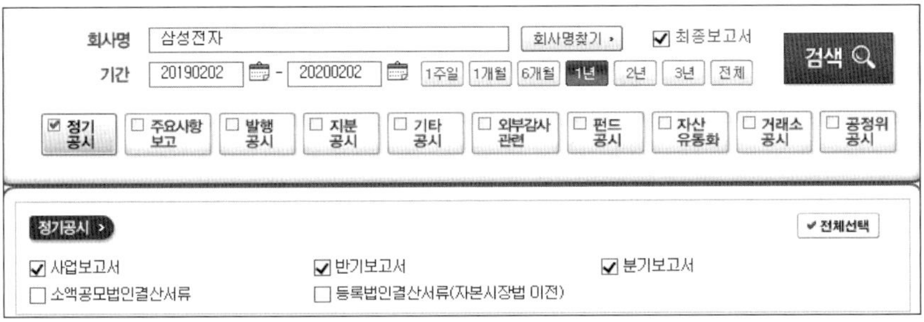

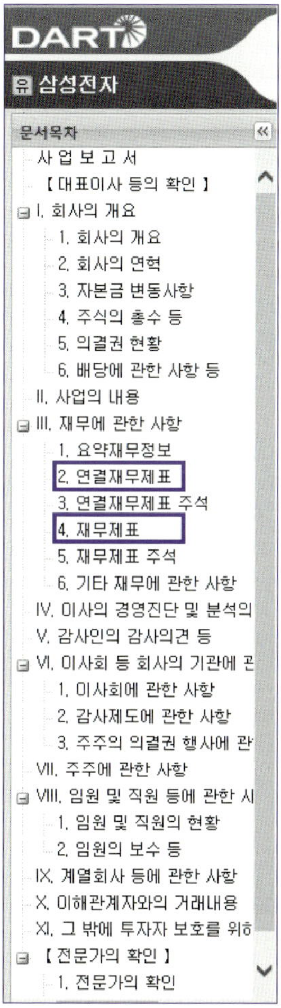

사업보고서나 분기 또는 반기보고서를 클릭하면 왼쪽 창에 문서목차가 나타납니다. 이 중에서 투자자들이 자주 이용하는 Ⅲ. 재무에 관한 사항을 보면 2. 연결재무제표와 4. 재무제표가 있습니다. 이 중 '연결재무제표'는 지배기업과 종속기업을 하나로 묶은 재무제표이고, '재무제표'는 지배기업 자신만의 재무제표 즉 **별도재무제표**를 뜻합니다. K-IFRS에서는 연결재무제표를 기업의 주된 재무제표로 삼고 있지만, 별도재무제표에서 따로 얻을 수 있는 정보도 있기 때문에 함께 공시하도록 합니다. 그래서 이 책에서 기업의 재무제표를 인용할 경우에는 연결기준인지 또는 별도기준인지 구분하여 표시할 것입니다.

사업보고서 초기 화면의 상단에 다음과 같이 본문과 첨부가 나타나는데, 이 중 첨부의 '+첨부선택+'을 클릭하면 감사보고서와 연결감사보고서가 나타납니다. 이 중 '감사보고서'는 별도재무제표에 대한 감사보고서이고, '연결감사보고서'는 연결재무제표에 대한 감사보고서입니다.

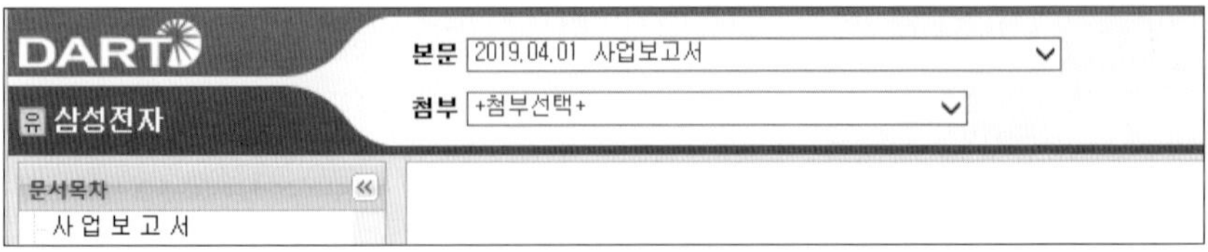

감사보고서 또는 연결감사보고서를 클릭한 다음 왼쪽 창의 문서목차 중 '독립된 감사인의 감사보고서'에 들어가면 외부감사인(공인회계사)의 감사의견을 확인할 수 있습니다.

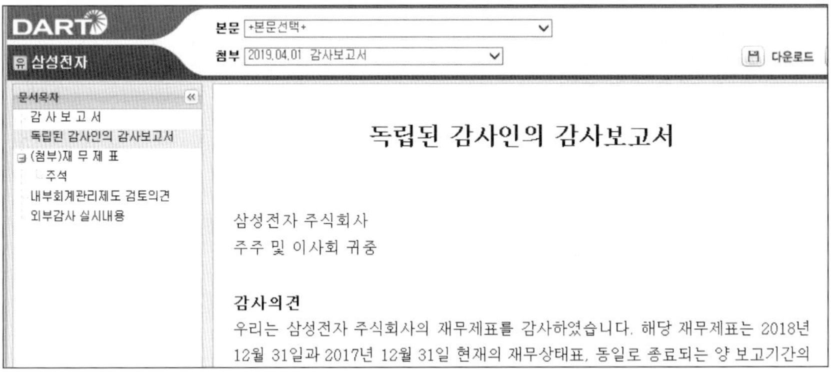

포털 금융정보

위에서 설명한 금융감독원의 전자공시시스템이 기업이 제공하는 1차 정보라면 이를 투자에 활용할 수 있도록 가공한 2차 정보를 제공하는 곳도 있습니다. 투자자들이 쉽게 접근할 수 있는 대표적인 사이트는 네이버금융(m.stock.naver.com)과 다음금융(m.finance.daum.net)입니다. 이들 사이트는 주로 종합금융정보 제공업체인 Fn가이드의 투자정보를 기반으로 합니다. 유료 사이트로 운영되는 Fn가이드는 국내외 주식과 채권시장 정보는 물론 개별기업의 과거 실적과 추정실적까지 다양한 정보를 제공하고 있습니다.

이들 포털의 금융정보는 접근이 용이하고, 주가와 추정실적의 변동을 실시간으로 반영해주므로 활용도가 높습니다. 네이버금융의 경우, 종목검색을 하면 바로 뜨는 초기 화면의 '투자정보' 그리고 '종합정보'의 기업실적분석과 '종목분석'에서 볼 수 있는 펀더멘털, Financial Summary, 추정실적 컨센서스 등의 정보를 이용함으로써 기업실적과 주가수준을 쉽게 파악할 수 있습니다.

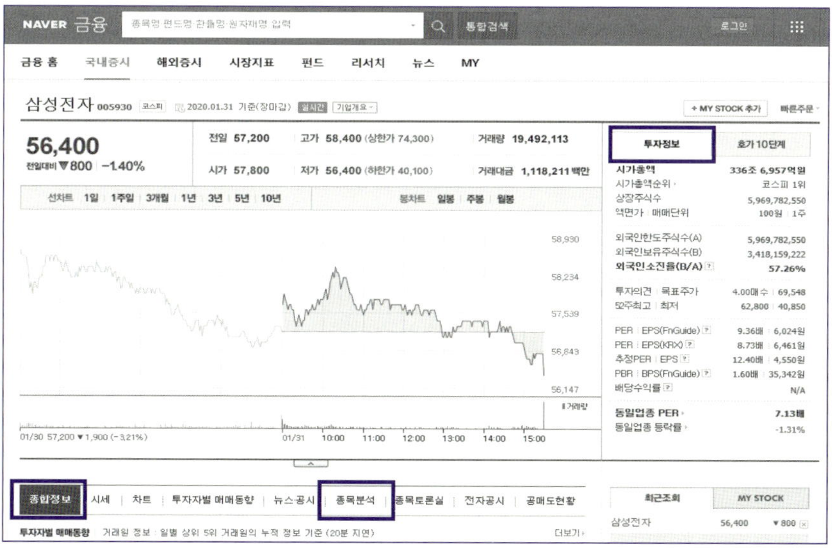

증권회사 투자정보

증권회사의 주가만 검색해도 해당 종목의 PER, PBR, ROA, ROE 등의 간단한 투자지표를 확인할 수 있습니다. 만약 증권회사에 따라 지표의 결과값이 서로 다를 경우 자료 출처와 산식 설명을 참고하면 됩니다. 다만 증권회사의 투자정보도 대부분 Fn가이드가 제공하는 자료를 기반으로 하기 때문에 회사별로 큰 차이는 없습니다.

상장기업에 대한 상세한 투자정보를 확인하기 위해서 증권회사 홈페이지를 활용할 수도 있습니다. 구체적으로 투자정보 또는 리서치센터에서 산업/기업정보를 제공하는데, 관심종목을 검색하면 기본적인 기업분석 자료와 함께 해당 종목에 대한 최근 기업리포트도 활용할 수 있습니다. 대부분의 증권회사 홈페이지는 회원가입을 하지 않고도 투자정보를 검색할 수 있습니다.

02

CHAPTER

재무제표
: 기업의 결산보고서

1. 재무제표의 역할과 구성요소

재무제표(financial statements)는 매년 정보이용자들에게 정기적으로 전달하는 한 회계기간의 **결산보고서**입니다. 재무제표가 전달하는 구체적인 회계정보로는 기업의 재무상태와 재무성과 그리고 자본변동 및 현금흐름에 관한 내용 등이 있습니다.

재무제표의 종류에는 재무상태표, 손익계산서, 자본변동표, 현금흐름표와 주석의 5가지가 있는데, 주석을 제외하고 나머지 4가지로 한정해도 됩니다. 주석의 중요성이 낮아서가 아니라 다른 4가지 재무제표에 대한 보충적 정보를 제공하기 때문입니다.

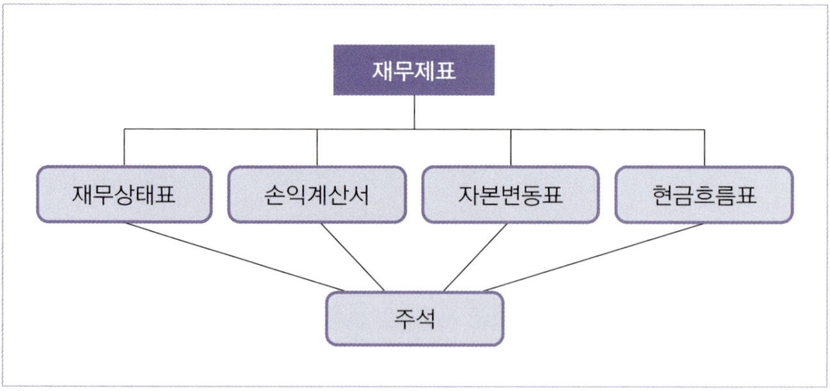

재무제표	제공하는 정보
재무상태표	결산일(12월 31일) 현재의 **재무상태**에 관한 정보
손익계산서	1년 간(1월 1일~12월 31일)의 **재무성과**에 관한 정보
자본변동표	1년 간(1월 1일~12월 31일)의 **자본 변동**에 관한 정보
현금흐름표	1년 간(1월 1일~12월 31일)의 **현금유출입**에 관한 정보
주 석	위 4가지 재무제표에 대한 보충적 정보

재무제표 중에서도 가장 기본이 되는 것은 재무상태표와 손익계산서의 둘입니다. 재무상태표는 다음에서 보는 바와 같이 자산과 부채 그리고 자본으로 구성되고, 손익계산서는 수익과 비용으로 구성됩니다. 그래서 이들 **자산 · 부채 · 자본 · 수익 · 비용**을 재무제표를 구성하는 5가지 요소라고 합니다. 자본변동표와 현금흐름표는 두 기본 재무제표에서 전달하지 못하는 정보를 보완해주는 역할을 수행하므로 새로운 구성요소가 추가되지는 않습니다. 그리고 손익계산서에 나타나는 이익은 수익과 비용을 비교하여 결과적으로 남는 차액이므로 구성요소로 분류하지 않아도 됩니다. 다음 그림은 이 책을 처음 시작하면서 소개했던 내용입니다. 재무상태표와 손익계산서의 간단한 구조를 보여주고, 5가지 구성요소에 대한 개념을 이해하기 쉽게 한마디로 요약한 것입니다.

곧 구체적으로 설명하겠지만 재무상태표는 누적 금액이고, 손익계산서는 1년 동안의 금액입니다. 따라서 손익계산서의 이익은 1년 간 번 돈에서 소비한 돈을 차감한 금액이므로 당기의 순이익인데 반하여, 재무상태표의 자본은 이익이 누적된 결과이므로 '쌓인 돈'으로 표시하였습니다.

재무상태표

자 산 (들어올 돈)	1,000	부 채 (나갈 돈)	300
		자 본 (쌓인 돈)	700
	1,000		1,000

손익계산서

비 용 (쓴 돈)	1,350	수 익 (번 돈)	1,500
이 익 (남은 돈)	150		
	1,500		1,500

2. 재무상태표 : 부자회사 vs 가난한 회사

재무상태표(statement of financial position)는 **대차대조표**(balance sheet, B/S)라고도 부르며, 일정 시점의 재무상태를 파악하기 위하여 작성하는 재무제표입니다. 일정 시점이란 재무상태표를 작성하는 기준일로서, 주로 결산일 즉 12월 31일이 되지만 분기말(3월 31일, 9월 30일)이나 반기말(6월 30일)이 되기도 합니다. 재무상태표를 보면 부자회사인지 가난한 회사인지 기업의 살림형편 즉 재무상태를 판단할 수 있습니다.

한국채택국제회계기준(K-IFRS)이 도입되면서 종전의 대차대조표에서 재무상태표로 명칭이 바뀌었습니다. 다만 우리나라 상법이나 중소기업회계기준에서는 여전히 대차대조표로 사용하고 있습니다. 또 한국은행과 통계청도 우리나라의 전체 국부(國富)를 나타내는 국민대차대조표를 매년 작성하고 있고, 대차대조표 불황이라거나 미국 연방준비제도(FED)가 자주 사용하는 대차대조표 확대 혹은 축소처럼 경제용어로 굳어져 사용되기도 합니다.

재무상태표는 왼쪽에 자산, 오른쪽에 부채와 자본을 표시합니다. 자산은 우리가 일상에서 사용하는 **재산**과 같은 의미로 '들어올 돈'인 데 반해 부채는 갚아야 할 **빚**이므로 '나갈 돈'으로 정의할 수 있습니다. 그리고 자본은 자산에서 부채를 뺀 금액으로 누적된 **주주의 몫**에 해당합니다.

재무상태표로 기업의 재무건전성을 판단할 수 있습니다. 재무상태표의 오른쪽에 나타나는 부채와 자본은 돈을 어디서 구했는지 조달 내역을 알려주고, 왼쪽의 자산은 조달된 돈을 어디에 썼는지 자금의 운용 내역을 보여줍니다. 그래서 재무상태표가 알려주는 재무상태라는 말에는 **조달상태**와 **운용상태**의 2가지가 포함됩니다. 따라서 어떤 회사의 재무상태가 좋다거나 나쁘다는 판단은 조달상태와 운용상태 둘을 모두 평가한 결과입니다. 참고로 경제뉴스에서 자주 사용하는 **재무구조**라는 용어는 자본의 조달상태를 의미하며 부채와 자본의 구성 비율로 판단합니다.

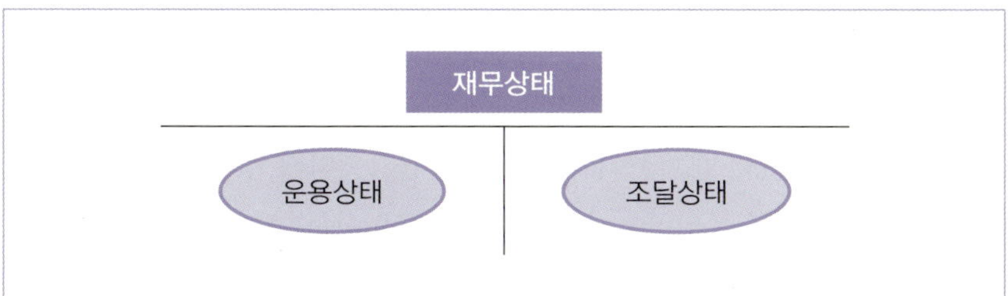

재무상태	**조달상태**(자금의 조달)	**부채**(남의 돈) 혹은 **자본**(내 돈)
	운용상태(자금의 운용)	**자산**(현금 · 상품 · 기계 · 건물)

재무상태표의 기본구조를 이해하기 위해 간단한 예를 들어봅니다. 다음은 A라는 사람이 내 돈 4억원과 대출금 1억원으로 5억원짜리 아파트를 산 경우의 재무상태표입니다.

A의 재무상태표

자산	5억	부채	1억
		자본	4억
	5억		5억

만약 가진 돈이 1억원 밖에 없는 B가 전세금 4억원을 끼고 5억원짜리 아파트를 구입하였다면 재무상태표는 어떻게 다를까요?

B의 재무상태표

자산	5억	부채	4억
		자본	1억
	5억		5억

두 재무상태표를 보면 어느 쪽 살림형편이 더 어려운지 즉 누구의 재무구조가 더 취약한지 판단할 수 있겠지요? A는 내 돈(자기자본비율)이 80%인데, B는 20%에 불과합니다. A는 대출금 1억원에 대한 이자만 부담할 수 있으면 집값이 떨어져도 별걱정이 안 되겠지만, 전세를 안고 산 B는 당장 이자 부담은 없어도 전세기간이 끝날 때 집값이 떨어지면 낭패겠지요.

위의 두 예에서 본 것처럼 재무상태표의 왼쪽의 자산 합계와 오른쪽 즉 부채와 자본의 합계는 항상 일치합니다. 이와 같이 재무상태표의 구조를 자산・부채・자본의 상호관계로 나타낸 산식을 **재무상태표등**

식이라고 합니다. 쉽고 단순한 등식이지만 그 의미는 매우 깁습니다.

[재무상태표등식] 자산 = 부채 + 자본

재무상태의 변동과 이익률

위 사례에서 1년 후에 아파트값이 6억원으로 올랐다면 A와 B의 재무상태표는 어떻게 달라질까요? 그리고 각각의 투자이익률은 얼마가 될까요?

A의 재무상태표

자 산 6억	부 채 1억
	자 본 5억
6억	6억

B의 재무상태표

자 산 6억	부 채 4억
	자 본 2억
6억	6억

1년 후에 재무상태표를 다시 작성해보면 자산이 5억원에서 6억원으로 늘어났는데 부채금액은 1억원(원금 상환과 이자지급은 없었다고 가정)과 4억원으로 변동이 없습니다. 자산은 늘어나도 부채가 그대로이기 때문에 결국 자본이 증가합니다. 즉 자본은 1억원씩 늘어나 각각 5억원과 2억원이 됩니다.

투자이익률은 투자금 총액을 기준으로 하면 둘 다 5억원이 6억원으로 늘었으므로 A와 B 모두 20%가 됩니다. 그러나 투자금을 내 돈(자기자본)으로 한정하면 A의 경우는 4억원이 5억원으로 불어나 투자이익률이 25%인 반면, B는 1억원을 투자하여 1억원을 벌었으므로 100%가 됩니다. 나중에 다루겠지만 투자금 총액을 기준으로 계산한 이익률을 **총자산이익률**(ROA)이라 하고, 내 돈 투자액을 기준으로 하면 **자기자본이익률**(ROE)이라고 합니다. 위의 예에서 총자산이익률은 동일하지만 자기자본이익률이 크게 차이나는 것은 부채를 이용한 이익률의 증대 효과 즉 **레버리지 효과**가 있기 때문입니다.

그럼 이와 반대로 아파트값이 5억원에서 4억원으로 떨어졌을 경우도 가정해보세요. A의 자본은 3억원으로 줄어들고, B의 자본은 0원이 됩니다. 만약에 4억원 아래로 더 떨어지면 B의 아파트는 소위 깡통 아파트(자본잠식)가 됩니다. 레버리지 효과는 이익뿐만 아니라 손실의 크기에도 같은 영향을 미칩니다.

회사에 따라 자산과 부채의 구성항목이나 금액은 달라도 재무상태표의 기본구조는 모두 동일합니다. 우리나라를 대표하는 삼성전자의 2018년 12월 31일 현재의 재무상태표(별도기준)도 다음과 같이 몇 줄로 요약할 수 있습니다.

재무상태표

자 산	219兆	부 채	46兆
		자 본	173兆
	219兆		219兆

이제 구체적으로 재무상태표의 3가지 구성요소 즉 자산 · 부채 · 자본에 대하여 차례로 알아보기로 합니다.

자산 : 들어올 돈

자산은 현재 보유하고 있는 돈과 앞으로 들어올 돈의 합계로서 재무상태표의 왼쪽에 표시됩니다. 이론적으로는 자산을 '경제적 가치가 있는 모든 재화와 권리'로 정의합니다. 경제적 가치가 있다는 말은 **미래에 현금이 유입될 것**으로 기대된다는 의미입니다. **재화**에는 구체적으로 상품이나 제품, 기계장치, 건물 등이 포함되고, **권리**로는 매출채권이나 대여금, 특허권 등이 있습니다. 매출채권이나 대여금은 채권을 회수하면 현금이 들어오고, 상품이나 제품은 판매를 통해 현금으로 유입됩니다. 또 건물이나 기계, 특허권 등은 매각 목적으로 보유하는 자산은 아니지만 이들은 사용을 통해 제품을 생산하거나 서비스를 제공함으로써 그 대가로 현금 유입이 이루어집니다.

자산에 포함되었던 재화나 권리라 하더라도 더 이상 현금 유입을 기대할 수 없는 경우에는 자산의 요건을 충족하지 못하므로 제외시켜야 합니다. 구체적으로 회수불가능한 채권이나 유통기한이 경과된 제품 또는 생산활동에 사용할 수 없거나 매각가치도 없는 기계장치 등은 더 이상 자산에 포함시켜서는 안 됩니다.

또 앞에서 자산은 조달된 자금의 운용 내역을 설명해주는 것이라고도 했지요. 그것은 원재료와 상품 그리고 건물이나 기계 등 모든 자산은 자금을 지출한 결과로 보유하는 것이기 때문입니다. 마찬가지로 예금이나 남에게 빌려준 대여금 또는 금융상품 투자금액 역시 자금의 운용 결과입니다.

자산은 **1년 기준**에 따라 유동자산과 비유동자산으로 구분합니다. 유동자산은 결산일로부터 1년 이내에 현금화하거나 사용할 목적으로 보유하는 자산이고, 비유동자산은 1년을 초과하여 현금화하거나 사용할 목적으로 보유하는 자산입니다.

자산의 분류

유동자산	당좌자산
	재고자산
	기타유동자산
비유동자산	투자자산
	유형자산
	무형자산
	기타비유동자산

또 유동자산을 세분하면 당좌자산과 재고자산 그리고 기타유동자산이 있고, 비유동자산은 다시 투자자산·유형자산·무형자산·기타비유동자산으로 세분됩니다. 이들 자산에 대한 구체적인 내용은 차례대로 각론에서 다룹니다.

부채 : 나갈 돈

부채를 한마디로 정의하면 **빚**입니다. 부채는 차입금처럼 미래에 타인에게 현금으로 갚아야 할 의무는 물론 재화를 인도하거나 서비스를 제공해야 할 의무도 포함합니다. 상품을 팔기로 하고 미리 계약금을 받았다면 재화를 인도해야 할 의무(선수금)가 생기고, 항공사가 고객에게 부여한 마일리지만큼 서비스를 제공해야 할 의무(이연수익)가 있습니다. 차입금을 상환하기 위해서 현금이 유출되는 것은 물론이고, 재화를 인도하거나 서비스를 제공하기 위해서도 현금이 유출됩니다. 따라서 부채는 간단하게 **나갈 돈** 또는 갚을 돈으로 정의할 수 있습니다. 부채는 재무상태표의 오른쪽에 표시되며 자금의 조달 원천이 됩니다. 또 부채는 사업을 위해 조달하는 넓은 의미의 자본에 해당하므로 **타인자본**이라고도 부릅니다.

부채도 자산처럼 1년 기준에 의하여 유동부채와 비유동부채로 구분합니다. 즉 유동부채는 결산일로부터 1년 이내에 상환해야 할 채무이고, 비유동부채는 1년을 초과하여 상환해야 할 채무입니다.

자본 : 주주 몫

자본은 부채와 마찬가지로 자금의 조달 원천에 해당하는 것으로 재무상태표의 오른쪽에 표시합니다. 부채를 타인자본으로 정의하면 자본은 **자기자본**에 해당합니다. 부채가 채권자지분이라면 자본은 주인의 몫 즉 **소유주지분**이고, 주식회사의 소유주는 주주이므로 **주주지분**이라고도 부릅니다. 그리고 자본은 자산에서 채권자지분인 부채를 모두 상환하고 난 후의 잔액이므로 **잔여지분**이라고도 하지요. 같은 의미로 자산이 들어올 돈 즉 플러스(+) 자산이라면, 부채는 나갈 돈 즉 마이너스(−) 자산이므로 자본을 **순자산**으로 정의하기도 합니다.

재무상태표등식을 변형하면 다음과 같은 **자본등식**이 만들어집니다.

[자본등식] 자산 − 부채 = 자본

자본은 주주들이 애초에 출자한 금액 즉 **자본금**과 경영활동을 통해 불어난 이익인 **잉여금**으로 구성됩니다. 즉 자본금이 주주들의 최초 투자금액이라면 잉여금은 회사가 얻은 이익 중 배당 등으로 분배하지 않고 재투자한 금액에 해당하므로 자본은 결국 **주주들이 투자한 누적 금액**이라고 할 수 있습니다. 그래서 약간 부자연스럽긴 하지만 자본을 **쌓인 돈**으로 정의했었지요.

자본금은 다시 주식의 종류에 따라 보통주자본금과 우선주자본금으로, 잉여금은 발생원천에 따라 자본잉여금과 이익잉여금으로 구분할 수 있습니다.

자본의 분류

자 본 금	보통주자본금
	우선주자본금
잉 여 금	자본잉여금
	이익잉여금

재무상태표의 형식

재무상태표의 형식을 예시하면 다음과 같습니다. 앞에서 재무상태표의 기본원리를 설명하기 위해 왼쪽에 자산, 오른쪽에 부채와 자본으로 구성된다고 설명했지만 보통은 다음과 같이 자산 · 부채 · 자본의 순서로 배열합니다. 그렇게 함으로써 재무상태표를 쉽게 이해할 수 있고, 전기와 비교 표시도 용이하기 때문입니다.

재무상태표

자산		
유동자산		×××
당좌자산	×××	
재고자산	×××	
비유동자산		×××
투자자산	×××	
유형자산	×××	
무형자산	×××	
기타비유동자산	×××	
자산총계		×××
부채		
유동부채		×××
비유동부채		×××
부채총계		×××
자본		
자본금		×××
자본잉여금		×××
이익잉여금		×××
자본총계		×××
부채와자본총계		×××

유동성배열과 고정성배열

재무상태표에 나타나는 자산과 부채의 배열 순서와 관련하여 전통적으로 유동성배열법과 고정성배열법으로 구분해 왔습니다. 유동성배열법은 유동성이 큰 자산을 먼저 배열하는 방법으로 유동자산을 먼저, 비유동자산을 나중에 배열합니다. 부채도 마찬가지로 유동부채를 먼저, 비유동부채를 나중에 배열합니다. 이와 반대로 고정성배열법은 비유동자산과 비유동부채를 유동자산과 유동부채보다 먼저 배열하는 방법입니다.

K-IFRS에 의하면 배열방법을 기업이 임의로 선택할 수 있도록 하는데 반해, 일반기업회계기준에서는 유동성배열을 하도록 규정하고 있습니다. 우리나라의 대부분 기업들은 유동성배열법을 적용하고 있습니다. 참고로 고정성배열은 주로 유럽국가들이 많이 사용하고 있는데, 우리나라 기업으로서는 드물게 대한해운이 이 방법을 채택하고 있습니다.

다음은 삼성전자의 2018년 12월 31일 현재 재무상태표(별도)를 일부 요약한 것입니다. 전기는 물론 전전기까지 포함한 3개년도의 수치를 비교하고 있습니다.

삼성전자 재무상태표

(단위 : 백만원)

	2018.12.31	2017.12.31	2016.12.31
자산			
유동자산	80,039,455	70,155,189	69,981,128
현금및현금성자산	2,607,957	2,763,768	3,778,371
단기금융상품	34,113,871	25,510,064	30,170,656
매출채권	24,933,267	27,881,777	23,514,012
재고자산	12,440,951	7,837,144	5,981,634
기타유동자산	5,943,409	6,162,436	6,536,455
비유동자산	138,981,902	128,086,171	104,821,831
종속기업, 관계기업 및 공동기업 투자	55,959,745	55,671,759	48,743,079
유형자산	70,602,493	62,816,961	47,228,830
무형자산	2,901,476	2,827,035	2,891,844
기타비유동자산	9,518,188	6,770,416	5,958,078
자산총계	219,021,357	198,241,360	174,802,959
부채			
유동부채	43,145,053	44,495,084	34,076,122
매입채무	7,315,631	6,398,629	6,162,650
단기차입금	10,353,873	12,229,701	9,061,167
미지급금	8,385,752	9,598,654	7,635,740
미지급비용	6,129,837	6,657,674	6,284,646
미지급법인세	7,925,887	6,565,781	2,055,829
기타유동부채	3,034,073	3,044,645	2,876,090
비유동부채	2,888,179	2,176,501	3,180,075
장기미지급금	2,472,416	1,750,379	2,808,460
기타비유동부채	415,763	426,122	371,615
부채총계	46,033,232	46,671,585	37,256,197
자본			
자본금	897,514	897,514	897,514
주식발행초과금	4,403,893	4,403,893	4,403,893
이익잉여금	166,555,532	150,928,724	140,747,574
기타자본항목	1,131,186	−4,660,356	−8,502,219
자본총계	172,988,125	151,569,775	137,546,762
자본과부채총계	219,021,357	198,241,360	174,802,959

인생대차대조표?

대차대조표가 재무상태표로 바뀐 지 10여년이 지났지만 일상이나 언론에서는 여전히 대차대조표로 부르는 경우가 많습니다. 상법 등에서는 지금도 명칭이 바뀌지 않았기 때문에 대차대조표라는 용어를 사용하는 것은 그렇다 치더라도 문제는 잘못 사용하는 경우가 의외로 많다는 게 걸립니다.

대차대조표는 일정 시점을 기준으로 삼고, 손익계산서는 일정 기간 즉 1년을 대상으로 합니다. 그런데 예전 어느 드라마에서 노인이 자신의 생을 돌아보면서 '인생대차대조표를 만들어보니' 많은 회한이 남는다는 의미의 대사가 있었는데 정확한 표현이 아니지요. 인생은 한 순간이 아니니까요. 또 어떤 의미로 썼는지 모르겠지만 어느 블로그에는 '인생은 대차대조표'라는 글 제목도 보입니다. 어느 신문은 새해를 맞아 금주를 결심한 사람들에게 스스로 의지를 다지기 위해 술을 끊었을 때 좋은 점과 나쁜 점을 대차대조표로 작성해보라고 합니다. 또 북미협상의 다음 라운드를 위해 비핵화와 체제보장이 단계적으로 맞물리는 대차대조표를 작성해야 한다는 글도 눈에 띕니다.

모두 대차대조표를 잘못 사용하는 예들입니다. 그런데 흥미로운 사실은 손익계산서로 써야 할 때 대차대조표로 잘못 쓰는 경우는 많아도, 대차대조표 대신에 손익계산서로 잘못 사용하는 경우는 찾아볼 수 없다는 점입니다. 손익계산서보다 대차대조표라는 용어가 더 전문성이 있어 보이는 탓일까요?

3. 손익계산서 : 잘 버는 회사 vs 못 버는 회사

손익계산서(income statement, I/S)는 일정 기간의 재무성과(경영성과)를 나타내는 보고서로, 한 회계기간 동안의 순이익이나 순손실 즉 **기간손익**을 계산해주는 표입니다. 즉 1년 동안 돈을 얼마나 많이 벌었는지 알 수 있는 경영성적표로서 기업의 수익성과 성장성을 판단할 수 있습니다. 재무상태표가 일정 시점을 기준으로 누적된 결과를 나타내는 정태적 보고서라면, 손익계산서는 1년 동안의 과정을 알려주는 동태적 보고서입니다.

재무상태표 vs 손익계산서

재무상태표	손익계산서
재무상태 일정 시점 정태적 보고서(결과)	재무성과 일정 기간 동태적 보고서(과정)

재무상태와 재무성과

재무상태가 기업의 **살림형편**이라면, 재무성과는 일정 기간의 **벌이**에 해당합니다. 재무상태 즉 살림형편은 자산에서 부채를 뺀 순자산의 크기로 평가합니다. 그래서 100억원짜리 빌딩을 가진 사람도 그 빌딩을 담보로 120억원의 은행대출이 있다면 부자라고 하기 어렵지요. 그런데 빌딩의 시가와 대출잔액은 수시로 달라지기 때문에 살림형편을 설명할 때는 특정 시점을 기준으로 삼게 됩니다.

이에 반해 재무성과 즉 벌이는 시점이 아니라 기간을 전제로 합니다. 그래서 지난해에는 벌이가 좋지 않았지만 올해는 나아졌다고 한다거나, 이달은 지난달보다 벌이가 시원찮다고 표현하는 것처럼 재무성과는 1년이나 한 달 등 기간을 대상으로 합니다.

장기적으로 재무성과가 좋으면 재무상태도 건실해지는 것이 보통입니다. 그러나 재무상태가 누적된 결과라면 재무성과는 해당 기간의 성과이므로 둘이 반드시 일치하지는 않습니다. 즉 단기적으로 재무성과가 좋지 않지만 재무상태는 안정적인 경우가 있고, 반대로 재무성과는 좋아도 재무상태가 부실한 경우도 있습니다. 은퇴 후 여유 있는 삶을 살아가는 사람이 전자라면, 갓 취업해서 높은 연봉을 받아도 학자금 대출 갚느라 바쁜 젊은이는 후자에 해당합니다. 이처럼 재무상태와 재무성과에 대한 정보의 내용이 서로 다르기 때문에 재무상태표와 손익계산서를 각각 작성하게 됩니다.

손익계산서의 구조

손익계산서는 오른쪽에 수익, 왼쪽에 비용이 표시되는데, 수익에서 비용을 차감하여 순이익을 계산해줍니다. 그러므로 손익계산서를 구성하는 요소는 수익과 비용의 2가지입니다. 앞에서 설명했던 것처럼 수익은 **번 돈**, 비용은 **쓴 돈** 그리고 이익은 **남은 돈**이라고 간단하게 정의할 수 있습니다. 다음 그림에서 보는 것처럼 수익이 10억원이고 비용이 8억원이라면 '당기순이익'은 2억원이 됩니다. 반대로 수익이 10억원인데 비용은 그보다 더 많은 11억원이 발생했다면 차액 1억원을 '당기순손실'이라고 합니다. 순이익과 순손실을 함께 묶어 **순손익**이라고 부르는데, 이를 산식으로 표시하면 다음과 같은 **손익계산서등식**이 됩니다.

[손익계산서등식] 수익 − 비용 = 순손익

손익계산서

비 용	8억	수 익	10억
순이익	2억		
	10억		10억

손익계산서

비 용	11억	수 익	10억
순손실	(1억)		
	10억		10억

같은 방법으로 삼성전자의 2018년도 손익계산서(별도)를 간단하게 요약하면 다음과 같습니다.

손익계산서

비 용	137조	수 익	170조
순이익	33조		
	170조		170조

손익계산서를 보면 기업의 수익성을 판단할 수 있습니다. 구체적으로 손익계산서의 오른쪽은 돈을 어디서 어떻게 벌어들였는지 기업의 수익창출 활동에 관해 설명해주고, 왼쪽의 비용은 그 수익을 얻기 위해 어디에 얼마나 썼는지를 보여줍니다.

위에서 수익은 번 돈, 비용은 쓴 돈, 이익은 남은 돈이라고 간단하게 정의했지만 일상에서 잘못 사용하는 경우가 의외로 많아 용어 사용에 주의가 필요합니다. 조금은 복잡하지만 구체적인 수치로 설명하겠습니다. 예를 들어, 도매상으로부터 상품 1,000원어치를 사왔는데 700원만 현금으로 지급하고, 나머지 300원은 외상이었다고 가정합니다. 다음날, 매입한 상품 중 600원어치를 800원에 팔았다면 수익과 이익은 각각 얼마일까요? 우선 수익은 판매대금 800원이고, 이익은 수익에서 비용 즉 원가 600원을 뺀 나머지 200원입니다. 만약 이 상품을 550원에 팔았다면 50원의 손실이 발생했겠지요.

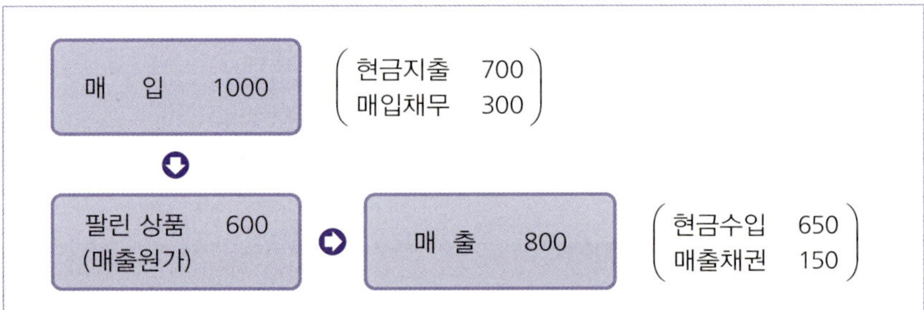

따라서 수익은 총액개념이고, 이익이나 손실은 비용을 차감하고 난 후의 순액개념입니다. 그래서 흔히 사용하는 투자수익률이라는 용어도 투자이익률로 쓰는 것이 더 적합한 표현입니다.

또한 수익과 수입도 의미가 다릅니다. 만약 800원에 판 상품 대금 중 우선 650원만 현금으로 받고 나머지 150원은 나중에 받기로 했다면, 수익은 800원이지만 수입금액은 650원입니다. 수익과 수입의 차이는 앞에서 배웠던 발생주의와 현금주의의 차이라고 생각하면 됩니다. 비용과 지출의 차이도 마찬가지입니다. 비용은 수익 800원을 획득하기 위하여 소비한 상품의 원가(매출원가) 600원입니다. 즉 수익 800원에 대응시킬 비용은 600원이라는 의미입니다. 그리고 지출액은 매입대금 1,000원 중 실제로 현금으로 지급한 700원이지요. 그래서 상대되는 개념끼리 모으면 수익과 비용, 이익과 손실, 수입과 지출로 각각 묶을 수 있습니다. 위 사례에서 설명했던 6가지 개념을 금액으로 나타내면 다음과 같습니다.

수 익	800원	비 용	600원
이 익	200원	손 실	0원
수 입	650원	지 출	700원

수익 : 번 돈

수익은 기업이 1년 동안 벌어들인 돈입니다. 재화를 판매하거나 서비스를 제공하여 매출수익이 발생하면 그만큼 자산도 함께 증가합니다. 구체적으로 현금 판매를 했다면 현금이, 외상으로 팔았다면 매출채권이라는 자산이 동시에 늘어납니다. 자산이 늘어나면 또 같은 금액만큼 자본도 늘어난다는 것은 재무상태표등식이나 자본등식을 통해 배웠지요. 이처럼 손익계산서에서 수익이 발생하면 곧바로 재무상태표의 자산과 자본도 함께 증가하므로 두 재무제표는 서로 밀접하게 관련됩니다.

수익 발생 ➔ 자산 증가 ➔ 자본 증가

수익은 영업수익과 영업외수익의 둘로 구분합니다. 영업수익은 기업의 영업활동에서 얻은 수익이고, 영업외수익은 투자활동과 재무활동으로부터 발생한 수익입니다.

비용 : 소비한 돈

비용을 앞에서 1년 동안 '쓴 돈'이라고 설명했는데 좀더 정확하게 표현하면 '**소비한 돈**'입니다. 기업이 판매를 통해 매출수익을 얻기 위해서는 그에 상응하는 비용도 함께 소비하게 됩니다. 그래서 수익과 비용은 서로 대응을 시켜야 한다고 했었지요. 즉 판매가 이루어지면 보유하고 있던 상품이나 제품 등 재고자산이 줄어들고 또 판매수수료나 운임 등을 현금으로 지급하게 됩니다. 따라서 비용이 발생하는 만큼 자산이 감소하고, 동시에 자본도 같은 금액으로 감소됩니다.

비용 발생 ➔ 자산 감소 ➔ 자본 감소

비용은 다음과 같이 매출원가, 판매관리비, 영업외비용, 법인세비용의 4가지로 구분하는데, 이 중 매출원가와 판매관리비를 합한 것을 영업비용이라고 합니다. 영업비용은 기업의 영업활동과 관련하여 발생하는 비용이고, 영업외비용은 영업 이외의 활동 즉 투자활동과 재무활동에서 발생하는 비용입니다. 그리고 법인세비용은 모든 경영 활동의 결과 발생하는 이익에 대하여 기업이 부담하는 세금입니다.

수익과 비용의 분류

<table>
<tr><th colspan="2">비 용</th><th>수 익</th></tr>
<tr><td rowspan="2">영업비용</td><td>매출원가</td><td rowspan="2">영업수익</td></tr>
<tr><td>판매관리비</td></tr>
<tr><td colspan="2">영업외비용</td><td>영업외수익</td></tr>
<tr><td colspan="2">법인세비용</td><td></td></tr>
</table>

구분식 손익계산서 : 이익은 어디서 났을까

손익계산서는 수익과 비용을 비교하여 그 차액으로 순손익을 계산한다고 설명했습니다. 그런데 정보이용자들은 기업의 최종적인 이익에만 관심이 있는 것이 아니라 손익의 구체적인 내용도 알고 싶어 합니다. 이를테면, 어느 회사의 당기순이익이 100억원인데 그 중 70억원이 보유 부동산을 처분하여 얻은 이익이라면 내년도 이익을 예측할 때는 당연히 그 금액은 제외시켜야겠지요. 부동산 매각이 매년 반복적으로 일어나는 사건은 아닐테니까요. 그래서 손익은 경영활동별로 구분하여 단계적으로 보고합니다. 대부분의 기업들은 손익을 매출총이익, 영업이익, 법인세비용차감전순이익, 당기순이익의 4가지로 나누어 보고하는데, 이렇게 작성된 손익계산서를 4**구분 손익계산서**라고 부르기도 합니다.

매출총이익 = 매출액 − 매출원가
영업이익 = 매출총이익 − 판매관리비
법인세비용차감전순이익 = 영업이익 + 영업외수익 − 영업외비용
당기순이익 = 법인세비용차감전순이익 − 법인세비용

매출총이익은 판매마진에 해당하는데, 영업활동 중에서도 가장 기본이 되는 판매활동의 결과로 얻은 이익입니다. **영업이익**은 판매활동을 포함한 전체 영업활동에서 얻은 이익으로 기업의 수익성을 판단하는데 중요한 지표로 활용됩니다. 그리고 **법인세비용차감전순이익**(세전이익)은 영업이익에다 영업활동이 아닌 투자활동과 재무활동에서 발생한 영업외손익까지 모두 포함하여 계산한 이익입니다. **당기순이익**(세후이익)은 법인세비용차감전이익에서 법인세비용을 차감하여 산출되는 최종적인 이익으로 주주의 몫이 됩니다. 주주 몫은 곧 자본이므로 이 금액은 재무상태표의 자본에 포함됩니다.

대부분의 기업은 위에서 본 것처럼 경영활동별로 4단계로 구분한 손익계산서를 작성하지만, 재화를 판매하지 않는 서비스업이나 금융업 등은 1구분 즉 매출총이익의 산출과정이 필요 없어서 3단계로만 구분합니다. 뒤에서 예시할 삼성전자와 네이버의 손익계산서를 비교해보세요.

구분식 손익계산서 형식을 요약하면 다음과 같습니다. 손익계산서 기본구조를 처음 소개하면서 오른쪽의 수익에서 왼쪽의 비용을 차감하여 순이익을 산출한다고 했지만 실제로는 다음과 같이 매출액에서 시작하여 당기순이익에 이르기까지 단계별로 구분하여 작성합니다. 물론 수익에서 비용을 차감하는 기본원리는 동일합니다.

손익계산서

매출액		×××
매출원가	(−)	×××
매출총이익		×××
판매관리비	(−)	×××
영업이익		×××
영업외수익	(+)	×××
영업외비용	(−)	×××
법인세비용차감전순이익		×××
법인세비용	(−)	×××
당기순이익		×××

기타포괄손익과 포괄손익계산서

K-IFRS에서는 손익계산서 대신 **포괄손익계산서**를 작성하도록 요구하고 있습니다. 당기순손익에 다음과 같이 기타포괄손익까지 포함한 광의의 손익 즉 **총포괄손익**을 나타내주기 때문에 포괄손익계산서라고 부릅니다.

총포괄손익 = 당기순손익 + 기타포괄손익

그럼 **기타포괄손익**은 무엇일까요? 간단한 예로, 5억원에 구입했던 공장부지가 1년 후에 6억원으로 올랐다고 가정해봅니다. 자산의 가치가 늘었으니 1억원의 이익이 생긴 것은 맞지만 그렇다고 그 돈을 당장 쓸 수는 없지요. 아직 팔지 않았으니 돈이 수중에 들어오지 않은 것은 물론 당장 공장을 이전할 계획도 없고 또 땅값이 다시 떨어질지도 모르기 때문입니다. 이처럼 아직 확정되지 않은 이익을 **미실현이익**이라고 합니다. 그래서 K-IFRS에서는 부동산의 재평가차익처럼 단기간 내에 실현되지 않을 이익 즉 **장기미실현이익**을 배당 등으로 처분하지 못하도록 당기순이익에 포함시키지 않고 기타포괄손익이라는 항목으로 따로 묶어두도록 합니다. 그러므로 기타포괄이익은 **당장에 처분할 수 없는 이익**인 셈입니다.

포괄손익계산서는 다음과 같이 당기순이익에 기타포괄손익을 가감하여 총포괄이익을 구하는 형식으로 작성합니다. 결국 포괄손익계산서는 기타포괄손익이 추가된 **5구분 손익계산서**라고 할 수 있습니다. 그래서 이 책에서는 정확한 개념 구분을 위한 것이 아니라면 굳이 포괄손익계산서로 부르지 않고 편하게 손익계산서로 사용합니다.

포괄손익계산서 (단일형식)

매출액		×××
매출원가	(−)	×××
매출총이익		×××
판매비와관리비	(−)	×××
영업이익		×××
영업외수익	(+)	×××
영업외비용	(−)	×××
법인세비용차감전순이익		×××
법인세비용	(−)	×××
당기순이익		×××
기타포괄손익	(±)	×××
총포괄이익		×××

K-IFRS에 의하면 포괄손익계산서를 다음과 같이 둘로 나누어 작성할 수도 있습니다. 즉 매출액부터 당기순이익까지 표시한 **손익계산서**와 당기순이익에서 총포괄이익까지 나타내는 **포괄손익계산서**를 따로 작성하는 방법입니다. 이처럼 손익계산서를 둘로 나누면 **분리형식**이라 하고 위에서 본 것처럼 하나로 묶어 작성하면 **단일형식**이라고 부릅니다.

손익계산서 (분리형식)

매출액		×××
매출원가	(−)	×××
매출총이익		×××
판매비와관리비	(−)	×××
영업이익		×××
영업외수익	(+)	×××
영업외비용	(−)	×××
법인세비용차감전순이익		×××
법인세비용	(−)	×××
당기순이익		×××

포괄손익계산서

당기순이익		×××
기타포괄손익	(±)	×××
총포괄이익		×××

주당이익

주당이익(earnings per share, EPS)은 회사의 당기순이익을 주식수로 나눈 값입니다. 주당이익은 해당 기업의 수익성을 쉽게 판단할 수 있을 뿐만 아니라, 규모가 서로 다른 기업 간의 비교가능성을 제고해 주는 장점이 있습니다. K-IFRS에서는 당기순이익 다음에 주당이익도 함께 표시하도록 규정하고 있습니다. 또 기업 간의 주가수준을 판단하는 대표적인 지표인 주가이익비율(PER)은 주가를 주당이익으로 나누어 계산합니다. 주당이익과 PER에 대해서는 나중에 다시 다룹니다.

당기손익과 기타포괄손익

직장에서 받는 연봉이 개인의 한 해 영업수익이라면 생활비는 영업비용에 해당합니다. 만약 연봉이 5천만원이고 연간 생활비가 3천만원이라면 영업이익은 2천만원이 되겠지요. 그리고 여윳돈을 은행에 맡기면 이자가 들어오고 주식에 투자하면 이익이나 손실(영업외손익)이 발생합니다. 이렇게 해서 얻은 영업외수익이 5백만원일 경우 당기순이익은 영업이익 2천만원까지 합한 2천5백만원이 됩니다.

이와 함께 지난해 3억원이던 아파트 시세가 올해 들어 3억 5천만원으로 올랐다고 가정해보지요. 아파트 값이 오른 것도 이익임에는 틀림이 없지만 그렇다고 바로 쓸 수 있는 돈은 아닙니다. 아파트를 팔기 전까지는 아직 확정되지 않은 이익 즉 **장기미실현이익**이기 때문에 이 5천만원은 당기순이익과는 따로 구분해야 합니다. 이처럼 바로 사용할 수 없는 이익을 K-IFRS는 **기타포괄손익**이라 하고 당기순이익까지 모두 합한 금액을 **총포괄이익**이라고 부릅니다.

영업이익 2천만원 + 영업외수익 5백만원 = 당기순이익 2천5백만원
당기순이익 2천5백만원 + 기타포괄이익 5천만원 = 총포괄이익 7천5백만원

삼성전자와 네이버의 손익계산서 비교

다음은 삼성전자와 네이버의 2018년도 손익계산서(별도)입니다. 두 회사의 손익계산서를 비교해보면 몇 가지 차이점을 발견할 수 있습니다. 네이버는 정보서비스를 제공하는 서비스업이어서 1구분 즉 매출총이익 없이 바로 영업이익부터 산출합니다. 손익계산서의 형식은 삼성전자는 분리형식, 네이버는 단일형식을 취하고 있습니다. 주당이익은 당기순이익을 보통주식수로 나누어 계산하므로 삼성전자처럼 당기순이익 바로 아래에 표시하는 것이 보통입니다. 그런데 네이버와 같이 단일형식 손익계산서에서 총포괄이익 다음에 주당이익을 표시하더라도 당기순이익을 기준으로 계산하는 것은 마찬가지입니다. 또 삼성전자는 백만원 단위, 네이버는 원단위로 금액표시를 하고 있습니다. 다만 여기서는 지면관계 상 네이버도 백만원 단위로 수정하였습니다. 그밖에 네이버는 해당 과목에 주석 번호를 표시해주고 있어서 관련 주석을 쉽게 찾아볼 수 있도록 배려하고 있습니다.

삼성전자 손익계산서

(단위 : 백만원)

	2018	2017	2016
수익(매출액)	170,381,870	161,915,007	133,947,204
매출원가	101,666,506	101,399,657	97,290,644
매출총이익	68,715,364	60,515,350	36,656,560
판매비와관리비	25,015,913	25,658,259	23,009,124
영업이익(손실)	43,699,451	34,857,091	13,647,436
기타수익	972,145	2,767,967	2,185,600
기타비용	504,562	1,065,014	1,289,594
금융수익	3,737,494	4,075,602	5,803,751
금융비용	3,505,673	4,102,094	5,622,119
법인세비용차감전순이익(손실)	44,398,855	36,533,552	14,725,074
법인세비용	11,583,728	7,732,715	3,145,325
계속영업이익(손실)	32,815,127	28,800,837	11,579,749
당기순이익(손실)	32,815,127	28,800,837	11,579,749
주당이익			
기본주당이익(손실) (단위 : 원)	4,830	4,178	1,632
희석주당이익(손실) (단위 : 원)	4,830	4,178	1,632

삼성전자 포괄손익계산서

(단위 : 백만원)

	2018	2017	2016
당기순이익(손실)	32,815,127	28,800,837	11,579,749
기타포괄손익	(378,321)	319,724	308,057
후속적으로 당기손익으로 재분류되지 않는 포괄손익	(378,321)	349,950	729,634
후속적으로 당기손익으로 재분류되는 포괄손익		(30,226)	(421,577)
총포괄손익	32,436,806	29,120,561	11,887,806

네이버 포괄손익계산서

(단위 : 백만원)

	2018	2017	2016
영업수익 (주30)	3,459,014	2,930,661	2,496,498
영업비용 (주22)	(2,195,465)	(1,752,424)	(1,528,147)
영업이익(손실)	1,263,549	1,178,237	968,351
기타수익 (주23)	34,249	7,547	10,210
기타비용 (주23)	158,245	108,941	105,328
이자수익	20,004	31,595	
금융수익 (주24)	153,034	62,116	48,787
금융비용 (주24)	89,121	7,557	12,294
법인세비용차감전순이익(손실)	1,223,470	1,162,998	909,725
법인세비용 (주25)	323,047	313,586	257,909
당기순이익(손실)	900,423	849,412	651,816
기타포괄손익	(53,887)	(15,665)	12,728
당기손익으로 재분류될 수 있는 항목	3,468	(6,771)	711
당기손익으로 재분류되지 않는 항목	(57,356)	(8,893)	12,017
총포괄이익	846,536	833,748	664,544
주당이익 (주26)			
기본주당이익(손실) (단위 : 원)	6,157	5,838	22,397
희석주당이익(손실) (단위 : 원)	6,157	5,838	22,397

재무상태표와 손익계산서의 연결고리

수익과 비용이 발생하면 동시에 자산이나 부채도 같은 금액으로 변화가 일어난다고 했습니다. 또 자산과 부채에 변화가 생긴 만큼 자본에도 영향을 주게 되므로 재무상태표와 손익계산서는 밀접한 관련이 있습니다. 그리고 손익계산서에서 최종적으로 산출되는 당기순이익은 재무상태표의 자본(이익잉여금)에 포함됩니다.

재무상태표와 손익계산서의 관계를 좀 더 명확하게 하기 위해 구체적인 수치를 가정하여 설명해보겠습니다.

재무상태표

차변		대변	
자 산	1,000	부 채	300
		자 본	550
		이 익	150
	1,000		1,000

손익계산서

차변		대변	
비 용	1,350	수 익	1,500
이 익	150		
	1,500		1,500

손익계산서의 수익 1,500원에서 비용 1,350원을 차감하면 당기순이익 150원이 산출되고, 이 순이익은 주주 몫으로 이미 재무상태표의 자본에 포함되어 있습니다. 다만 자본의 변동내역을 설명하기 위하여 기초자본 550원을 순이익 150원과 따로 구분하였지만 기말자본은 올해 이익까지 누적된 금액 즉 700원으로 표시됩니다. 또 이 말을 뒤집으면 기말자본과 기초자본의 차이로 순이익을 구할 수도 있다는 뜻이 됩니다.

수 익 1,500 − 비 용 1,350 = 순이익 150
기말자본 700 − 기초자본 550 = 순이익 150

시산표로 보는 재무상태표와 손익계산서의 관계

재무제표 구성요소 5가지를 모두 모아 하나의 표로 작성하면 **시산표**가 됩니다. 시산표 작성은 결산과정에서 나타나는 실무적인 절차이므로 재무제표이용자 입장에서는 무시해도 그만입니다. 다만 시산표도 왼쪽과 오른쪽 합계가 항상 일치하여 **시산표등식**이 성립된다는 사실과, 시산표를 재무상태표와 손익계산서의 둘로 분해하면 반대편에 같은 금액의 순이익이 나타나는 원리를 쉽게 이해할 수 있어서 간단히 소개합니다.

[시산표등식] 자산 + 비용 = 부채 + 자본 + 수익

시 산 표

차변	대변
자 산 1,000	부 채 300
	자 본 550
비 용 1,350	수 익 1,500
2,350	2,350

➔

재무상태표

차변	대변
자 산 1,000	부 채 300
	자 본 550
	순이익 150
1,000	1,000

➔

손익계산서

차변	대변
순이익 150	수 익 1,500
비 용 1,350	
1,500	1,500

4. 자본변동표와 이익잉여금처분계산서 : 자본의 변동 내역

자본변동표는 한 회계기간 동안의 자본 즉 주주지분의 변동내역을 설명해주는 재무제표입니다. 구체적으로 자본금, 자본잉여금, 자본조정, 기타포괄손익누계액, 이익잉여금 등 자본의 구성항목별로 각각의 기초금액에 당기 변동금액을 가감하여 재무상태표에 나타나는 기말잔액의 산출 과정을 보여줍니다.

이익잉여금처분계산서는 자본항목 중 **이익잉여금**의 증감내역을 설명해주는 표입니다. 즉 손익계산서 상의 당기순이익을 포함한 미처분이익잉여금에 대하여 이익준비금 적립, 배당금 지급 등으로 처분 결과를 보여줍니다. 다만 K-IFRS에서는 연결재무제표를 주된 재무제표로 삼고 있어서 이익잉여금처분계산서는 기본재무제표에 포함되지 않습니다. 이익처분은 개별기업별로 각각의 이사회 결의와 주주총회 승인으로 따로 이루어지기 때문입니다.

손실이 누적되어 이익잉여금이 아니라 **결손금**이 있는 회사는 이익잉여금처분계산서 대신 **결손금처리계산서**를 작성합니다.

이익잉여금처분계산서 또는 결손금처리계산서는 상장기업의 필수 재무제표는 아니지만 상세한 자본의 변동 내역을 알고자 하는 정보이용자들을 위해 금융감독원 전자공시시스템에서 별도재무제표의 끝부분에 열거하고 있습니다. 또 같은 내용을 주석을 통해 확인할 수도 있습니다.

5. 현금흐름표는 왜 필요한가

현금흐름표(cash flow statement)는 일정 기간 동안의 기업의 현금흐름을 나타내주는 보고서로, 기업의 경영활동별로 현금의 유입과 유출 내역을 상세하게 설명해줍니다. 발생주의 회계가 기간별로 손익을 합리적으로 배분해준다는 장점이 있지만 재무상태표나 손익계산서가 기업의 자금사정을 설명해주지는 못합니다. 즉 발생주의 회계로 인식한 매출이나 영업이익, 당기순이익 등 경영성과 지표가 모두 좋은 기업인데도 자금사정이 어려워 도산하는 경우가 종종 있습니다. 이런 경우를 **흑자도산**이라고 부릅니다. 이처럼 현금흐름표는 발생주의 회계의 한계를 보완하기 위하여 손익의 발생이 아니라 현금의 유출입을 기준으로 작성함으로써 미래현금흐름을 예측할 수 있고 그 결과로 기업의 부채 상환능력과 배당금 지급능력을 판단할 수 있는 중요한 정보를 제공합니다.

현금흐름표는 기업의 현금흐름을 기업의 3가지 경영활동 즉 영업활동, 투자활동, 재무활동으로 구분하여 각각의 활동별로 현금의 유입과 유출 내역을 상세하게 설명해줍니다. 이 중에서도 기업의 장단기 지급능력을 평가하는데 가장 유용한 정보는 **영업활동으로 인한 현금흐름**입니다. 영업활동은 기업 본연의 경영활동이고 매년 반복적으로 일어나기 때문입니다.

현금흐름표는 나중에 별도의 장으로 구분하여 자세하게 설명합니다. 우선 현금흐름표의 형식을 요약하면 다음과 같습니다.

현금흐름표

영업활동으로인한현금흐름		×××
영업활동으로부터창출된현금흐름	×××	
이자의수취	×××	
이자의지급	×××	
배당금지급	×××	
법인세납부액	×××	
투자활동으로인한현금흐름		×××
투자활동으로인한현금유입액	×××	
투자활동으로인한현금유출액	×××	
재무활동으로인한현금흐름		×××
재무활동으로인한현금유입액	×××	
재무활동으로인한현금유출액	×××	
현금의 증가(또는 감소)		×××
기초의현금		×××
기말의현금		×××

6. 주석 : 재무제표의 상세 내역

주석(notes)은 구체적인 회계사실의 내용을 재무제표 본문 다음에 별도로 기록하는 것으로 **재무제표의 일부**가 됩니다. 재무제표가 가지는 형식 상의 제한 때문에 재무제표 본문만으로는 정보이용자들에게 필요한 정보를 충분히 제공하기 어렵습니다. 주석은 이러한 재무제표의 한계를 극복하고 의사결정에 필요한 상세한 보충정보를 제공하기 위하여 필요합니다. 특히 K-IFRS 도입으로 재무제표 항목의 산출내역이나 배경을 설명하는 주석의 양이 대폭 늘어나 그 중요성이 더욱 커졌습니다. 또한 재무제표는 숫자로 표시된 화폐적 정보만 전달하지만 주석에서는 비화폐적·서술적 정보까지 상세하게 제공할 수 있는 장점이 있습니다.

기본적인 주석사항으로 회사의 개황과 주요 영업내용은 물론 회사가 채택한 회계처리방법 그리고 자산과 부채의 측정기준 등이 포함됩니다. 연결재무제표의 경우 종속기업 현황과 연결대상 종속기업의 재무정보 그리고 연결대상범위의 변동에 관한 정보를 따로 제공합니다. 그밖에 개별 과목별로도 회계기준에 의하여 다양하고 구체적인 보충적 주석사항의 공시가 요구되고 있습니다. 특히 정보이용자가 관심을 가져야 할 주석사항으로 재무제표의 작성배경이 되는 중요한 회계추정 및 가정, 우발부채와 약정사항, 재무위험관리, 특수관계자와의 거래, 보고기간 후 사건 등이 있습니다.

대표적인 주석사항으로 재무제표 작성의 배경이 된 회계정책 즉 회사가 채택한 회계처리방법이 있습니다. 기업회계기준에 의하면 재고자산을 평가하거나 유형자산에 대한 감가상각방법으로 둘 이상의 회계처리방법을 제시하고 있습니다. 회사가 이 중 어떤 방법을 선택하는가에 따라 당기순이익이 달라지는 것은 물론입니다. 이처럼 기업회계기준에서 대체적인 회계처리방법을 허용하는 경우, 재무제표를 기간별로 비교하거나 다른 기업의 실적과 비교하기 위해서도 회사가 채택한 회계처리방법을 먼저 확인할 필요가 있습니다.

참고로 주석사항의 분량이 워낙 방대하므로 구체적인 정보를 찾아보기 위해서는 키워드 검색(ctrl+F)을 활용하는 것이 좋습니다.

7. 중간재무제표와 연차재무제표

회사가 매년 결산을 하고 작성하는 재무제표를 **결산재무제표** 또는 **연차재무제표**라고 합니다. 이해관계자 입장에서는 기업의 경영환경이 수시로 변하는데 1년에 한번씩 발표되는 연차재무제표에 의한 정보만으로 의사결정을 하는데는 한계가 있습니다. 그래서 모든 상장기업은 정보이용자들에게 적시에 정보를 제공할 목적으로 매 3개월마다 의무적으로 **중간재무제표**(interim financial statements)를 작성하여야 합니다. 이를 분기 또는 반기재무제표라고 합니다. 연차재무제표는 결산일 경과 후 90일 이내에 제출하지만, 중간재무제표는 복잡한 결산절차를 거치지 않으므로 매 기간 경과 후 45일 이내입니다.

3개월 또는 6개월의 중간보고기간은 독립된 회계기간이 아니라 회계연도의 일부분이므로 연차재무제표 작성에 적용하는 것과 동일한 회계처리방법을 적용합니다. 그리고 중간재무제표 정보를 활용하기 위해서는 비교 대상시점 또는 기간을 잘 알아야 합니다. 재무상태표는 일정 시점의 정보이므로 당기의 분기말 또는 반기말 수치를 전기말 수치와 비교하는 형식으로 작성합니다. 그리고 손익계산서는 당기 중간기간과 누적기간 수치를 전기의 동일 기간과 비교하여 작성합니다. 구체적으로 12월 결산 법인의 반기 손익계산서를 예로 들면, 4월 1일부터 6월 30일까지의 2분기 수치와 1월 1일부터 6월 30일까지의 반기누적 수치를 전기의 동일 기간과 각각 비교하는 형식으로 작성합니다. 이에 반해 자본변동표와 현금흐름표는 당기와 전기의 누적 수치만 비교합니다.

중간재무제표의 비교 대상

구 분	당 기	전 기
재무상태표	1분기말(3/31) 2분기말(6/30) 3분기말(9/30)	전기말(12/31) 전기말(12/31) 전기말(12/31)
손익계산서	1분기(1/1~3/31)·누적(1/1~3/31) 2분기(4/1~6/30)·누적(1/1~6/30) 3분기(7/1~9/30)·누적(1/1~9/30)	1분기(1/1~3/31)·누적(1/1~3/31) 2분기(4/1~6/30)·누적(1/1~6/30) 3분기(7/1~9/30)·누적(1/1~9/30)
자본변동표 현금흐름표	1분기 누적(1/1~3/31) 2분기 누적(1/1~6/30) 3분기 누적(1/1~9/30)	1분기 누적(1/1~3/31) 2분기 누적(1/1~6/30) 3분기 누적(1/1~9/30)

중간재무제표 사례

다음은 삼성전자의 2019년 3분기 재무제표(별도) 중 재무상태표, 손익계산서(포괄손익계산서 생략), 현금흐름표를 요약한 것입니다. 우선 재무제표 별로 각각의 비교시점과 비교기간을 먼저 확인해보세요.

두 해의 중간재무제표를 비교해보면 2019년 반도체 부문의 실적 악화로 인한 매출액 감소의 영향이 손익계산서와 현금흐름표에서 두드러지게 나타나고 있습니다. 우선 손익계산서 상의 당기순이익은 2018년 3분기 누적금액 26.7조원 대비 2019년에는 11.7조원으로 감소하고, 3분기만 따로 보더라도 전기 10.2조원에서 4.6조원으로 감소하고 있습니다. 이에 따라 2019년의 3분기 누적 주당이익도 1,728원으로 전기 3,936원 대비 절반 이하로 크게 감소하였습니다. 이러한 영업부진의 결과는 현금흐름표 상의 영업활동현금흐름에도 그대로 나타납니다. 즉 2018년에는 영업활동으로 인한 현금유입액이 29.3조원이었는데 반해 2019년에는 12.9조원으로 감소하였습니다.

이로 인하여 설비투자에까지 영향을 미쳐서 투자활동에 지출된 현금이 22.3조원에서 2019년에는 4.5조원으로 대폭 감소하였음을 알 수 있습니다.

삼성전자 재무상태표

제51기 3분기말 2019.09.30 현재
제50기말 2018.12.31 현재

(단위 : 백만원)

	제51기 3분기말	제50기말
자산		
유동자산	76,848,738	80,039,455
비유동자산	140,398,633	138,981,902
자산총계	217,247,371	219,021,357
부채		
유동부채	37,245,240	43,145,053
비유동부채	2,451,483	2,888,179
부채총계	39,696,723	46,033,232
자본		
자본금	897,514	897,514
주식발행초과금	4,403,893	4,403,893
이익잉여금(결손금)	171,078,582	166,555,532
기타자본항목	1,170,659	1,131,186
자본총계	177,550,648	172,988,125
자본과부채총계	217,247,371	219,021,357

삼성전자 손익계산서

제51기 3분기 2019.01.01부터 2019.09.30까지
제50기 3분기 2018.01.01부터 2018.09.30까지

(단위 : 백만원)

	제51기 3분기		제50기 3분기	
	3개월	누적	3개월	누적
수익(매출액)	42,204,911	117,392,980	47,645,339	131,567,040
매출원가	32,735,989	87,878,933	27,578,197	77,380,630
매출총이익	9,468,922	29,514,047	20,067,142	54,186,410
판매비와관리비	6,802,955	20,153,999	6,154,425	18,023,191
영업이익(손실)	2,665,967	9,360,048	13,912,717	36,163,219
기타수익	3,095,131	4,938,635	155,099	574,553
기타비용	101,796	440,249	86,117	228,997
금융수익	1,104,785	3,313,159	739,900	2,829,759
금융비용	977,630	2,925,982	834,436	2,787,804
법인세비용차감전순이익(손실)	5,786,457	14,245,611	13,887,163	36,550,730
법인세비용	1,200,567	2,507,924	3,675,615	9,808,739
계속영업이익(손실)	4,585,890	11,737,687	10,211,548	26,741,991
당기순이익(손실)	4,585,890	11,737,687	10,211,548	26,741,991
주당이익				
기본주당이익(손실) (단위 : 원)	675	1,728	1,503	3,936
희석주당이익(손실) (단위 : 원)	675	1,728	1,503	3,936

삼성전자 현금흐름표

제51기 3분기 2019.01.01부터 2019.09.30까지
제50기 3분기 2018.01.01부터 2018.09.30까지

(단위 : 백만원)

	제51기 3분기	제50기 3분기
영업활동 현금흐름	12,895,344	29,342,891
투자활동 현금흐름	(4,537,058)	(22,250,426)
재무활동 현금흐름	(8,830,958)	(5,936,201)
외화환산으로 인한 현금의 변동	596	
현금및현금성자산의 순증가(감소)	(472,076)	1,156,264
기초의 현금및현금성자산	2,607,957	2,763,768
기말의 현금및현금성자산	2,135,881	3,920,032

잠정실적과 추정실적

중간재무제표가 정보의 적시성을 제고하기 위하여 작성되지만, 주가에 미치는 영향은 중간재무제표 공시보다 앞서 이뤄지는 기업의 실적발표에 좌우되는 경우가 많습니다. 이 실적은 감사인의 검토를 받지 않은 금액이므로 **잠정실적**이라고 부릅니다. 잠정실적은 모든 상장기업이 의무적으로 발표하는 것은 아니고 기업 임의로 투자자들을 대상으로 하는 기업설명활동(investor relations, IR)의 일환으로 이루어집니다. 잠정실적을 발표하는 기업들은 보통 분기 또는 반기 보고기간 경과 후 1개월 내외 시점에 발표하는데, 삼성전자는 1주일 정도만 지나면 곧바로 발표합니다. 참고로 4분기 실적은 연차재무제표에 포함되기 때문에 분기재무제표를 따로 작성하지는 않지만 잠정실적은 발표하는 것이 보통입니다.

회계뉴스

- 삼성전자 3분기 영업익 7.7조 깜짝 실적 (매일경제, 2019.10.08)
- 시장 추정치와 크게 달라, 넷마블 3분기 잠정 실적 공시 (게임메카, 2019.10.07)
- ㈜한진, 한박자 빠른 '실적공시' 이유는 (더벨, 2019.10.04)

잠정실적만큼 신뢰할 수는 없어도 그보다 더 빠른 정보로는 증권회사가 발표하는 **추정실적**이 있습니다. 추정실적이 여럿 모이면 시장 기대치(consensus)가 되어 주가에도 영향을 미칩니다. 나중에 실제로 기업이 발표하는 잠정실적이 이 시장 기대치보다 크게 상회하면 Earning Surprise, 반대의 경우에는 Earning Shock로 주가가 크게 출렁이기도 합니다.

회계뉴스

- SK하이닉스 실적 발표 전 매도한 외인 '참패'한 이유 (머니투데이, 2019.10.27)

8. 연결재무제표와 별도재무제표

연결재무제표(consolidated financial statements)는 지배·종속관계에 있는 둘 이상의 기업을 하나의 경제실체로 보아 개별기업이 각각 작성한 재무제표를 하나로 합한 재무제표를 말합니다. 어느 한 기업이 다른 기업을 지배하기 위해서는 다른 기업이 발행한 의결권 있는 주식의 50%를 초과하여 보유하거나, 50%에 미달하더라도 최대주주로서 실질적으로 지배권을 행사할 수 있어야 합니다. 이 경우 지배하는 기업을 **지배기업** 또는 모회사라 하고, 지배를 받는 기업을 **종속기업** 또는 자회사라고 합니다. 지배기업 입장에서는 자신만의 재무제표 보다는 종속기업의 재무제표까지 합하여 하나의 경제실체로서 연결하여 보고하는 것이 더욱 유용한 재무정보를 제공하게 됩니다.

K-IFRS에서는 지배기업의 기본재무제표를 연결재무제표로 보고하되, 별도재무제표도 함께 공시하도록 요구하고 있습니다. **별도재무제표**는 종속기업의 재무제표를 합하기 전의 지배기업 자신만의 재무제표를 말합니다. 앞에서 언급했던 것처럼 금융감독원 전자공시시스템의 사업보고서에 나타나는 재무에 관한 사항 중 '연결재무제표'와 '재무제표'가 함께 열거되는데 여기서 '재무제표'란 지배기업의 별도재무제표를 뜻합니다. 참고로 종속기업이 없는 회사가 작성하는

재무제표는 **개별재무제표**라고 합니다.

앞에서 언급했던 것처럼 이 책에서도 기업의 재무제표를 인용할 경우 연결재무제표인지 별도재무제표인지 구분하기 위하여 괄호 안에 '연결' 또는 '별도'로 표시하고 있습니다.

연결재무제표의 유용성이 큰 것은 사실이지만 그렇다고 별도재무제표의 정보가치가 중요하지 않은 것은 아닙니다. 특히 지배기업과 종속기업의 사업내용이 전혀 다른 경우 지배기업의 이익을 예측하기 위해서는 별도재무제표 정보를 활용해야 합니다. 또 법률상 지배기업과 종속기업은 각각 독립된 법인이므로 법인세 부담도 따로 하고, 주주총회에서 결의하는 배당금 지급도 지배기업 자신만의 이익잉여금을 처분대상으로 합니다. 그래서 이익처분에 관한 내용을 설명해주는 이익잉여금처분계산서는 별도재무제표에만 나타난다고 설명했지요.

A를 지배기업, B를 종속기업이라고 할 경우 재무제표 종류별 작성 주체와 대상기업은 다음과 같습니다.

	작성 주체	대상 기업
연결재무제표	A	A + B
별도재무제표	A	A
개별재무제표	B	B

연결재무제표는 지배·종속관계에 있는 둘 이상의 회사가 작성한 각각의 재무제표를 하나로 합하여 작성하되, 이들 간의 내부거래를 제거하고 그 결과 발생한 채권과 채무를 상계하는 등 매우 복잡한

과정을 거치게 됩니다. 그러나 정보이용자 입장에서는 연결재무제표 작성 결과 나타나는 비지배지분에 대한 개념만 이해할 수 있으면 됩니다. **비지배지분**이란 종속기업의 자본과 이익 중 지배기업 지분이 아닌 금액 즉 외부주주들의 몫을 뜻합니다. 예를 들어 종속기업이 발행한 주식의 60%를 지배기업이 보유하고 있다면, 나머지 40%는 외부주주들의 몫이므로 이를 비지배지분으로 구분하여 따로 표시합니다.

연결재무제표 사례

다음은 삼성전자의 2018년도 연결재무제표 중 지배기업소유주지분과 비지배지분 관련 부분을 발췌한 것입니다.

삼성전자 연결재무상태표

(단위 : 백만원)

	2018.12.31	2017.12.31	2016.12.31
자본			
지배기업 소유주지분	240,068,993	207,213,416	186,424,328
자본금	897,514	897,514	897,514
우선주자본금	119,467	119,467	119,467
보통주자본금	778,047	778,047	778,047
주식발행초과금	4,403,893	4,403,893	4,403,893
이익잉여금	242,698,956	215,811,200	193,086,317
기타자본항목	(7,931,370)	(13,899,191)	(11,934,586)
매각예정분류기타자본항목			(28,810)
비지배지분	7,684,184	7,278,012	6,538,705
자본총계	247,753,177	214,491,428	192,963,033

삼성전자 연결손익계산서

(단위 : 백만원)

	2018	2017	2016
당기순이익(손실)	44,344,857	42,186,747	22,726,092
당기순이익(손실)의 귀속			
지배기업의 소유주에게 귀속되는 당기순이익(손실)	43,890,877	41,344,569	22,415,655
비지배지분에 귀속되는 당기순이익(손실)	453,980	842,178	310,437

삼성전자 연결포괄손익계산서

(단위 : 백만원)

	2018	2017	2016
총포괄손익	44,332,615	36,684,490	24,717,492
포괄손익의 귀속			
지배기업 소유주지분	43,882,473	35,887,505	24,310,814
비지배지분	450,142	796,985	406,678

연결정보와 별도정보 비교

다음은 우리나라 대표기업인 삼성전자, 네이버, KB금융지주의 2018년도 연결재무제표와 별도재무제표의 주요 항목을 비교한 자료입니다.

삼성전자의 경우 연결당기순이익(44.3조)은 자신만의 별도이익(32.8조)보다 크지만, 네이버는 반대로 연결이익(0.6조)이 별도이익(0.9조)보다 더 작습니다. 이로서 삼성전자는 투자를 잘 해서 자식 덕(?)을 톡톡히 보는 셈이지만, 네이버는 종속기업들이 모기업의 실적을 오히려 까먹고 있음을 알 수 있습니다. 또 삼성전자와 네이버는 자신의 사업을 영위하면서 동시에 종속기업을 지배하는 **사업지주회사**인데 반해, KB금융지주는 독립적인 사업을 수행하지 않는 **순수지주회사**입니다. 따라서 KB금융지주는 국민은행이 포함된 연결금액(3.1조)이 KB금융지주

자신만의 별도금액(0.9조)보다 훨씬 큰 것은 당연한 결과입니다.

주요 기업의 연결실적과 별도실적 비교

(단위 : 조원)

		자 산	부 채	자 본	수 익	당기순이익	총포괄이익
삼성전자	연결	339.4	91.6	247.8	243.8	44.3	43.9
	별도	219.0	46.0	173.0	170.4	32.8	32.4
네 이 버	연결	9.9	3.9	5.9	5.6	0.6	0.6
	별도	5.9	1.4	4.6	3.5	0.9	0.8
KB금융	연결	479.6	443.9	35.7	11.1	3.1	3.1
	별도	25.6	6.6	19.1	(0.1)	0.9	0.9

주 삼성전자의 수익은 매출액, 네이버는 영업수익, KB금융지주는 이자수익과 수수료수익의 합계금액임

연결재무제표와 결합재무제표

연결재무제표와 유사한 개념으로 이해되는 결합재무제표가 있습니다. 우선 연결재무제표는 위에서 본 것처럼 지배기업과 종속기업의 재무제표를 하나로 묶어 작성합니다. 만약 A회사가 B회사를 지배하고, B는 또 C회사를 지배할 경우 A는 자신의 재무제표에 종속기업인 B와 C의 재무제표를 묶어 연결재무제표를 작성합니다. 그리고 B도 자신의 종속기업인 C의 재무제표와 합한 연결재무제표를 따로 작성합니다. 삼성그룹을 예로 들면 삼성전자, 삼성SDI, 삼성물산 등 종속기업을 가진 모든 회사는 각각의 연결재무제표를 작성하기 때문에 그룹 내에서 여러 개의 연결재무제표가 만들어집니다.

이에 반해 결합재무제표는 1997년 IMF 외환위기 이후 재벌그룹의 문어발식 확장을 규제할 목적으로 30대 기업집단을 대상으로 그룹 전체를 하나의 기업실체로 보아 작성했던 재무제표입니다. 즉 특정 재벌 총수가 지배하는 모든 계열사의 재무제표를 하나로 묶어 그룹 전체의 재무상태와 경영성과를 파악할 목적으로 작성하였습니다. 그러나 결합재무제표는 재벌의 독특한 소유구조인 순환출자와 상호출자로 얽힌 회사들을 1개의 재무제표로 무리하게 묶다보니 논리적인 모순이 많았고 경제단체들의 반대도 심하던 차에 K-IFRS가 도입되면서 자연스럽게 사라졌습니다.

[관련뉴스]

- 30대그룹 결합재무제표 2000년부터 작성 의무화 (중앙일보, 1997.07.10)

9. 사업보고서 : 친절한 기업 설명서

사업보고서는 투자자들의 의사결정에 필요한 다양한 정보를 제공하기 위하여 모든 상장기업이 의무적으로 작성하는 보고서입니다. 사업보고서에는 상장기업의 사업내용과 재무상황 및 지배구조 등 기업 내용을 투자자들에게 정기적으로 공시함으로써, 합리적인 투자판단 자료를 제공하고 증권시장에서 공정한 가격의 형성을 목적으로 작성됩니다. 모든 상장기업은 사업연도 말이 경과한 후 90일 이내에 사업보고서를 제출해야 하고, 분기와 반기말이 경과한 후에는 45일 이내에 반기보고서 및 분기보고서를 금융위원회와 한국거래소에 제출하여야 합니다.

사업보고서 분량이 만만치 않지만(삼성전자의 경우 2018년도 사업보고서는 총 557페이지임) 최소한 기업의 **사업내용** 부분은 꼼꼼하게 챙겨볼 필요가 있습니다. 기업의 사업내용에는 사업부문별 현황과 산업의 특성, 국내외 시장 여건, 주요 제품 구성과 가격 변동, 주요 원재료와 가격변동 추이, 설비투자 현황, 판매경로와 판매방법 및 판매전략, 시장위험과 위험관리, 주요 연구개발활동 등 사업 전반에 관한 상세한 정보를 포함하고 있습니다.

특히 환율과 이자율 또는 유가에 민감한 기업의 경우 사업내용 중 '시장위험과 위험관리'에 대한 부분을 눈여겨 볼 필요가 있습니다. 대한항공의 2018년 사업보고서에 의하면 유가가 1달러 변동할 때마다 연간 손익에 3,300백만불의 영향을 미치고, 환율이 10원 변동되면 790억원 그리고 금리가 1% 움직이면 840억원의 손익이 변동되는 것으로 설명하고 있습니다. 삼성전자도 환율이 5%, 주가 1%, 이자율이 1% 움직일 때마다 회사에 미치게 될 각각의 영향을 설명하고 있습니다. 이처럼 환율이나 이자율 등의 변동에 따라 기업에 미치는 영향이 얼마나 큰지, 또 이런 위험을 회피하기 위하여 기업은 어떻게 대처하고 있는지에 대한 정보를 주석을 통해서도 확인할 수 있습니다.

재무제표의 상호관계

지금까지 다룬 재무제표의 상호관계를 요약하면 다음 그림과 같습니다. 주석은 다른 4가지 재무제표 전반에 관한 보충적 정보를 제공하므로 따로 표시하지 않았습니다.

우선 기초와 기말의 재무상태표를 통해 두 시점의 재무상태를 비교할 수 있고, 나머지 재무제표는 한 회계기간 동안의 변화를 나타내줍니다. 즉 손익계산서를 통해 1년 간의 수익과 비용을 비교하여 산출된 이익은 각각 이익잉여금과 기타포괄손익누계액에 포함되고, 자본변동표는 기초와 기말의 자본을 구성하는 세부항목에 대하여 증감내역을 상세하게 보여줍니다. 그리고 현금흐름표는 1년 간의 현금의 유입과 유출내역을 경영활동별로 구분하여 설명합니다.

현금흐름표와 자본변동표에 대한 구체적인 설명과 자본의 세부항목에 대한 설명은 뒤에서 따로 다룹니다.

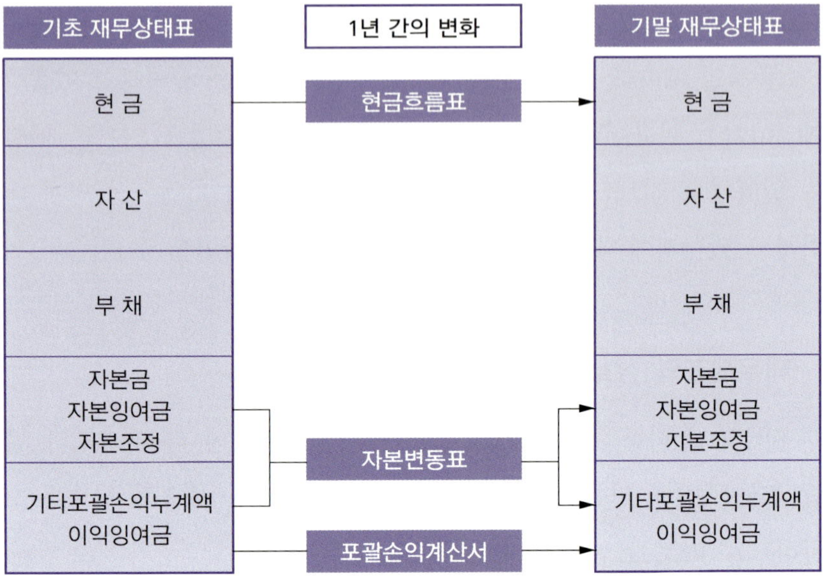
기초 재무상태표
1년 간의 변화
기말 재무상태표
현 금
현금흐름표
현 금
자 산
자 산
부 채
부 채
자본금
자본잉여금
자본조정
자본변동표
자본금
자본잉여금
자본조정
기타포괄손익누계액
이익잉여금
포괄손익계산서
기타포괄손익누계액
이익잉여금

03

CHAPTER

유동자산 : 단기 지급능력

지금까지 제1장에서 회계의 기초개념을 공부하고, 제2장에서 재무제표 전반에 관한 내용을 다룸으로써 총론을 마무리지었습니다. 다소 이해하기 어려웠던 부분이 있었다면 이제 재무상태표, 손익계산서, 현금흐름표 순으로 재무제표에 대한 세부적인 각론을 통해 보완할 수 있습니다. 우선 재무상태표의 구성요소 중 자산부터 시작하는데, 자산은 다뤄야 할 내용이 많으므로 다시 유동자산과 비유동자산으로 나누어 이번 장에서는 유동자산을 먼저 공부합니다.

유동자산은 결산일로부터 1년 이내에 현금화하거나 사용할 목적으로 보유하는 자산으로, 유동자산 금액이 많을수록 기업의 단기 지급능력이 양호하다고 평가합니다. 유동자산은 보통 당좌자산과 재고자산의 둘로 구분하지만, 기타유동자산까지 셋으로 구분하는 것이 합리적입니다. **당좌자산**은 회수과정만 거치면 현금화되는 자산이고, **재고자산**은 제조과정과 판매과정을 추가로 더 거쳐야 현금으로 회수할 수 있는 자산입니다. **기타유동자산**은 당좌자산과 재고자산으로 구분되지 않는 유동자산으로서 현금이 유입되지 않는 대신 그만큼 미래의 현금유출을 줄여주는 역할을 합니다. 앞에서 발생주의를 설명할 때 언급했던 선급비용이 바로 대표적인 기타유동자산 항목입니다. 그래서 나중에 다룰 당좌비율을 산정할 때에 선급비용과 선급금은 당좌자산에 포함시키지 않습니다.

당좌자산처럼 현금화 기간이 짧을수록 **유동성**이 크다고 합니다. 재무상태표 과목은 유동성이 큰 순서로 배열(유동성배열)하기 때문에 당좌자산을 재고자산보다 먼저 배열합니다. 유동자산을 비유동자산보다 먼저 배열하는 것도 유동성배열의 결과입니다. 마찬가지로 부채 역시 1년 이내에 갚아야 할 유동부채를 비유동부채보다 먼저 배열합니다.

유동자산의 분류

분류	과목
당좌자산	현금및현금성자산, 단기금융상품, 매출채권, 단기미수금, 단기대여금, 대급금, 미수수익
재고자산	상품, 제품, 반제품, 재공품, 원재료, 저장품
기타유동자산	선급금, 선급비용, 선급법인세

1. 현금및현금성자산

현금및현금성자산(과목 명칭이므로 보통 붙여서 사용함)은 자산 중에서 유동성이 가장 큰 과목으로 현금과 현금성자산을 포함합니다. **현금**에는 통화는 물론 바로 현금화할 수 있는 수표 그리고 당좌예금이나 보통예금처럼 아무때나 찾을 수 있는 요구불 예금까지 포함됩니다. **현금성자산**은 큰 거래비용 없이 쉽게 현금으로 전환할 수 있고, 이자율 변동에 따른 가치변동의 위험이 중요하지 않으며 **취득 당시 만기일이 3개월 이내에 도래하는 금융상품**을 말합니다. 같은 금융상품이라도 만기가 3개월을 초과하면 단기금융상품, 1년을 초과하면 장기금융상품으로 구분합니다. 또 다른 회사의 주식(지분증권)은 금액을 확정할 수 없기 때문에 3개월 이내에 매각할 목적으로 보유하더라도 현금성자산에 포함시킬 수 없습니다.

현금및현금성자산은 특정 시점 현재 당장 동원이 가능한 가용자금을 나타내므로 흔히 기업의 단기적인 지급능력 또는 투자여력을 판단하는 대표적인 지표가 됩니다. 나중에 현금흐름표에서 사용하게 될 현금의 개념도 현금및현금성자산을 의미합니다.

예금 중 금융기관에 담보로 제공하였거나 소송과 관련하여 압류된 경우에는 임의대로 사용할 수가 없습니다. 이런 예금을 **사용이 제한된 예금**이라고 하는데, 현금및현금성자산으로 분류하지 않고 기간에 따라 단기금융상품 또는 장기금융상품에 포함시킵니다. 사용이 제한된 금융상품은 주석을 통해 확인할 수 있습니다.

현금및현금성자산으로부터 발생하는 이자수익은 영업외수익으로 처리합니다.

다음은 대우조선해양의 2018년도 재무제표(연결) 주석에서 설명하는 사용이 제한된 금융자산의 내역입니다.

8. 사용이 제한되어 있거나 담보로 제공된 예금

당기말 및 전기말 현재 사용이 제한되어 있거나 부채나 우발부채에 대한 담보로 제공되어 있는 예금의 내역은 다음과 같습니다.

(단위 : 백만원)

구 분	당기말	전기말	사용제한내용
현금및현금성자산	3,307	6,329	보증금 제공 등
단기금융상품	71,778	82,504	계약이행 보증담보 제공 등
장기금융상품	415,987	414,024	계약이행 보증담보 제공 등
합 계	491,072	502,857	

암호화폐도 현금?

암호화폐에 대한 논란이 뜨거운 가운데 국제회계기준위원회가 암호화폐는 현금이나 금융자산으로 분류할 수 없다고 결론을 내렸습니다. 암호화폐가 재화나 서비스의 대가로 사용될 수는 있지만, 현금처럼 재무제표에 측정하고 인식할 수는 없다는 이유 때문입니다. 이런 관점에서 암호화폐는 현금이나 지분(주식) 등의 대가를 받을 수 있는 계약상의 권리가 없으므로 금융자산이 아니라고 판단했습니다.

대신 암호화폐의 자산성은 인정하여 향후 국제회계기준 제정을 통해 **재고자산**이나 **무형자산**으로 분류하기로 하였습니다. 즉 통상적인 영업과정에서 판매를 위해 암호화폐를 보유하거나 중개과정에서 매매하는 경우에는 재고자산으로, 그렇지 않은 경우에는 무형자산으로 분류해야 한다는 것입니다. 이와 같은 국제회계기준위원회의 입장에 따라 우리나라 회계기준 제정기관인 한국회계기준원에서도 질의회신을 통해 동일한 입장을 밝혔습니다.

따라서 암호화폐를 판매나 중개를 목적으로 보유하는 암호화폐거래소의 경우 이를 재고자산으로 분류하고 저가기준을 적용하여 평가하게 됩니다. 즉 암호화폐를 취득시점의 원가로 기록하되, 가격이 장부가액보다 떨어진 경우에 한해 시가로 평가합니다. 또 암호화폐가 무형자산으로 분류되는 경우에는 취득원가 또는 시가를 적용하여 평가하되, 시가를 적용하여 발생하는 평가이익은 당기손익이 아니라 기타포괄손익으로 분류하여야 합니다. 그 동안 우리나라에서 암호화폐거래소를 운영하는 일부 회사는 '암호화폐'라는 과목으로 이를 당좌자산에 포함시키고 있었던 것으로 알려졌습니다. 재고자산과 무형자산에 대한 회계처리는 나중에 구체적으로 다루게 됩니다.

[관련뉴스]

- "암호화폐는 현금・금융상품 아니다" 국제회계기준 해석위원회 결론내 (이데일리, 2019.09.24)
- 한국회계기준원 "암호화폐는 재고 또는 무형자산으로 분류 가능하다" (디센터, 2020.01.02)

2. 매출채권과 매입채무

현금및현금성자산과 함께 대표적인 당좌자산 과목으로 매출채권이 있습니다. **매출채권**은 상품이나 제품을 외상으로 판매한 경우 추후 그 대금을 받을 권리를 말하는데, 대금으로 어음을 받은 경우에도 매출채권에 포함시킵니다. 매출채권의 상대과목에 해당하는 **매입채무**는 상품이나 원재료를 외상으로 매입한 경우 그 대금을 지급할 의무이며, 대가로 어음을 발행해준 경우에도 매입채무에 포함시킵니다.

매출채권은 금융기관으로부터 **팩토링금융**을 활용하면 회수기일 이전에도 현금화할 수 있습니다. 팩토링금융은 전통적인 어음할인처럼 수수료를 지급하고 금융기관에 매출채권을 양도하면, 채무자인 고객은 제품대금을 금융기관에 갚는 방법입니다. 자동차를 할부판매하는 경우 자동차회사는 판매와 동시에 할부채권을 금융회사(은행이나 캐피탈회사 등)에 넘기고, 고객은 할부금을 해당 금융회사에 납부하는 것이 팩토링금융의 예입니다. 자동차회사는 팩토링수수료를 부담하는 대신 채권을 조기에 회수할 수 있고 사후적으로 채권회수비용을 추가로 부담하지 않는 이점이 있습니다. 팩토링금융의 구조는 다음과 같습니다.

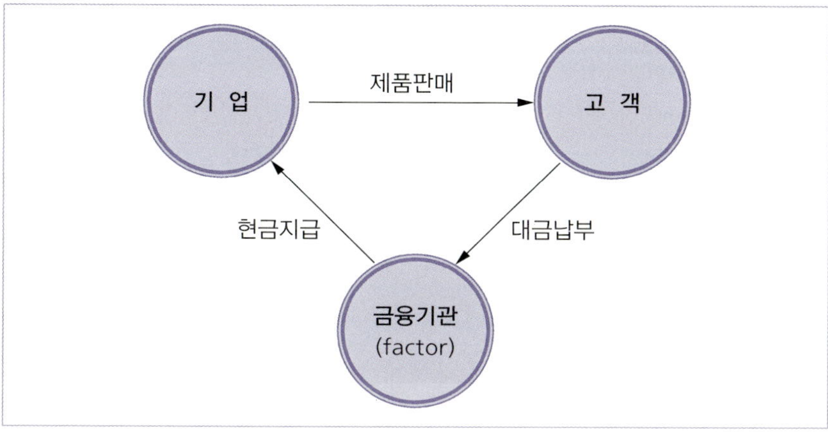

금융기관으로부터 팩토링금융을 이용할 때, 매출채권에 대한 권리와 의무가 금융기관으로 실질적으로 이전되는 경우와 그렇지 않은 경우의 회계처리가 서로 다릅니다. 추후 고객으로부터 대금납부가 이루어지지 않을 경우(대손 발생) 그 손실을 누가 부담할 것인가와 관련되기 때문입니다. 매출채권에 대한 **권리와 의무가 실질적으로 이전되는 경우**에는 매출채권의 양도를 상환청구권이 없는 **매각거래**로 보아 양도 시점에 매출채권을 바로 차감하고 수수료는 **매출채권처분손실**로 처리합니다. 반면에 **권리와 의무가 실질적으로 이전되지 않는 경우**에는 매출채권을 담보로 한 **차입거래**로 보아 단기차입금으로 인식하고 수수료는 **이자비용**으로 처리합니다. 차입거래로 분류되면 매출채권은 만기일에 가서야 소멸(제거)됩니다. 실무에서 발생하는 대부분의 매출채권 양도는 차입거래에 해당합니다.

팩토링금융과 관련하여 발생하는 매출채권처분손실과 이자비용은 모두 영업외비용으로 분류됩니다.

✔ 매각거래 vs 차입거래

	매각거래	차입거래
상환청구권	없 음	있 음
대손비용 부담	팩토링회사(금융기관)	팩토링이용사(판매회사)
수수료 처리	매출채권처분손실	이자비용

다음은 삼성전자의 2018년도 재무제표(별도) 주석에서 설명하고 있는 팩토링으로 양도한 매출채권에 대한 내용입니다.

7. **금융자산의 양도**

회사는 당기 및 전기 중 은행과의 매출채권 팩토링 계약을 통해 매출채권을 할인하였습니다. 회사가 매출채권 팩토링 거래에서 제공한 매출채권은 채무자의 채무불이행시의 소구조건 등으로 대부분의 위험과 보상을 회사가 보유하므로 금융자산의 제거요건을 충족하지 않아 제거되지 않았습니다. 이러한 거래에서 인식한 금융부채는 재무상태표에 단기차입금으로 분류되어 있습니다(주석 15 참조).

보고기간종료일 현재 매출채권의 할인된 내역은 다음과 같습니다.

(단위 : 백만원)

구 분	당기말	전기말
할인된 매출채권의 장부금액	10,353,873	12,229,701
관련 차입금의 장부금액	10,353,873	12,229,701

3. 대손상각 : 부실채권의 회계처리

거래처의 부도 등으로 채권을 회수할 수 없게 되는 것을 **대손**이라고 합니다. 회수불가능한 채권은 '들어올 돈'이 아니므로 더 이상 자산에 포함시킬 수 없습니다. 그래서 회수할 수 없는 채권은 장부에서 떨어내게 되는데, 이러한 절차를 **대손상각**이라고 합니다. 상각이라는 말은 장부에서 제거한다는 의미입니다. 또 아무런 반대급부 없이 대손상각이 이루어지므로 회사는 그만큼 손실을 부담하게 되는데 이를 **대손상각비**라고 합니다. 매출채권에 대한 대손상각비는 영업활동에서 발생하므로 영업비용 즉 판매관리비로 분류합니다. 특히 은행이나 카드사는 수많은 고객을 보유하고 있고, 채권금액도 매우 커서 대손회계가 차지하는 비중이 매우 큽니다.

위의 설명은 실제로 대손이 확정된 경우를 전제로 하였습니다. 그런데 대손은 미래에 아직 회수되지 않은 매출채권 중에서도 발생할 수 있습니다. 그렇다면 아직 확정되지 않았지만 앞으로 발생할 것으로 추정되는 **대손예상액**은 어느 해의 비용으로 인식해야 할까요? 매출이 일어난 당기의 비용일까요 아니면 대손이 실제로 확정되는 해의 비용일까요? 결론은 수익·비용 대응의 원칙에 따라 매출이 일어난 해에 함께 비용으로 처리해야 옳습니다. 또 대손예상액 역시 미래에 현금으로 유입될 가능성이 없으므로 자산에서 제외시켜야 합니다. 그렇지만 대손예상액은 추정일 뿐 아직 확정된 것은 아니므로 개별채권에서 바로 차감할 수 없어서 우선 **대손충당금**이라는 과목을 만들어 매출채권 금액에서 **간접적으로 차감**시키는 회계처리를 합니다.

매출채권 잔액이 1,000,000원이고, 대손예상액이 30,000원이라면 재무상태표에는 다음과 같이 표시합니다. 이처럼 간접 차감을 하는 이유는 나중에 실제 대손발생액이 30,000원보다 많거나 적을 경우 그 차액에 대한 추가적인 회계처리가 필요하기 때문입니다. 다만 재무상태표가 너무 복잡해지지 않도록 매출채권에서 대손충당금을 차감한 970,000원으로 바로 표시하기도 하는데, 이 경우의 대손충당금은 주석을 통해 확인할 수 있습니다.

재무상태표

:		
매 출 채 권	1,000,000	
대손충당금	(30,000)	970,000

대손충당금의 의미

- 대손예상액을 미리 비용으로 인식하여 당기 수익에 대응시킴
- 대손예상액을 매출채권에서 차감하여 회수가능금액으로 표시함

다음은 SK텔레콤의 2018년도 재무제표(별도) 주석에서 설명하고 있는 매출채권 및 기타채권 금액에 대한 대손충당금 합계 2,119억원의 내역입니다. 대손추정은 매출채권은 물론 대손가능성이 있는 모든 채권을 대상으로 합니다. 여기서 사용하는 **손실충당금**이라는 과목은 대손충당금보다 넓은 개념이지만 우선은 대손충당금과 같다고 생각해도 됩니다.

6. 매출채권 및 기타채권

(1) 당기말과 전기말 현재 당사의 매출채권 및 기타채권 내역은 다음과 같습니다.

(단위 : 백만원)

구 분	당기말			전기말		
	총장부금액	손실충당금	순장부금액	총장부금액	손실충당금	순장부금액
유동자산 :						
매출채권	1,474,102	(119,842)	1,354,260	1,628,036	(107,827)	1,520,209
대여금	54,885	(549)	54,336	54,953	(550)	54,403
미수금	568,878	(50,427)	518,451	1,059,395	(55,886)	1,003,509
미수수익	410	–	410	659	–	659
소 계	2,098,275	(170,818)	1,927,457	2,743,043	(164,263)	2,578,780
비유동자산 :						
대여금	48,344	(41,108)	7,236	48,623	(41,111)	7,512
미수금	274,053	–	274,053	285,118	–	285,118
보증금	184,887	–	184,887	173,513	–	173,513
소 계	507,284	(41,108)	466,176	507,254	(41,111)	466,143
합 계	2,605,559	(211,926)	2,393,633	3,250,297	(205,374)	3,044,923

대손의 추정

실무적으로 가장 어려운 과제는 대손을 추정하는 일입니다. 채권 금액이 크면 클수록 대손예상액에 따라 당기손익에 미치는 영향이 클 수밖에 없습니다. 2018년말 현재 대출채권 잔액이 275조원에 달하는 국민은행의 경우 대손추정률이 0.1%만 달라져도 당기순이익에 2,750억원의 영향을 미치게 됩니다.

실무적으로 **연령분석법**을 많이 사용하지만 이 역시 추정을 기반으로 하고 있습니다. 연령분석법은 **경과기간분석법**이라고도 하는데,

기말 현재 보유하고 있는 채권금액을 채권의 경과일수를 기준으로 몇 개의 그룹으로 분류하여 연령분석표를 작성한 다음, 그룹별 대손추정률(기대손실률)을 달리 추정하여 대손금액을 산출하게 됩니다. 은행·통신사·카드사 등이 채권을 경과기간에 따라 구분한 다음, 과거 경험률과 경제전망치 등을 고려하여 각각 다른 대손율을 적용하는 것이 그 예입니다.

다음은 SK텔레콤의 2018년도 재무제표(별도) 주석 내용입니다. 채권을 개인고객 중심의 통신매출과 기업고객 중심의 기타매출로 구분하고, 각각의 채권에 대하여 연체기간에 따른 기대손실률을 적용하여 대손충당금을 추정합니다. 또 기대손실률은 과거 경험에 기초하여 산정한다고 설명하고 있습니다.

6. 매출채권 및 기타채권

(3) 당사는 매출채권에 대해 전체 기간 기대신용손실을 손실충당금으로 인식하는 간편법을 적용하며, 기대신용손실에는 미래전망정보가 포함됩니다. 당사는 이를 측정하기 위해 매출채권을 신용위험 특성과 연체기간을 기준으로 구분하였으며, 과거 3년 동안의 실제 신용손실 경험에 기초하여 기대손실률을 계산하였습니다. 이에 따른 당기말 현재 손실충당금은 다음과 같습니다.

(단위 : 백만원)

구 분		6개월 이하	6개월 초과 ~1년 이하	1년~3년 이하	3년 초과
통신매출	기대손실률	2.42%	38.51%	64.96%	83.08%
	총장부금액	943,281	23,698	51,111	28,027
	손실충당금	22,862	9,125	33,204	23,286
기타매출	기대손실률	1.04%	1.07%	8.24%	52.46%
	총장부금액	351,267	4,400	23,264	49,054
	손실충당금	3,666	47	1,916	25,736

회계뉴스

- 2분기 은행 부실채권비율 낮아지고 대손충당금 적립률 높아져 (아시아경제, 2019.08.20)
- 4대 금융지주사 대손충당금 폭탄, 웅진사태 · 조선업 악화에 전입액 6조5311억원 기록 … 우리금융 2조 넘어 최다 (파이낸셜뉴스, 2013.02.03)

4. 기타의 채권과 채무

매출채권과 매입채무에 포함되지 않는 채권과 채무는 모두 **기타채권**과 **기타채무**로 분류합니다. 기타채권에 대해서도 회수가 불가능할 것으로 추정되는 금액은 대손충당금을 설정해야 하는데, 이 때의 손실과목은 **기타의대손상각비**로 처리하고 영업외비용에 포함시킵니다.

채권의 구분	손실 과목	비용의 구분
매출채권	대손상각비	판매관리비
기타채권	기타의대손상각비	영업외비용

채권에 대해서는 대손 회계처리가 매우 중요하지만, 채무에서는 이런 문제가 발생하지 않습니다. 다만 사후적으로 부채를 탕감 받거나 채권자가 행방불명이 되어 상법상 소멸시효가 완성될 수 있는데, 이 경우에는 **채무면제이익**으로 처리하고 영업외수익에 포함시킵니다.

기타채권과 기타채무에 포함되는 과목들을 상대과목과 함께 열거하면 다음과 같습니다. 기타채권 중 선급금과 선급비용 그리고 선급법인세는 관련 재화나 서비스를 제공받거나 향후 채무금액에서 차감될 채권입니다. 즉 현금 회수를 목적으로 보유하는 자산이 아니기 때문에 당좌자산이 아니라 기타유동자산으로 분류한다고 앞에서 설명한 바 있습니다.

기타채권 vs 기타채무

기 타 채 권	기 타 채 무
대 여 금	차 입 금
선 급 금	선 수 금
미 수 금	미 지 급 금
대 급 금	예 수 금
선 급 비 용	미 지 급 비 용
선급법인세	미지급법인세

대여금과 차입금

대여금은 제3자에게 자금을 대여한 경우에, **차입금**은 타인으로부터 자금을 차입한 경우에 사용하는 채권과 채무 과목입니다. 대여금과 차입금은 만기일에 따라 자산과 부채의 분류가 달라집니다. 즉 만기일이 결산일로부터 1년 이내에 도래하면 단기대여금(유동자산)과 단기차입금(유동부채)으로 분류하고, 1년을 초과하여 만기일이 도래할 경우에는 장기대여금(비유동자산)과 장기차입금(비유동부채)으로 분류합니다.

대여금으로부터 발생하는 이자수익과 차입금에서 발생하는 이자비용은 영업외손익 항목으로 구분합니다.

선급금과 선수금

선급금은 상품 등을 매입하기로 계약을 맺고 계약금을 미리 지급한 경우에 발생하는 채권 과목이고, **선수금**은 상품 등을 판매하기로 하고 계약금을 미리 받은 경우에 발생하는 채무 과목입니다. 선급금은 상품 등을 인도받을 권리이므로 자산이고, 선수금은 상품 등을 인도해야 할 의무이므로 부채가 됩니다.

건설회사나 조선회사가 대규모 공사나 선박 수주계약을 체결하고 받는 계약금은 물론 백화점의 상품권 판매대금이나 결혼정보회사 또는 상조회사가 회원들로부터 받는 납입금도 모두 선수금에 해당합니다. 선수금은 대금을 미리 받는데다 부채이면서도 이자를 부담하지 않고, 나중에 매출수익을 창출하게 되므로 흔히 '**착한 부채**'라고도 합니다.

여기서 주의할 점은 선급금과 선급비용 그리고 선수금과 선수수익은 그 의미가 서로 다르다는 점입니다. 선급금과 선수금은 **기중**에 상품 등을 매매하는 과정에서 발생하는 채권과 채무 과목이지만, 선급비용과 선수수익은 **기말**에 결산할 때 발생주의로 수정하는 과정에서 일시적으로 발생하는 과목입니다. 앞에서 언급했던 대로 지출은 이루어졌지만 아직 비용이 발생하지 않았으면 선급비용으로 처리하고, 수입은 이루어졌지만 아직 수익이 발생하지 않은 경우 선수수익으로 처리합니다.

미수금과 미지급금

미수금은 상품이나 제품 이외의 자산 즉 토지나 건물 등을 매각하고 대금을 받지 않은 경우에 발생하는 채권 과목입니다. 또 **미지급금**은 상품이나 원재료 이외의 자산을 구입하고 대금을 지급하지 않은 경우에 발생하는 채무 과목입니다. 즉 매출채권과 매입채무는 영업활동에서 발생하지만, 미수금과 미지급금은 영업활동이 아닌 투자활동에서 발생하는 채권과 채무입니다.

미수금과 미지급금의 만기일이 결산일로부터 1년 이내에 도래할 경우 단기미수금(유동자산)과 단기미지급금(유동부채)으로 분류하고, 1년 이후에 도래할 경우에는 장기미수금(비유동자산)과 장기미지급금(비유동부채)로 분류합니다.

미수금과 미수수익 그리고 미지급금과 미지급비용도 서로 다른 개념이므로 혼동해서는 안 됩니다. 미수금과 미지급금은 회계기간 중에 투자활동으로 발생하는 과목이지만, 미수수익과 미지급비용은 기말 결산 과정에서 일시적으로 발생합니다.

대급금과 예수금

대급금은 다른 사람을 위해 대신 지급해준 돈으로 나중에 돌려받을 채권이며, **예수금**은 타인의 돈을 일시적으로 맡아 둔 금액으로 나중에 돌려주어야 할 채무입니다.

대급금의 대표적인 예로는 부가가치세가 있습니다. 기업이 상품 등의 매입대금에 포함된 10%의 부가가치세(매입부가세)는 최종소비자를 대신해서 지급한 것이며 나중에 세무서로부터 환급받을 채권이므로 **부가세대급금**으로 처리합니다. 일례로 상품을 11,000원에 매입하였다면 상품매입액 10,000원과 부가세대급금 1,000원으로 구분하여 회계처리합니다. 반대로 상품 등의 매출대금에 포함된 부가가치세(매출부가세)는 나중에 세무서에 납부해야 할 채무이므로 **부가세예수금**으로 처리합니다. 부가세대급금과 부가세예수금은 정산 후 차액만을 세무서에 납부하거나 환급받게 되므로 재무상태표에는 둘 중 하나만 나타납니다. 참고로 이 두 과목은 세무서라는 동일한 거래처와의 채권·채무이므로 서로 상계하여야 하고, 총액표시 원칙에도 위배되지 않습니다.

그밖에 임직원의 급여를 지급하면서 떼어둔 근로소득세, 국민연금보험료, 건강보험료 등도 다음달에 납부해야 하므로 예수금으로 처리합니다. 은행이 고객으로부터 받은 예금과 증권회사의 고객예탁금 역시 나중에 돌려줄 부채이므로 예수금이 됩니다. 또 건물을 제3자에게 전세로 빌려주고 받는 전세보증금도 만기가 되면 돌려줘야 할 돈이므로 예수금으로 처리하는데, 만약 전세기간이 1년을 초과할 경우에는 **장기예수금** 과목으로 처리하고 비유동부채로 분류합니다.

선급법인세와 미지급법인세

법인세는 당기순이익에 대해서 납부하는 세금입니다. 당기순이익은 기말에 결산이 끝나야 알 수 있으므로, 납부해야 할 법인세도 그때 가서야 확정이 됩니다. 다만 회계기간이 1년일 경우 6개월이 지나면 중간에 법인세의 일부를 미리 납부하게 되는데 이를 **중간예납**이라 하고, 중간예납한 법인세는 기말까지는 **선급법인세**로 처리합니다. 결산이 끝나고 법인세가 확정되면 그 금액에서 중간예납했던 선급법인세를 차감한 후 차액을 **미지급법인세**로 처리합니다. 이 미지급법인세는 이듬해 3월 말에 세무서에 납부함으로써 소멸됩니다. 드문 경우지만 결산 후 확정된 법인세가 중간예납한 금액보다 오히려 작을 경우에는 그 차액은 이듬해에 돌려받게 될 자산이므로 재무상태표에 선급법인세로 남게 됩니다.

선급법인세와 미지급법인세는 각각 선급비용과 미지급비용에 해당하지만 그 금액이 크기 때문에 중요성 기준에 따라 따로 구분하여 표시하는 것이 보통입니다.

5. 판매목적으로 보유하는 재고자산

재고자산 회계처리의 중요성

재고자산은 정상적인 영업활동 과정에서 **판매**를 목적으로 보유하는 자산을 말합니다. 상품판매업의 재고자산으로는 상품이 있고, 제조업의 경우에는 제품은 물론 제품 생산과정에 있는 재공품이나 반제품 그리고 제품생산에 사용될 원재료나 부품 등이 모두 재고자산에 포함됩니다.

회계에서 자산은 종류나 형태로 구분하지 않고 **보유목적**에 따라 분류합니다. 현대자동차가 **판매**를 목적으로 하치장에 보관 중인 자동차는 재고자산이지만 임직원이 업무용으로 **사용**하는 자동차는 유형자산이 됩니다. 마찬가지로 토지의 경우에도 보유목적에 따라 재고자산이나 유형자산으로 분류되기도 하고, 때로는 투자자산으로 분류될 수도 있습니다. 즉 LH공사가 택지개발을 위해 보유하는 토지는 재고자산이지만, 일반기업이 공장부지 등으로 사용하는 토지는 유형자산이 됩니다. 또 시세차익 또는 임대를 목적으로 구입한 토지는 투자부동산으로 분류합니다.

재고자산은 거래빈도가 높고 기업의 자산에서 차지하는 비중이 높은 것이 보통입니다. 보관 과정에서 파손이 되거나 변질될 수 있으며 때로는 도난이나 화재 등으로 멸실될 수도 있습니다. 뿐만 아니라 재고자산의 가격이 변동될 경우 재고금액의 측정방법에 따라 기간손익에 미치는 영향 또한 커서 회계에서 중요한 비중을 차지합니다.

재고자산은 적정수준을 유지하는 것이 중요합니다. 재고수준이 지나치게 높을 경우 보관비용 부담은 물론 필요 이상으로 자금이 묶이게 되고, 반대의 경우 고객의 주문에 제때 응할 수 없기 때문입니다. 일반적으로 재고수준은 경기전망에 따라 결정되지만 나중에 다룰 재고자산회전율 분석을 통해서 판단하기도 합니다.

재고자산 · 매출원가 · 매출이익의 상호관계

앞에서 설명했던 것처럼 매출이익은 매출액에서 매출원가를 차감하여 구합니다. 그런데 실무적으로 상품 판매시점에 일일이 매출원가를 개별적으로 파악하는 것은 쉽지 않습니다. 특히 정유회사처럼 매입단가가 수시로 달라지는 경우에는 더욱 그렇습니다. 그래서 기초재고금액에 당기매입액을 합한 금액에서 기말재고금액을 차감하여 기말에 매출원가를 한꺼번에 구하는 것이 보통입니다.

> 매출원가 = 기초재고 + 당기매입 − 기말재고
> 매출이익 = 매출액 − 매출원가

구체적인 사례를 들어 설명하지요. 전기로부터 넘어온 기초재고가 100,000원이고 당기에 매입한 상품이 500,000원이라면 당기 중에 팔 수 있는 전체 상품 금액은 600,000원(판매가능상품)이 됩니다. 그런데 만약 기말 현재 팔리지 않은 상품이 150,000원이라면 당기 중 팔린 상품의 원가는 450,000원(600,000원−150,000원)이 되겠지요. 이처럼 팔린 상품의 원가를 **매출원가**라고 하는데 그림으로 표시하면 다음과 같습니다.

상 품

기초재고	100,000	매출원가	450,000
당기매입	500,000	기말재고	150,000
	600,000		600,000

매출이익은 매출액에서 매출원가를 차감하여 산출합니다. 만약 위의 예에서 당기 매출액이 700,000원이라면 매출이익은 250,000원이 됩니다. 즉 1년 동안 450,000원어치 상품을 700,000원에 팔았으

므로 250,000원의 매출이익을 얻은 겁니다.

그런데 만약 위 사례에서 기말재고금액 150,000원을 130,000원으로 잘못 파악했다면 결과가 어떻게 달라질까요? 기초재고와 당기매입액은 그대로인데 기말재고가 20,000원 줄었다면 매출원가가 20,000원 늘어난 470,000원이 되고, 매출이익은 230,000원으로 줄어듭니다. 즉 기말재고 금액이 과소계상된 만큼 매출원가가 늘어나고 매출이익은 줄어듭니다. 그런데 당기의 기말재고는 곧 차기의 기초재고가 됩니다. 따라서 차기 기초재고가 20,000원이 과소계상됨으로써 그만큼 차기 매출원가가 줄어들고 결과적으로 차기 매출이익을 20,000원 늘려주는 효과가 있습니다. 즉 당기 이익이 과소계상된 만큼 차기 이익은 과대계상됩니다.

위에서 본 것처럼 기말재고 금액의 결정에 따라 재무상태표에 나타나는 재고자산 금액은 물론 손익계산서의 이익도 달라집니다. 또 차기의 기초재고와 매출원가 그리고 매출이익에도 영향을 미칩니다. 결국 당기 이익을 과대계상하는 것은 곧 차기 이익을 앞당겨 인식하는 셈이고, 당기 이익을 과소계상하는 것은 당기 이익을 차기로 이연시키는 효과가 있습니다. 이런 이유로 차기에도 지속적인 이익성장률을 보이고 싶거나 혹시 모를 영업환경의 악화에 대비할 목적으로 일부러 당기 이익을 차기로 미루는 경우가 있는데, 이를 **이익유연화**(smoothing of income)라고 부릅니다. 이익유연화 효과는 재고자산뿐만 아니라 선급비용과 미수수익을 과소계상하고 미지급비용과 선수수익을 과대계상하는 경우에도 발생합니다. 이익유연화의 동기는 그럴 듯해 보이지만 당기 이익과 차기 이익을 고의적으로 왜곡하는 것이기 때문에 있어서는 안 될 회계분식의 한 유형입니다.

6. 재고자산의 수량 결정

기말재고 금액은 다음과 같이 재고수량에 단가를 곱하여 산출합니다. 단가 결정은 뒤에서 따로 설명하기로 하고 우선 수량 파악에 대해서 알아봅니다.

기말재고금액 = 재고수량 × 단가

재고자산의 수량은 품목별로 입고와 출고 내역을 기록하는 장부(상품재고장)를 통해 관리됩니다. 그러나 이 장부재고 수량이 실제로 남아있는 수량과 차이 나는 경우가 있습니다. 실물은 있지만 유통기간이 경과하거나 변질되어 재고에 포함시킬 수 없거나 화재나 도난 사건으로 아예 재고가 멸실되어 수량이 모자란 경우도 있습니다. 따라서 기말에는 실지조사를 통해 실지재고수량을 파악하여야 합니다. 이렇게 파악된 실지재고수량과 상품재고장에 기록된 장부재고수량과의 차이를 **재고감모손실**이라고 합니다. 즉 상품재고장에서 파악된 **남아있어야 할** 장부재고수량과 실사로 확인된 **실제 남아있는** 실지재고수량을 비교해서 감모손실 금액을 계산합니다. 재무상태표에 표시되는 재고자산 금액은 당연히 실지재고수량으로 산출한 금액입니다.

재고자산의 종류와 수량이 많은 기업의 경우에는 재고실사가 매우 복잡하고 힘든 작업이어서 자주 실시하기 어렵습니다. 그래서 재고자산 실사는 기말결산 때만 실시하고 분기나 반기 재무제표를 작성할 때는 장부재고수량으로 매출이익을 계산하는 것이 보통입니다.

재고감모손실은 정상적인 경우(원가성이 있는 경우)에는 매출원가에 포함시키고, 비정상적인 경우(원가성이 없는 경우)에는 영업외비용으로 처리합니다. 정상적이고 원가성이 있다는 것은 영업활동 과정에서 불가피하게 발생하는 감모손실로서 소비자에게 전가시킬 수 있는 비용이라는 뜻입니다. 이에 반해 원가성이 없다는 것은 화재나 도난 등으로 인한 비정상적인 감모손실로서 수익 창출과 무관하게 발생한 것이므로 소비자가 아니라 기업 자신이 부담해야 할 손실(영업외비용)이라는 의미입니다.

재고감모손실 = (장부재고수량 − 실지재고수량) × 단가

7. 재고자산의 단가 결정

K-IFRS에 의하면 재고자산은 **저가기준** 즉 원가와 시가 중 낮은 금액으로 평가하도록 규정하고 있습니다. 다시 말하면 재고자산은 원가로 평가하되, 시가가 원가보다 낮을 경우에는 시가로 평가하여야 합니다.

저가기준을 적용하기 위해서는 원가와 시가를 각각 파악해야 하는데, 먼저 원가의 결정에 대해서 알아봅니다. 원가를 결정한다는 것은 한 회계기간 동안 물가변동으로 복수의 매입단가가 있는 경우 기말에 남아있는 재고에 적용할 단가를 정하는 일입니다. 즉 매입단가가 서로 다른 재고가 섞여 있을 경우 적용할 단가를 결정하는 방법

에는 개별법, 선입선출법, 평균법 등이 있습니다. K-IFRS에 의하면 재고를 개별적으로 식별이 가능한 경우에는 개별법을 적용하되, 그렇지 않은 경우에는 선입선출법이나 평균법처럼 물량흐름을 가정하는 방법을 적용합니다. 실제로 대부분의 재고자산은 개별적으로 식별하기 어렵습니다. 이를테면 주유소의 휘발유를 매입단가가 다르다고 따로 보관할 수 없고, 마트의 매대에 산더미처럼 쌓인 동일한 상품을 매입단가가 다르다고 따로 진열할 수도 없는 노릇이지요. 그래서 실무적으로 개별법을 적용할 수 있는 경우는 흔치 않습니다.

위에서 설명한 것처럼 단가결정방법에 따라 기말재고 금액이 달라지고 이에 따라 매출원가와 매출이익이 달라집니다. K-IFRS에서는 구체적으로 어떤 방법을 채택할 것인지는 회사가 임의로 결정하지만, 기간별 비교가능성을 제고하기 위해서 한번 선택한 회계처리 방법은 매기 계속하여 적용하고(계속성), 정당한 사유 없이 변경하지 못하도록 규정하고 있습니다.

개별법

수주 선박이나 골동품 또는 귀금속처럼 개별적으로 식별이 가능하고 단가는 높지만 거래의 빈도가 낮은 품목의 거래에 사용되는 방법입니다. 이 방법은 실제 물량흐름을 반영하므로 수익과 비용의 대응이 합리적으로 이루어진다는 장점이 있습니다. 그렇지만 같은 종류의 재고자산을 다량으로 보유하여 개별적인 식별이 어렵고 상호 교환이 가능한 경우에는 손익을 인위적으로 조정할 수 있으므로 개별법을 적용할 수 없습니다. 요약하면 개별적인 식별가능성의 조건을 충족한 경우에는 반드시 개별법을 사용해야 하지만, 그렇지 않은 경우에는 적용해서는 안 됩니다.

선입선출법

선입선출법(first-in first-out method, FIFO method)은 실제 물량흐름을 알 수 없으므로 먼저 매입한 상품이 먼저 판매된다고 가정하는 방법입니다. 따라서 기말재고로 남아있는 상품은 최근에 매입한 것으로 봅니다.

선입선출법의 가장 큰 장점은 실제물량의 흐름을 유사하게 반영하는데 있습니다. 또 기말재고에 최근의 매입단가가 적용되므로 현재가치와 유사한 금액으로 표시되는 장점도 있는데 반해, 매입단가가 지속적으로 상승하는 경우에는 매출원가가 먼저 매입한 낮은 단가로 산출되어 매출이익이 과대계상된다는 문제점도 있습니다.

선입선출법과 반대로 나중에 매입한 상품이 먼저 판매된다고 가정하는 **후입선출법**(last-in first-out method, LIFO method)도 있지만, 이 방법은 실제 물량흐름을 반영하지 못하고 재고자산의 매입시점을 일부러 앞당기거나 늦춤으로써 손익을 조정할 수도 있어서 K-IFRS에서는 인정하지 않는 방법입니다. 다만 일반기업회계기준을 적용받는 기업의 경우에는 후입선출법도 선택가능합니다.

선입선출법과 금융상품의 이자계산

금융상품 중에는 CMA처럼 수시입출이 가능하면서 자금의 예치기간에 따라 금리가 달리 적용되는 경우가 있습니다. 예를 들어 3개월 미만이면 2%, 3개월 이상이면 3% 이자를 지급하는 금융상품의 경우입니다.

과거 여러 차례에 걸쳐 입금된 예금 중 일부를 인출한다면 언제 입금된 예금에서 인출된 것으로 보느냐에 따라 예치기간이 달라집니다. 따라서 적용 이자율이 2%가 될 수도 있고, 3%가 될 수도 있습니다. 실제로 금융기관에서는 약관으로 자금의 인출을 선입선출로 정해 놓은 경우가 대부분입니다.

그러므로 예금을 일시에 넣었다가 한꺼번에 인출한다면 상관없지만, 수시로 입출이 이루어지고 잔고가 항상 일정하게 유지된다면 3% 금리만 보고 상품을 선택하는 것은 의미가 없습니다. 입출이 수시로 이루어질 경우 실제로는 3개월 미만의 금리 즉 2%를 적용받을 가능성이 크기 때문입니다. 따라서 이런 경우 일정 금액은 장기예치하고 수시 입출이 이루어지는 자금은 별도 계좌를 만들어 관리하는 것이 유리합니다.

회계뉴스

- [IFRS와 세법] 후입선출법 폐지 … 정유사 비상? (조세일보, 2009.06.08)

총평균법

총평균법은 한 회계기간 동안의 재고자산 총금액(기초 재고금액+당기 매입금액)을 총수량(기초 재고수량+당기 매입수량)으로 나누어 총평균단가를 구하고, 이 단가를 기말재고수량에 곱하여 기말재고금액을 산출하는 방법입니다. 따라서 총평균법에 적용되는 평균단가는 기말에 가야 구할 수 있고, 한 회계기간 동안 전체의 평균단가를 일률적으로 적용하므로 **기간평균법**이라고도 부릅니다.

이동평균법

이동평균법은 재고자산을 매입할 때마다 보유 중인 재고와 새로 매입한 재고를 합하여 평균단가를 다시 산출하는 방법입니다. 이 방법을 적용하면 재고자산을 매입할 때마다 평균단가가 달라지므로 이동평균법이라고 부릅니다. 실무적으로 매월 월 단위로 총평균법을 적용하는 회사가 더러 있는데, 이 방법도 연간으로 보면 이동평균법을 적용하는 것과 같은 효과가 있습니다. 참고로 주식을 분할 매매하는 경우에도 추가 매수할 때마다 평균단가가 달라지므로 증권회사의 주식계좌에 나타나는 종목별 매수단가는 이동평균단가로 표시됩니다. 다만 해외주식에 대한 양도소득세 계산을 위해 산출하는 양도차익은 소득세법 규정에 따라 선입선출법을 적용합니다.

실제물량의 흐름과 기간손익

선입선출법의 가장 큰 장점은 실제 물량흐름을 비교적 유사하게 반영하는 것이라고 했습니다. 그렇다면 과연 물량의 흐름은 선입선출이 되는 셈일까요? 다음 두 가지 간단한 사례로 판단해 보세요.

- 엘리베이터를 20층에서 탄 사람과 10층에서 탄 사람 중 1층에 도착하면 누가 먼저 내릴까요?
- 편의점 고객들은 냉장고에서 아이스크림을 어떻게 꺼낼까요? 맨위에서 고를까요 깊숙한 곳에서 꺼낼까요?

위의 사례를 보면 후입선출되는 것으로 언뜻 판단할 수도 있겠지요. 그럼 이번에는 위의 질문을 다음과 같이 바꿔보겠습니다.

- 엘리베이터를 오전에 탄 사람과 오후에 탄 사람 중 누가 먼저 내릴까요?
- 연말에 편의점 냉장고에 남아있는 아이스크림은 작년에 사온 걸까요 올해 사온 걸까요?

결론은 어느 한 순간을 관찰하면 물량흐름이 후입선출될 수도 있지만 하루나 한 달 또는 일년이라는 **기간**을 고려하면 실제 물량의 흐름은 선입선출되는 것이 보통입니다. 여기서 우리는 재무보고의 목적이 한 회계기간 동안의 손익 즉 **기간손익**을 구하는 것임을 상기할 필요가 있습니다.

물가변동이 재무제표에 미치는 영향

물가가 변동하면 기말재고를 어떤 방법으로 평가하느냐에 따라 기말재고와 매출원가, 매출이익이 달라집니다. 물가가 지속적으로 상승할 경우에는 기초보다 기말의 단가가 높을 것이므로 선입선출법에 의한 재고자산 금액이 후입선출법보다 더 높게 산출됩니다. 그리고 평균법은 중간금액인 셈이니 선입선출법보다는 낮고 후입선출법보다는 높겠지요. 또 이동평균법과 총평균법을 비교할 경우 비교적 최근 단가의 영향을 많이 받는 이동평균단가가 한 회계기간 전체의 총평균단가보다 높습니다. 그래서 물가가 지속적으로 상승할 경우 단가결정방법이 재무제표에 미치는 영향을 비교하면 다음과 같습니다.

기말재고금액	선입선출법 > 이동평균법 > 총평균법 > 후입선출법
매 출 원 가	선입선출법 < 이동평균법 < 총평균법 < 후입선출법
매 출 총 이 익	선입선출법 > 이동평균법 > 총평균법 > 후입선출법

다음은 우리나라 4대 정유회사가 적용하고 있는 재고자산 평가방법을 비교한 것입니다. SK에너지와 GS칼텍스는 총평균법, 현대오일

뱅크는 이동평균법, S-Oil은 선입선출법을 채택하고 있습니다. 정유 회사의 경우 특히 재고자산 비중이 높고 단가변동이 잦으므로 기업 간 비교를 위해서는 재고자산 평가방법을 고려할 필요가 있습니다.

회 사	재고자산 평가방법
SK에너지	가중평균법
GS칼텍스	총평균법
현대오일뱅크	이동평균법(월총평균법)
S-Oil	선입선출법

다음은 S-Oil의 2018년 재무제표 주석에서 설명하고 있는 재고자산 평가방법입니다. 참고로 **미착품**은 운송 중에 있어서 아직 도착하지 않은 재고자산으로, 일반적으로 품목별 식별이 가능하므로 개별법을 적용합니다. 순실현가능가치는 곧 설명하겠지만 시가의 일종입니다.

바. 재고자산

재고자산은 원가와 순실현가능가치 중 작은 금액으로 표시되고, 재고자산의 원가는 개별법을 적용하는 미착품과 이동평균법을 적용하는 저장품을 제외하고는 선입선출법에 따라 결정됩니다.

회계뉴스

- '선입선출법' 쓰는 에쓰오일 … 실적 더 좋게 나왔다, 평가기법 따라 유가 반영 속도 차이 … 모기업 아람코 영향 (더벨뉴스, 2019.04.30)

다음은 오래된 뉴스인데 재고자산 평가방법이 단순한 회계문제에 국한되지 않고 정치적 이슈로까지 번질 수도 있음을 보여주는 사례입니다. 뉴스 스크랩이 잘못돼서 날짜가 확실하지 않지만, 2008년 금융위기 직후인 듯싶습니다. 당시 정유회사들은 고유가 덕분에 거의 유일하게 호황을 누리던 업종이었지만 후입선출법 사용으로 이익을 줄이고 법인세도 적게 납부함으로써 사회적인 문제가 됐던 상황입니다. 참고로 기사에서는 일반인들에게 생소할 수도 있는 매출원가라는 용어 대신 '비용'과 '재고비용'이라는 용어를 사용하고 있습니다.

석유 메이저 회계방식 '구설수'

미국의 엑손모빌 등 석유 메이저들이 고유가로 기록적인 수익을 올리고 있는 가운데 이들 메이저 석유사들이 사용하는 회계방식인 후입선출법(LIFO)이 이익을 축소함으로써 세금납부액 감소로 이어지고 있다는 논란이 일고 있다. 이 때문에 워싱턴의 일부 정치인들은 LIFO 폐지 움직임까지 일고 있다고 월 스트리트 저널 인터넷판이 8일 보도했다.

LIFO로 재고비용을 계산할 때 과거 싼 값에 사들인 것에 대해서도 최근 인상된 가격을 적용하기 때문에 재고비용이 증가하는 대신 이익은 감소하며 이에 따라 이들 업체가 납부하는 세금도 크게 줄어들게 된다. 이 신문은 엑손모빌 역시 미국의 많은 여러 석유회사들처럼 회계에 LIFO를 사용하고 있고 2005년의 경우 이 방식을 통해 비용을 57억 달러나 증가시켰다며 이 방법을 쓰지 않았다면 엑손의 순이익은 361억 달러가 아니라 400억 달러에 근접했을 것이라고 지적했다. 또 시장조사 및 투자업체인 캐피털 IQ는 엑손 외에 미국의 다른 4대 석유 가스 업체들도 지난해 같은 방법으로 비용을 68억 달러 증가시켰다고 밝혔다.

LIFO는 부적절하거나 전혀 이례적인 회계방식은 아니다. 기업들은 1930년대부터 이 방식을 사용하고 있으며 재정 및 세금 목적으로 이 방식을 사용하는 것이 허용되고 있다. 그러나 석유 가격 급등이 관련 기업의 비용 증가와 납세액 감소로 이어지면서 논란이 가중되고 있으며 일부 의회 의원들은 LIFO 폐지를 추진하고 있다.

이에 대해 엑손의 한 대변인은 자사의 회계 결과는 절대 축소되지 않았고 자신들은 LIFO 사용에 관한 증권거래위원회와 세금 규칙을 준수하고 있다고 말했다. 그는 그러나 엑손이 LIFO를 사용하지 않았을 경우 발생했을 이익에 대해서는 논평을 거부했다.

유럽연합(EU)이 채용하고 있는 국제재무보고표준은 LIFO 사용을 허용하지 않고 있다. 이 때문에 BP와 로열더치셸 같은 해외 석유 메이저들의 순이익은 미국 석유 메이저들과 직접 비교할 수 없다. LIFO에 비판적인 사람들은 이 방식은 기업에서 발생하지도 않은 비용을 통해 세금을 줄이는 탈세방법에 불과하다고 지적하고 있다. 그러나 LIFO를 지지하는 측에서는 이 방식이 현재의 비용과 수입을 맞춤으로써 인플레이션을 막아준다고 반박하고 있다.

이러한 논란을 배경으로 미국 의회의 일부 의원들은 지난해 가을 석유.가스회사들의 LIFO 사용을 법으로 금지하려 했으나 실패했으며 올 봄에는 빌 프리스트 공화당 상원 원내대표가 모든 기업에 대해 LIFO를 금지하는 방안을 추진했으나 역시 무산됐다. (서울=연합뉴스)

8. 저가기준의 적용

K-IFRS에 의하면 재고자산은 위에서 설명한 개별법, 선입선출법, 평균법 등에 의해 결정된 원가를 기말 시가와 비교하여 낮은 금액 즉 **저가기준**을 적용하여 평가합니다. 여기서 시가란 재고자산의 판매가격에서 판매 관련비용을 차감한 **순실현가능가치**(net realizable value, NRV)를 말하는데, 이는 곧 '자산을 판매하여 손에 쥘 수 있는 돈'이라는 뜻입니다. 재고자산의 순실현가능가치가 원가보다 낮아서 발생하는 손실은 **재고자산평가손실**로 처리합니다.

재고평가손실 = (단위당 원가 − 단위당 시가) × 실지재고수량

재고평가손실은 손익계산서의 매출원가에 포함시키고, 재무상태표에서는 **재고평가충당금**을 설정하여 재고자산에서 간접 차감하는 형식으로 회계처리합니다. 재고평가충당금은 매출채권에 대한 대손충당금처럼 손실충당금에 해당합니다. 만약 차기에 재고자산의 시가가 회복되면 재고평가충당금의 범위 내에서 환입시켜주고, 그 환입액은 차기 매출원가에서 차감해줍니다.

다음은 2018년 삼성전자(별도)의 재무제표 주석에서 설명하고 있는 재고자산 내역입니다. 하단에서 설명하고 있는 '당기 중 비용으로 인식한 재고자산 금액' 이란 곧 매출원가를 뜻합니다.

11. 재고자산

보고기간종료일 현재 재고자산의 내역은 다음과 같습니다.

(단위 : 백만원)

구 분	당기말			전기말		
	평가전금액	평가충당금*	장부가액	평가전금액	평가충당금*	장부가액
제품 및 상품	3,045,263	(300,008)	2,745,255	2,187,441	(484,364)	1,703,077
반제품 및 재공품	8,328,324	(403,623)	7,924,701	4,512,627	(124,510)	4,388,117
원재료 및 저장품	1,523,979	(263,632)	1,260,347	1,643,250	(263,886)	1,379,364
미착품	510,648	–	510,648	366,586	–	366,586
계	13,408,214	(967,263)	12,440,951	8,709,904	(872,760)	7,837,144

* 회사는 생산 및 판매 중단한 재고자산을 순실현가능가치로 평가하고 원가와의 차이를 평가충당금으로 반영하였습니다.

당기 중 비용으로 인식한 재고자산의 금액은 101,501,474백만원(전기 : 101,232,087백만원)입니다. 동 비용에는 재고자산 평가손실 금액이 포함되어 있습니다.

9. 부실자산을 떨어내는 손상회계

매출채권 중 회수가 불가능할 것으로 추정되는 금액은 현금유입을 기대할 수 없으므로 자산에서 제거합니다. 재고자산의 시세가 하락하여 현금으로 회수할 수 있는 금액이 장부가액보다 낮을 경우 저가기준을 적용하는 것 또한 마찬가지입니다. 그리고 성능과 원가절감 효과가 뛰어나고 값도 싼 기계가 새로 개발됨으로써 기존에 사용하던 기계의 가치가 하루 아침에 급락하는 경우도 있습니다. 이와 같이 유행에 뒤처져 가치가 하락한 자산을 흔히 **진부화**되었다고 합니다.

이처럼 회수가 불가능한 채권, 시세가 하락한 재고자산, 진부화된 유형자산처럼 장부금액보다 자산의 실제 가치가 하락하여 손실이 발생한 경우 이들을 모두 묶어 **손상차손**이라고 부릅니다. 즉 자산의 가치가 하락하면 손상차손이라는 과목으로 비용을 인식하고 그만큼 재무상태표의 자산금액에서 간접 차감하기 위하여 **손실충당금** 과목을 사용하게 되는데 이러한 회계처리를 **손상회계**라고 합니다. 앞에서 사용한 대손상각비와 대손충당금 과목도 손상차손과 손실충당금의 일종입니다. 그리고 재고자산에 적용되는 재고평가손실과 재고평가충당금, 앞으로 유형자산에서 배울 손상차손과 손상차손누계액도 각각 손상차손과 손실충당금에 해당합니다. 이처럼 저가기준을 적용하는 손상회계는 보수주의의 구체적인 사례라고 할 수 있습니다.

손상회계와 관련된 과목을 요약하면 다음과 같습니다. 다만 손익계산서에 나타나는 대손상각비는 판매관리비(기타채권에 대한 기타의대손상각비는 영업외비용), 재고평가손실은 매출원가, 유무형자산에 대한 손상차손은 영업외비용으로 구분된다는 점에서 차이가 있습니다. 유형자산과 무형자산에 대한 손상회계는 나중에 따로 다룹니다.

손상회계 요약

	손익계산서(손상차손)	재무상태표(손실충당금)
매출채권	대손상각비(판매관리비)	대손충당금
재고자산	재고평가손실(매출원가)	재고평가충당금
유형자산	손상차손(영업외비용)	손상차손누계액
무형자산	손상차손(영업외비용)	(직접 차감)

평가계정

매출채권에 대한 대손충당금이나 재고자산에 대한 재고평가충당금과 같은 과목을 평가계정 또는 평가성충당금이라고 부릅니다. 매출채권이나 재고자산을 실제 가치로 평가하기 위하여 그 금액만큼 차감하기 때문입니다. 그런데 매출채권과 재고자산 금액을 직접 차감하지 않고 이처럼 충당금 과목을 사용하여 간접 차감하는 것은 아직 거래가 확정되지 않은 탓입니다. 즉 나중에 실제로 발생하는 대손금액이 추정금액과 다를 수 있고, 재고자산의 시세가 다시 회복될 수도 있기 때문입니다.

이밖에 나중에 배울 유형자산의 **감가상각누계액**이나 **손상차손누계액** 그리고 장기채권·채무에 대한 **현재가치할인차금** 및 사채에 대한 **사채할인발행차금**도 모두 평가계정에 해당합니다.

04

CHAPTER

비유동자산 : 장기 이익창출 수단

비유동자산은 **고정자산**이라고도 하며, 결산일로부터 1년 이후에 만기가 도래하는 금융상품 또는 다른 회사의 주식과 채권에 장기 투자한 자산 그리고 영업활동에 장기간 사용할 목적으로 보유하는 유무형자산을 모두 포함합니다. 비유동자산은 장기적인 이익 창출수단으로서 기업의 성장을 위해 없어서는 안 될 도구지만, 이에 대한 투자규모가 클수록 자금 수요가 증가하고 감당해야 할 감가상각비와 이자비용 등 고정비 부담을 피할 수 없습니다. 따라서 적정한 투자규모 결정과 소요자금의 안정적인 조달이 무엇보다 중요합니다.

비유동자산은 다음과 같이 투자자산, 유형자산, 무형자산, 기타비유동자산으로 구분합니다. 자산의 종류가 다양한 만큼 다뤄야 할 내용도 많은데다, 특히 K-IFRS에서 구분하는 금융자산의 분류는 용어부터가 만만치 않아서 회계 초보자들에게 크게 부담스러울 수 있습니다. 그러나 과정은 어렵지만 재무제표가 제공하는 정보에 대해 해석능력만 갖추면 되기 때문에 편한 마음으로 접근하기 바랍니다.

비유동자산의 분류

분 류	과 목
투자자산	장기금융상품, 장기대여금, 매도가능증권, 만기보유증권, 관계기업투자주식, 종속기업투자주식, 투자부동산
유형자산	토지, 건물, 비품, 기계장치, 차량운반구, 건설중인자산
무형자산	산업재산권, 저작권, 광업권, 개발비, 영업권
기타비유동자산	장기매출채권, 장기미수금, 보증금, 이연법인세자산

1. 투자자산의 종류와 평가

투자자산은 투자를 목적으로 보유하는 자산으로 금융상품, 유가증권, 부동산 등이 그 대상이 됩니다.

금융상품은 은행이나 증권회사 또는 보험회사 등에서 취급하는 상품으로 취득 시 만기가 1년 이내에 도래하면 당좌자산(단기금융상품)으로, 1년을 초과하면 투자자산(장기금융상품)으로 분류합니다.

회계상 유가증권에는 주식과 채권이 포함됩니다. 주식은 다른 회사의 지분을 나타내므로 **지분증권**이라고도 하며, 배당금수익과 시세차익을 얻을 목적으로 보유하는 경우도 있고 때로는 다른 회사에 중요한 영향력을 행사하거나 지배를 목적으로 보유하기도 합니다. 채권은 **채무증권**이라고도 하는데 다른 회사가 발행한 회사채, 국가나 지방자치단체 또는 정부투자기관이 발행한 국채·지방채·특수채 등이 포함됩니다. 채권은 이자수익을 얻거나 시세차익을 얻을 목적으로 보유합니다. 참고로 증권 형태로 보유하는 채권(債券)과 매출채권이나 대여금과 같은 계약상의 수취 채권(債權)을 혼동해서는 안 됩니다.

투자부동산에는 **시세차익** 또는 **임대수익**을 얻을 목적으로 보유하는 건물이나 토지 등이 포함됩니다.

2. 유가증권 투자

일반기업회계기준에 따르면 유가증권을 보유목적과 투자기간에 따라 단기매매증권, 매도가능증권, 만기보유증권으로 구분합니다. 이밖에 관계기업투자주식, 공동기업투자주식, 종속기업투자주식도 넓은 의미의 유가증권 투자이지만 이들은 다른 기업을 통제하거나 지배할 목적으로 보유하는 주식이므로 따로 설명합니다.

K-IFRS에서는 유가증권만을 따로 구분하지 않고, 유가증권을 포함한 모든 금융자산을 대상으로 분류하므로 일반기업회계기준과는 차이가 큽니다. 우선 일반기업회계기준에 따른 유가증권 분류에 대해서 먼저 살펴보겠습니다.

단기매매증권

단기매매증권은 단기자금 운용 목적으로 거래소에 상장된 유가증권을 취득한 경우에 사용하는 과목으로 유동자산(당좌자산)으로 분류합니다. 즉 단기매매차익을 얻을 목적으로 일시적으로 유가증권을 보유하는 경우를 말하는데, 금융업에서 흔히 볼 수 있는 투자유형입니다.

단기매매증권은 결산일 현재의 시가로 평가하는데, 시가는 증권시장에서 형성되는 **공정가치**를 뜻합니다. 단기매매증권을 시가로 평가함으로써 발생하는 장부금액과의 차액은 **단기매매증권평가손익**으로 처리합니다.

보유하고 있던 단기매매증권을 매각할 경우에는 장부금액과 순매각금액을 비교하여 그 차액을 **단기매매증권처분손익**으로 처리합니다. 순매각금액이란 매각대금에서 지급수수료와 증권거래세 등의 거래비용을 차감한 금액을 말합니다.

단기매매증권평가손익, 단기매매증권처분손익 그리고 단기매매증권으로부터 얻는 배당금수익과 이자수익은 모두 투자활동에서 발생하는 손익이므로 **영업외손익**으로 처리합니다. 다만 금융업의 경우에는 유가증권 투자도 영업활동의 일부이므로 영업수익에 포함시킵니다.

매도가능증권

단기매매증권이나 다음에 설명하는 만기보유증권에 포함되지 않는 유가증권은 모두 매도가능증권으로 분류하여 투자자산에 포함시키되, 1년 이내에 매각할 목적으로 취득한 경우에는 유동자산으로 구분합니다.

매도가능증권에 포함된 **주식**은 결산일 현재의 공정가치로 평가하되, 평가손익을 **영업외손익**으로 처리합니다. 다만 최초 취득 시에 평가손익을 **기타포괄손익**으로 분류하는 회계처리를 선택할 수 있는데, 이 경우에는 추후에 매각을 통해 이익이 실현되더라도 당기손익으로 재분류할 수 없습니다.

매도가능증권으로 분류한 **채권**은 결산일 현재의 공정가치로 평가하되, 이때 발생하는 평가손익은 원칙적으로 **기타포괄손익**으로 처리합니다.

만기보유증권

채권을 만기까지 보유할 목적으로 취득한 경우에 **만기보유증권**으로 분류합니다. 주식은 만기가 없으므로 만기보유증권의 대상이 되는 것은 채권뿐입니다. 만기보유증권은 투자자산으로 분류하되, 다만 1년 이내에 만기가 도래하는 경우에는 유동자산으로 구분합니다.

만기보유증권은 만기일에 액면금액으로 상환을 받기 때문에 취득원가가 액면금액보다 낮을 경우 매기 말 그 차액을 **유효이자율법**으로 상각하여 이자수익으로 인식하고 그 금액을 만기보유증권에 가산해줍니다. 이자가 가산된 만기보유증권의 장부금액을 **상각후원가**라고 하는데, 이 상각후원가로 평가하는 방법을 **상각후원가법**이라고 부릅니다. 상각후원가법을 적용하여 발생하는 이자수익은 **영업외수익**으로 분류합니다.

여기서 만기보유증권 평가와 관련하여 유효이자율법과 상가후원가라는 어려운 용어가 나왔습니다. 이 둘은 만기보유증권뿐만 아니라 금융자산 전반에 걸쳐 사용되는 매우 중요한 개념입니다. 이자계산방법인 유효이자율법은 다음 장에서 따로 다루기로 하고, 우선 **상각후원가**에 대해서 먼저 알아보겠습니다. 조금은 복잡하지만 이해를 위해 구체적인 사례를 들어 설명합니다.

액면금액 1,000,000원의 3년짜리 채권을 952,000원에 구입하여 만기까지 보유하기로 하였다고 가정해봅니다. 이는 곧 952,000원을 빌려주고 3년 후에 1,000,000원을 돌려받는 것과 같습니다. 이때 빌려준 돈과 돌려받을 돈, 즉 취득원가와 액면금액과의 차액(차금) 48,000원은 미리 받은 이자(선수이자)에 해당합니다. 48,000원은 3년

간의 이자이므로 발생주의에 따라 3년에 걸쳐 매년의 이자수익으로 배분해야겠지요. 매년 1/3씩 배분한다면 첫해의 이자수익은 16,000원이 됩니다. 첫해 이자 16,000원을 인식하고 나면 차금잔액은 나머지 2년치 이자 32,000원만 남는데, 이처럼 차금을 매년 줄여주는 것을 상각한다고 합니다. 따라서 차금을 상각하는 것은 곧 그 해에 인식한 이자수익만큼 보유채권의 장부금액이 늘어나는 효과가 있습니다. 그래서 1년 후의 차금은 32,000원(48,000원－16,000원)으로 줄고, 대신 채권의 장부금액은 968,000원(952,000원＋16,000원 또는 1,000,000원－32,000원)으로 늘어납니다. 이처럼 차금을 상각하고 난 후의 장부금액 즉 968,000원을 상각후원가라고 부릅니다. 이 상각후원가는 매년 16,000원씩 늘어나 2년 후와 3년 후에는 각각 984,000원과 1,000,000원이 되는데, 이처럼 상각후원가로 매년 말 만기보유증권의 장부금액을 평가하는 방법을 **상각후원가법**이라고 합니다.

우선은 이해하기 쉽도록 연도별 이자를 1/3씩 배분하는 것으로 가정했습니다. 이처럼 매년 같은 금액을 상각하는 방법을 **정액법**이라고 하는데, K-IFRS에 의하면 정액법이 아니라 다음 장에서 설명할 **유효이자율법**으로 상각하여야 합니다. 정액법에 의한 상각후원가법을 요약하면 다음과 같습니다.

		1차 연도	2차 연도	3차 연도
장부금액	952,000 →	968,000 →	984,000 →	1,000,000
차금잔액	48,000	32,000	16,000	0
이자수익		16,000	16,000	16,000

유가증권의 분류

구 분	대 상	보유목적	평가방법	자산구분
단기매매증권	주식 · 채권	단기투자	공정가치	유동자산
매도가능증권	주식 · 채권	장기투자	공정가치	투자자산 (1년 이내 : 유동자산)
만기보유증권	채권	만기까지 보유	상각후원가	투자자산 (1년 이내 : 유동자산)

K-IFRS에 의한 금융자산의 분류

지금까지 유가증권을 단기매매증권, 매도가능증권, 만기보유증권의 셋으로 구분했는데, 2018년부터 적용되고 있는 K-IFRS의 새로운 기준서는 분류 방법을 달리합니다. 용어가 생소한데다 길고 복잡해서 부담스럽지만 재무제표에 자주 나타나는 과목들이니 개념은 이해해둘 필요가 있습니다.

일반기업회계기준은 위에서 설명한 것처럼 **유가증권**을 **보유목적과 기간**을 기준으로 분류했는데, K-IFRS에서는 유가증권뿐만 아니라 장단기 매출채권과 대여금 같은 모든 **금융자산**을 대상으로 하여 **평가방법과 평가손익의 처리방법**에 따라 3가지로 구분합니다. 즉 '당기손익-공정가치 측정 금융자산', '기타포괄손익-공정가치 측정 금융자산', '상각후원가 측정 금융자산'의 셋입니다. 모든 금융자산을 대상으로 하기 때문에 과목의 명칭도 증권이 아니라 금융자산입니다.

당기손익-공정가치 측정 금융자산이란 공정가치로 금융자산을 평가하되, 그 결과 발생하는 평가손익을 당기손익(영업외손익)으로 처리하는 자산입니다. 위에서 본 단기매매증권과 함께 매도가능증권 중 주식이 이에 해당합니다.

기타포괄손익-공정가치 측정 금융자산은 공정가치로 금융자산을 평가하되, 그 결과 발생하는 평가손익은 당기손익이 아니라 기타포괄손익으로 처리하는 자산을 말합니다. 위의 매도가능증권 중 채권이 그 대상입니다. 그리고 매도가능증권 중 주식에 대한 평가손익을 기타포괄손익으로 분류하기로 선택한 경우도 이에 포함됩니다.

상각후원가 측정 금융자산에는 위에서 설명했던 만기보유증권은 물론 장기대여금·장기미수금·장기매출채권 등이 모두 포함되며, 매매차익을 얻을 목적이 아니라 정해진 날짜에 이자와 원금을 회수할 목적으로 보유하는 금융자산입니다. 이 상각후원가 측정 금융자산은 상각후원가로 평가하고, 그 결과 발생하는 이자수익은 당기이익(영업외수익)으로 처리합니다.

지금까지 설명한 두 가지 분류방법을 한데 묶으면 다음 표와 같습니다. 우선 평가기준은 만기보유증권을 상각후원가로 측정하는 것을 제외하면 모두 공정가치로 동일합니다. 또 평가손익은 당기손익(영업외손익)으로 처리하되, 다만 두 가지 경우만 기타포괄손익으로 처리합니다. 즉 매도가능증권으로 분류되는 채권에 대한 평가손익과 매도가능증권에 포함되는 주식에 대해서 회사가 선택한 경우에 한하여 기타포괄손익으로 처리합니다. 결국 증권을 보유목적에 따라 분류하는 방법과 평가기준에 따른 분류방법의 차이만 이해할 수 있다면 과목의 명칭은 그다지 중요하지 않습니다. 더 나아가 정보이용자 입장에서는 단기매매증권은 **단기투자자산**으로, 나머지는 모두 **장기투자자산**으로 이해해도 상관이 없습니다.

유가증권의 분류 비교

	구 분	평가기준	손익의 구분	K-IFRS 구분
주식	단기매매증권	공정가치	당기손익	당기손익-공정가치 측정 금융자산
	매도가능증권	공정가치	당기손익	당기손익-공정가치 측정 금융자산
			기타포괄손익 (선택 적용)	기타포괄손익-공정가치 측정 금융자산
채권	단기매매증권	공정가치	당기손익	당기손익-공정가치 측정 금융자산
	만기보유증권	상각후원가	당기손익	상각후원가 측정 금융자산
	매도가능증권	공정가치	기타포괄손익	기타포괄손익-공정가치 측정 금융자산

다음은 삼성전자의 2018년 재무제표(별도) 주석에서 설명하고 있는 금융자산의 내역입니다. 금융자산(67.4조원)의 대부분을 상각후원가 측정 금융자산(66.3조원)이 차지하지만, 재무상태표에는 구체적으로 현금및현금성자산(2.6조원), 단기금융상품(34.1조원), 매출채권(24.9조원) 등의 과목으로 표시하고 있음을 보여줍니다.

6. 범주별 금융상품

가. 보고기간종료일 현재 범주별 금융상품 내역은 다음과 같습니다.

(단위 : 백만원)

금융자산	상각후원가 측정 금융자산	기타포괄손익-공정가치 측정 금융자산	당기손익-공정가치 측정 금융자산	계
현금및현금성자산	2,607,957	–	–	2,607,957
단기금융상품	34,113,871	–	–	34,113,871
매출채권	24,933,267	–	–	24,933,267
기타포괄손익-공정가치금융자산	–	1,098,565	–	1,098,565
당기손익-공정가치금융자산	–	–	7,413	7,413
기타	4,630,073	–	–	4,630,073
계	66,285,168	1,098,565	7,413	67,391,146

다음은 위 내용 중 비유동자산에 해당하는 금융자산만 따로 표시한 부분 재무상태표입니다. 전기 재무상태표에 있던 장기매도가능금융자산이 없어지고 새로 기타포괄손익-공정가치금융자산과 당기손익-공정가치금융자산 과목으로 대체되었음을 보여줍니다.

삼성전자 재무상태표

(단위 : 백만원)

	2018.12.31	2017.12.31
비유동자산	138,981,902	128,086,171
장기매도가능금융자산		973,353
기타포괄손익-공정가치금융자산	1,098,565	
당기손익-공정가치금융자산	7,413	

너무 복잡한 금융자산의 분류

용어가 많이 복잡하고 어렵지요? 용어가 어려운 것은 영문으로 된 IFRS를 직역한 탓입니다. 이러한 문제는 K-IFRS가 전반적으로 극복해야 할 과제입니다. 당기손익-공정가치 측정 금융자산(fair value through profit or loss, FVPL), 기타포괄손익-공정가치 측정 금융자산(fair value through other comprehensive income, FVOCI), 상각후원가 측정 금융자산(amortized cost, AC)과 같이 서술식 영문 용어를 우리말로 바꾸다 보니 너무 길고 부자연스럽게 느껴지는 것은 당연하지요. 더욱이 이들 용어는 금융자산의 분류기준이지 과목의 명칭으로 제시된 것이 아닙니다. 그럼에도 이들 용어를 과목의 명칭으로 사용하는 교과서와 상장기업 재무제표들이 많으니 안타까운 일입니다. 특히 K-IFRS가 원칙중심의 회계기준이라는 점을 감안하면 과목의 명칭은 정보이용자들이 이해하기 쉽도록 기업이 임의로 정하면 될 일입니다. 용어가 너무 길어 버거웠는지 과목 이름을 아예 FVPL이나 FVOCI 또는 AC 등 영문 약칭으로 사용하는 회계학 교재들까지 나오는 현실이 참으로 딱합니다.

그럼에도 2018년부터 새 기준서가 적용되면서 대부분 상장기업들이 이처럼 길고 복잡한 과목을 이미 사용하고 있습니다. 그러니 우리도 바뀐 재무제표를 읽기 위해서는 해석은 할 수 있어야 하겠지요. 용어는 낯설어도 그 의미는 어렵지 않습니다. 즉 이들 과목이 재무상태표의 유동자산에 포함된 경우에는 **단기금융자산**(단기투자자산)으로, 비유동자산에 포함된 것은 **장기금융자산**(장기투자자산)으로 이해하면 그만입니다. 그래서 위의 삼성전자 사례에서 비유동자산으로 분류된 기타포괄손익-공정가치금융자산 1,098,565백만원과 당기손익-공정가치금융자산 7,413백만원은 둘 다 장기금융자산으로 판단하면 됩니다.

3. 관계기업 · 종속기업 투자주식

장단기 매매차익을 얻을 목적이 아니라 다른 회사에 대하여 영향력을 행사하거나 지배할 목적으로 주식을 보유하는 경우도 있습니다. 영향력의 행사 정도에 따라 다른 기업을 관계기업과 공동기업 그리고 종속기업으로 구분하는데, 공동기업에 대한 회계처리는 관계기업과 동일하기 때문에 여기서는 관계기업투자주식과 종속기업투자주식의 둘로 나누어 설명합니다.

관계기업투자주식

관계기업투자주식은 다른 회사에 중대한 영향력을 행사할 목적으로 20% 이상 50% 이하의 주식을 보유하는 경우에 사용하는 과목입니다. 중대한 영향력이란 피투자회사의 재무정책과 영업정책 관련 의사결정에 참여할 수 있는 능력을 의미합니다. 다만 지분율이 20% 미만이더라도 약정에 따라 중대한 영향력을 행사할 수 있는 경우에는 관계기업으로 분류할 수 있습니다.

관계기업투자주식은 **지분법**을 적용하여 평가하는데, 지분법은 관계기업을 경제적 단일실체로 보아 관계기업의 지분변동에 비례하여 투자계정을 평가하는 방법입니다. 지분법을 적용함으로써 발생하는 지분법손익은 영업외손익으로 처리합니다.

지분법의 이해를 돕기 위해 구체적인 사례를 들어봅니다. A회사가 B회사 발행주식의 20%를 보유하고 있다고 가정하지요. 지분법손익을 반영하기 전의 두 회사 손익계산서가 다음과 같을 경우 지분법손익을 반영한 후의 A회사 당기순이익을 계산해보겠습니다.

구체적으로 지분법은 B회사의 당기순이익 5억원 중 20%는 A회사 지분에 해당하므로 1억원을 A회사의 손익계산서 상 영업외수익으로 인식합니다. 따라서 A회사의 지분법이익을 반영한 후의 당기순이익은 11억원으로 늘어납니다. 또 A회사 재무상태표 상의 관계기업투자주식의 평가금액 역시 1억원이 늘어나게 됩니다.

A 손익계산서

비 용	25억	수 익	35억
순이익	10억		
	35억		35억

B 손익계산서

비 용	15억	수 익	20억
순이익	5억		
	20억		20억

지분법 적용 후 A 손익계산서

비 용	25억	수 익	35억
순이익	**11억**	**지분법이익**	**1억**
	36억		36억

지분법을 적용할 때 관계기업으로부터 현금배당을 받으면 배당금수익으로 인식하지 않고 관계기업투자주식에서 그 금액만큼 차감해줍니다. 관계기업의 이익이 5억원 발생하면서 바로 관계기업투자주식 금액을 1억원 증액시켰고, 배당금은 그 1억원 중 일부가 현금화된 것이기 때문입니다. 또 배당금을 지급함으로써 그만큼 관계기업의 지분(이익잉여금)이 감소했기 때문이라고 이해해도 좋습니다.

당초 A회사가 B회사의 주식 20%를 7억원에 매수하였다고 가정합니다. 그 후 B회사의 결산 결과 순이익이 5억원 발생하였고, 이듬해 주주들에게 3억원의 배당금을 지급했다면 재무상태표 상 관계기업투자주식의 평가금액은 다음과 같이 변동됩니다.

[매수시점]	취득원가		7억
[결산 후]	지분법이익	5억×20% = 1억	8억(7억 + 1억)
[배당금 지급]	총 배당금	3억×20% = 0.6억	7.4억(8억 − 0.6억)

공동기업투자는 둘 이상의 당사자들이 공동지배력을 보유하는 약정을 맺고 공동기업(joint venture, JV)의 순자산에 대한 권리를 보유하는 투자형식을 의미하는데 이 역시 지분법을 적용하여 평가합니다.

다음은 대한항공의 2018년 재무제표 주석(별도)에서 설명하고 있는 공동기업(공동약정)에 대한 설명입니다.

13. **공동약정**

(1) 당사는 유의적인 공동약정인 공동투자건물을 보유하고 있습니다. 동 공동약정 하에서 당사는 인천광역시 중구에 위치한 인하국제의료센터 건물의 50% 지분을 소유하고 있으며, 이 부동산은 임대할 목적으로 투자되었습니다. 당사는 당사의 지분에 해당하는 만큼 임대수익에 대한 권리가 있으며, 공동으로 발생한 비용 중 당사의 지분만큼을 부담합니다.

(2) 당사는 2018년 5월 1일부터 델타항공과 태평양노선 조인트벤처 협력을 시행하고 있습니다. 양사는 태평양 노선에 대하여 공동 마케팅/영업 활동을 하고, 이에 따른 재무적 성과를 공유합니다.

종속기업투자주식

다른 회사가 발행한 주식의 50%를 초과하여 그 기업을 지배하게 되는 경우 그 주식을 **종속기업투자주식**이라고 합니다. 다만 지분비율이 50%에 미달하더라도 최대주주로서 실질적으로 지배권을 행사할 수 있는 경우에는 종속기업으로 판단할 수 있습니다. 종속기업에 대해서는 지분법을 적용하지 않는 대신 **연결재무제표**를 작성합니다.

연결재무제표를 작성하는 과정에서 종속기업투자주식은 종속기업의 자본계정과 상계됩니다. 따라서 연결재무상태표에는 종속기업투자주식 과목이 나타나지 않습니다.

회계뉴스

- 삼성바이오로직스, 쟁점은 '종속회사 VS 관계회사', 바이오에피스 지분가치 평가 방식 전환 논란 (아이뉴스24, 2018.05.03)

4. 투자부동산의 평가 : 원가모형과 공정가치모형

투자부동산은 **시세차익** 또는 **임대수익**을 얻을 목적으로 보유하는 건물이나 토지 등의 부동산을 말합니다. 예전에 투자부동산 과목이 회계기준에 처음 도입되었을 때만해도 시세차익을 얻을 목적으로 한정했기 때문에 투자부동산 하면 곧 비업무용부동산 또는 투기 목적으로 보유하는 부동산으로 인식되어 과목의 사용을 기피하는 경향이 있었습니다. 그러나 지금은 임대를 목적으로 보유하는 부동산도 이에 포함되면서 재무상태표에서 투자부동산 과목을 어렵지 않게 찾아볼 수 있습니다.

투자부동산의 평가는 원가법(원가모형)과 시가법(공정가치모형) 중에서 회사가 선택할 수 있지만, 원가법을 적용할 경우에는 주석으로 공정가치를 공시하도록 요구하고 있으므로 어느 방법을 택하더라도 공정가치 측정은 해야 합니다. 공정가치는 대표적인 시가의 하나로 앞에서 설명한 것처럼 측정일에 시장참여자 사이의 정상거래에서 자산을 매매하면서 주고 받는 가격을 의미합니다.

투자부동산을 공정가치로 측정하여 발생하는 평가손익은 모두 영업외손익으로 인식합니다. 또 투자부동산을 공정가치로 측정할 경우에는 그 투자부동산이 상각자산이라 하더라도 감가상각을 하지 않습니다. 공정가치에 이미 기간 경과에 따른 가치하락이 반영됐다고 보기 때문입니다. 반면에 원가로 평가하는 경우에는 매기 말 감가상각을 하고, 따로 자산손상 여부도 판단해야 합니다. 감가상각에 대해서는 유형자산에서 설명합니다.

✔ 투자부동산의 평가방법 비교

	원가모형	공정가치모형
측정기준	원가	시가(공정가치)
평가손익	–	영업외손익
주 석	공정가치 공시	–
감가상각	실시함	해당 없음
손상회계	적용함	해당 없음

다음은 현대자동차의 주석(별도)에서 설명하고 있는 2018년말 현재의 투자부동산에 대한 공정가치 내역입니다. 현대자동차는 투자부동산을 원가법으로 평가하고 있으며, 2018년말 재무상태표에 표시된 투자부동산 금액은 156,206백만원입니다. 주석에서 설명하고 있는 투자부동산의 시가는 199,965백만원이므로 재무상태표에 표시된 원가보다 약 43,759백만원이 높습니다.

10. 투자부동산

(3) 당기말 및 전기말 현재 투자부동산의 공정가치는 다음과 같습니다.

(단위 : 백만원)

구 분	당기말	전기말
토 지	46,932	46,932
건 물	137,537	136,880
구축물	15,496	15,496
계	199,965	199,308

투자부동산의 공정가치 평가는 독립된 평가인에 의해 수행되었으며, 회사는 투자부동산 최초 인식 시 수행한 공정가치 평가 이후 공정가치 변동이 중요하지 않은 것으로 판단하고 있습니다. 한편, 투자부동산의 공정가치는 가치평가기법에 사용된 투입변수에 기초하여 수준 3으로 분류하고 있습니다. 공정가치 측정에 사용된 가치평가기법은 원가접근법 등이며, 원가접근법 적용 시 건물 구조, 설계 등과 부대설비 현황 및 감가상각 기간을 고려하여 산정한 재조달원가로 공정가치를 측정합니다.

5. 장기간 경영활동에 사용하는 유형자산

유형자산은 기업이 장기간 경영활동에 **사용**할 목적으로 보유하는 물리적 형체가 있는 자산을 말합니다. 예를 들면, 공장이나 판매시설로 사용하기 위해 취득한 건물이나 토지, 차량운반구, 비품 그리고 제품 생산을 목적으로 구입한 기계장치와 공구기구 등이 포함됩니다.

리스로 취득한 유형자산도 법률적 소유권은 없지만 경제적 실질은 자기 소유의 자산과 다를 바 없습니다. 종전에는 리스자산을 금융리스와 운용리스로 구분하여 금융리스의 경우에 한하여 유형자산으로 처리했지만 2019년부터는 운용리스도 자산으로 포함시키고 이에 상응하는 리스부채도 함께 인식하고 있습니다. 리스로 취득한 자산은 **리스자산** 또는 **사용권자산** 과목으로 처리하고 유형자산에 포함시킵니다.

앞에서도 언급한 바 있지만 자산은 보유목적에 따라 분류합니다. 같은 토지라도 회사가 사용할 목적이면 유형자산이 되지만, 부동산 회사가 판매목적으로 보유하고 있다면 재고자산으로 분류됩니다. 또 시세차익이나 임대수익을 얻을 목적으로 보유하고 있는 토지는 투자자산으로 분류합니다.

보유 목적	자산의 분류	과 목
판매 목적	재고자산	상　　품
사용 목적	유형자산	토　　지
투자 목적	투자자산	투자부동산

유형자산의 취득원가 결정

유형자산의 취득원가는 구입대금은 물론 그 자산이 본래의 기능을 수행할 수 있을 때까지 발생한 거래원가 즉 중개수수료, 운반비, 설치비, 시운전비, 취득세와 등록세 등을 포함한 금액이 됩니다.

유형자산을 회사가 직접 건설하거나 제작하는 경우에는 건설·제작에 소요된 직접재료비와 직접노무비는 물론 간접원가까지 취득원가에 포함합니다. 또 유형자산의 건설 또는 제작에 필요한 자금을 차입한 경우에는 건설 또는 제작이 완료될 때까지의 이자비용도 유형자산의 취득원가에 산입합니다. 이러한 이자비용을 **차입원가** 또는 **건설자금이자**라고 부르고, 이처럼 이자비용을 자산의 취득원가에 포함시키는 것을 **금융비용의 자본화**라고 합니다.

자가건설 또는 자가 제작은 상당한 기간이 소요되는 것이 보통이므로 건설 또는 제작에 필요한 원가가 지출되면 일단 **건설중인자산**(건설가계정) 과목으로 처리했다가 건설이나 제작이 완료된 후에 건물이나 구축물 또는 기계장치 등 해당 과목으로 대체합니다.

자본적 지출과 수익적 지출

유형자산을 취득한 후 사용하는 과정에서 추가적인 지출(후속원가)이 발생할 수 있습니다. 이 경우 추가 지출을 유형자산의 취득원가에 추가로 포함시킬 것인지 아니면 지출이 발생한 기간의 비용으로 처리할 것인지를 판단해야 합니다.

추가 지출로 인하여 그 영향이 여러 해에 미치고 당해 유형자산의 미래 경제적 효익이 증가될 것으로 기대될 경우에는 해당 자산의 장부금액에 가산해줍니다. 즉 지출금액을 자산의 취득원가에 가산했다가 사용기간에 걸쳐 비용으로 배분하는 것이 수익·비용 대응 개념에 충실한 회계처리입니다. 이처럼 자산으로 회계처리하는 것을 **자본화**한다고 합니다. 반면에 지출의 효과가 당해 기간에만 미친다면 바로 비용으로 처리합니다.

이와 같이 유형자산의 취득 후 지출을 자산으로 처리하는 것을 **자본적 지출**이라 하고, 발생한 기간의 비용으로 처리하는 것을 **수익적 지출**이라고 합니다. 구체적으로 자본적 지출은 증설, 개량, 엘리베이터 설치, 냉난방장치의 설치 등과 같이 당해 유형자산의 미래 경제적 효익을 적극적으로 증가시키거나 내용연수를 연장시키는 지출입니다. 이에 반해 수익적 지출은 단순한 수선, 유리창 교체, 건물의 도장, 소모된 부품이나 벨트의 교체 등과 같이 당해 유형자산의 원상을 회복시키거나 현재의 경제적 효익을 유지시키기 위한 지출입니다. 또 지출의 효과가 미래까지 미치더라도 소액의 지출은 중요성 관점에서 수익적 지출로 처리합니다.

	자본적 지출	수익적 지출
요　건	① 미래 경제적 효익의 증가 ② 내용연수 연장	① 현재 경제적 효익의 유지 ② 소액의 지출
회계처리	자산(건물·기계 등)으로 처리	비용(수선비)으로 처리

성형비용의 회계처리?

직장생활을 하면서도 자신의 역량개발을 위해 끊임없이 노력하는 사람들이 많습니다. 학원이나 인터넷강의를 통해 어학공부를 하기도 하고, 전문분야 지식을 쌓거나 자격증을 얻기 위해 학교 때보다 더 열심히 공부하기도 합니다. 그런가 하면 어렵게 들어간 직장을 아예 접고 MBA를 취득하거나 로스쿨 진학을 목표로 유학을 훌쩍 떠나는 사람들도 있습니다.

이처럼 졸업 후의 추가적인 교육비 지출은 회계적 관점에서 보면 어떤 비용에 해당할까요? 직장을 다니면서 아침, 저녁으로 학원에 나가거나 인터넷 강의를 듣기 위해 지출하는 수강료 정도라면 수익적 지출이라고 할 수 있겠지요. 이에 반해 아예 자신의 진로를 바꾸거나 연봉수준을 획기적으로 높이겠다고 유학을 떠난 경우라면 그 비용은 자본적 지출로 보는 것이 타당합니다.

그렇다면 성형에 들어가는 비용은 수익적 지출일까요, 자본적 지출일까요? 만약 성형비용을 둘로 구분한다면 그 경계는 어떻게 될까요?

6. 감가상각과 비용배분

유형자산을 사용하거나 기간이 경과되면 자산의 가치가 점차 감소합니다. 영업용 트럭을 1,000만원에 구입하여 10년 간 운행하고 나면 중고차로 100만원에 매각할 수 있다고 가정해봅니다. 그럼 10년 사이에 발생하는 자산의 가치 감소분 900만원은 어느 해의 비용으로 처리해야 할까요? 당연히 그 트럭을 이용하여 수익을 창출한 10년 간의 비용으로 배분해야 수익과 대응이 합리적으로 이루어지겠지요. 이와 같이 유형자산의 취득원가를 사용기간으로 나누어 비용을 배분하는 절차를 **감가상각**(depreciation)이라 하고, 매년 배분되는 비용을 **감가상각비**라고 합니다.

흔히 감가(減價)라는 용어 때문에 감가상각을 자산의 평가과정으로 잘못 생각하기도 합니다. 그러나 감가상각의 본질은 수익과 비용을 대응시키기 위하여 자산의 사용기간 동안 취득원가를 체계적인 방법으로 배분하는 절차입니다. 즉 **감가상각은 자산의 평가과정이 아니라 비용의 배분과정**이라는 것입니다. 그래서 상각을 하고 난 후의 금액 즉 장부금액은 **미상각잔액**(상각후원가)일 뿐 현재의 자산가치를 나타내주는 것은 아닙니다. 위 차량을 10년 간 매년 같은 금액을 상각한다면(정액법) 1년에 90만원씩 상각이 되겠지요. 이 경우 1년 후 장부금액 910만원의 의미는 아직 비용으로 배분되지 않은 미상각잔액이지 중고차 시장에서 910만원 받고 팔 수 있다는 뜻이 아니라는 겁니다. 그래서 건물을 구입한 후 시세가 오르더라도 감가상각은 해야 합니다.

감가상각은 모든 유형자산에 대하여 실시하되, 다만 미래 경제적 효익이 감소되지 않는 **토지**와 **건설중인자산**에는 적용하지 않습니다.

회계 역사에 비해 감가상각이 도입된 것은 생각보다 오래되지 않습니다. 1869년 미국의 대륙횡단철도가 완성되면서 호황을 맞은 철도회사들이 주주들에게 높은 배당을 주자 주가도 폭등을 했다고 하지요. 그런데 이때만 해도 감가상각에 대한 개념이 없어서 이익을 그만큼 과대계상하게 됐고, 주주들에게 이익만 배당한 것이 아니라 자본까지 배당한 결과가 되어 대부분의 회사가 파산에 이르게 되었습니다. 결국 철도회사들의 파산이 감가상각을 도입하게 된 역사적 계기가 된 셈입니다.

Depreciation, Amortization, Depletion

감가상각과 유사한 개념으로 상각과 감모상각이 있습니다. **감가상각**(depreciation)이 유형자산의 원가를 사용기간에 걸쳐 배분하는 과정인데 반하여, **상각**(amortization)은 무형자산의 원가배분 과정을 뜻합니다. 그리고 삼림 · 유전 · 광산처럼 사용에 따라 고갈이 되는 천연자원 즉 감모성 자산에 대한 원가배분 과정을 특별히 **감모상각**(depletion)이라고 합니다.

재무분석에서 자주 사용되는 **EBITDA**(Earnings Before Interest, Taxes, Depreciation and Amortization)라는 용어의 D와 A는 바로 유무형자산에 대한 상각비를 뜻합니다.

감가상각방법

감가상각비를 계산하기 위해서는 취득원가, 잔존가치, 내용연수의 3가지가 필요합니다. 내용연수는 유형자산의 사용기간을 말하며, 잔존가치는 내용연수가 모두 경과한 후의 매각가치를 뜻합니다. 그렇지만 미래의 잔존가치 추정이 쉽지 않고 오히려 철거비용이 더 들어가는 경우도 있어서 우리나라 법인세법에서는 유형자산의 잔존가치를 없는 것으로 봅니다.

내용연수는 유형자산의 미래 경제적 효익이 감소하는 기간을 추정하여 결정합니다. 실무적으로는 내용연수 추정이 어려운 탓에 많은 기업들이 법인세법에서 제시하는 기준내용연수를 사용합니다. 그러나 K-IFRS를 적용받는 기업이라면 법인세법 규정을 무작정 따라서는 안 됩니다. 같은 자산이라도 작업환경이나 사용방법 또는 사용정도에 따라 내용연수가 달라질 수 있어서 기업마다 자신에게 맞는 내용연수를 합리적으로 추정해야 하기 때문입니다. 참고로 내용연수를 짧게 추정할수록 매년의 감가상각비가 늘어나므로 보수적인 회계 처리를 하는 것으로 판단할 수 있습니다.

다음은 2018년도 삼성전자와 포스코의 재무제표(별도) 주석에서 설명하고 있는 유형자산의 내용연수입니다. 자산의 구분이나 적용하는 내용연수 모두 서로 차이가 많다는 것을 알 수 있습니다.

유형자산 내용연수 비교

삼성전자		포스코	
구 분	대표추정내용연수	구 분	추정내용연수
건물 및 구축물 기계장치 기 타	15, 30년 5년 5년	건 물 구 축 물 기 계 장 치 차량운반구 공구와기구 비 품 리 스 자 산	5~40년 5~40년 15년 4년 4년 4년 18년

새로운 정보를 입수하거나 경영여건이 변화하면 잔존가치와 내용연수의 추정을 새롭게 변경해야 합니다. 그래서 K-IFRS에서는 적어도 매 회계연도 말에는 잔존가치와 내용연수의 적정성을 재검토하도록 요구하고 있습니다.

감가상각비는 도소매업이나 서비스업의 경우 판매관리비로 처리합니다. 그러나 제조업의 경우에는 본사에서 발생한 감가상각비는 판매관리비로 처리하지만, 제품 생산과 관련된 감가상각비 즉 공장에서 발생한 금액은 제조원가에 포함됐다가 제품이 팔린 후에 매출원가로 대체됩니다. 또 감가상각비는 계산 상으로 비용을 인식할 뿐 실제로 현금지출은 수반되지 않습니다. 따라서 감가상각비는 나중에 배울 현금흐름표에서 영업활동현금흐름을 계산하기 위하여 당기순이익에 가산해주는 대표적인 항목이 됩니다.

재무상태표에서는 매년 감가상각비만큼 해당 자산에서 **감가상각누계액**이라는 평가계정을 이용하여 간접 차감해줍니다. 유형자산에서 감가상각누계액을 차감하고 난 후의 금액을 미상각잔액 또는 **장부금액**이라고 합니다.

재무상태표

:		
차 량 운 반 구	10,000,000	
감가상각누계액	(1,800,000)	8,200,000

다음은 삼성전자의 2018년 재무제표(별도) 주석에서 설명하는 유형자산 변동내역과 상각내역입니다. 2018년의 감가상각비 합계금액은 13.8조원이고, 이 금액은 매출원가에 12.6조원 판매관리비에 1.2조원 포함되어 있다고 설명하고 있습니다. 또 감가상각비 합계금액 13.8조원을 재무제표 주석24(비용의 성격별 분류)와 주석30(현금흐름표 조정내역)에서도 확인할 수 있습니다.

13. **유형자산**

가. 당기 중 유형자산의 변동내역은 다음과 같습니다.

(단위 : 백만원)

구 분	토지	건물 및 구축물	기계장치	건설중인 자산	기타	계
기초장부가액	7,832,889	14,447,291	30,616,157	9,139,495	781,129	62,816,961
취득원가	7,832,889	20,818,067	105,582,797	9,139,495	1,840,581	145,213,829
감가상각누계액 (손상차손 누계액 포함)	–	(6,370,776)	(74,966,640)	–	(1,059,452)	(82,396,868)
일반취득 및 자본적지출	7,620	2,040,029	21,367,408	(2,628,326)	1,083,811	21,870,542
감가상각	–	(1,070,122)	(12,404,644)	–	(365,031)	(13,839,797)
처분/폐기	(15,328)	(16,213)	(73,380)	–	(3,393)	(108,314)
기타	(4)	(27,570)	24,245	(130,956)	(2,614)	(136,899)
기말장부가액	7,825,177	15,373,415	39,529,786	6,380,213	1,493,902	70,602,493
취득원가	7,825,177	22,801,947	122,746,311	6,380,213	2,821,585	162,575,233
감가상각누계액 (손상차손 누계액 포함)	–	(7,428,532)	(83,216,525)	–	(1,327,683)	(91,972,740)

나. 당기 및 전기 중 계정과목별 유형자산 상각내역은 다음과 같습니다.

(단위 : 백만원)

구 분	당 기	전 기
매출원가	12,617,355	9,310,603
판매비와관리비 등	1,222,442	1,188,800
계	13,839,797	10,499,403

감가상각방법에는 매년 동일한 금액을 상각하는 **정액법**과 초기에 상각을 많이 하고 기간이 경과할수록 적게 상각하는 **정률법** 그리고 사용 정도에 비례하여 상각하는 **비례법**이 있는데, 실무적으로는 정액법을 많이 사용합니다. 감가상각방법에 따라 감가상각비와 당기순

이익이 달라지고 법인세에도 영향을 미치므로 특히 설비투자가 많은 회사는 설립 초기에 상각방법을 신중하게 선택해야 합니다. 그리고 한번 채택한 감가상각방법은 매기 계속해서 적용해야 합니다.

감가상각방법에 대한 구체적인 설명은 생략하고 산식만 간단히 소개합니다. 정률법에서의 정률은 직접 계산할 수도 있지만 실무적으로는 법인세법 시행규칙에 주어진 내용연수별 정률표를 이용하면 편리합니다.

정 액 법	$\frac{\text{취득원가 - 잔존가치}}{\text{내용연수}}$
정 률 법	미상각잔액 × 정률
생산량비례법	(취득원가 - 잔존가치) × $\frac{\text{연도별 생산량}}{\text{추정 총생산량}}$

7. 유형자산의 평가 : 원가모형과 재평가모형

K-IFRS에 의하면 유형자산의 평가는 원가법(원가모형)과 시가법(재평가모형) 중에서 선택 적용할 수 있습니다. 원가모형은 취득원가에서 상각누계액을 차감한 후의 장부금액으로 평가하는 방법이고, 재평가모형은 시가 즉 공정가치로 평가하는 방법입니다. 실무적으로는 공정가치 측정이 쉽지 않기 때문에 원가모형을 채택하는 기업들이 대부분입니다.

재평가모형을 채택할 경우에는 토지, 건물, 기계장치, 차량운반구,

비품 등 유형자산의 **분류별**로 적용하여야 하며, 유형자산의 분류 내에서는 개별 자산별로 원가모형과 재평가모형을 선택 적용할 수 없습니다. 즉 토지는 재평가모형을 적용하고, 건물 등 나머지 유형자산에 대해서는 원가모형을 선택할 수 있습니다. 그러나 토지를 재평가모형으로 평가하기로 한 경우에는 회사가 소유하는 모든 토지에 대하여 재평가모형을 적용하여야 합니다. 또한 재평가모형을 적용한 이후에는 원칙적으로 다시 원가모형으로 평가방법을 변경할 수 없습니다.

재평가모형을 적용할 경우 공정가치가 장부금액보다 클 경우에는 **재평가이익**이 발생하고, 반대의 경우에는 **재평가손실**이 발생합니다. 재평가이익이 발생하면 재무상태표에서 해당 자산의 장부금액을 증가시켜주고 동시에 자본 항목 중 **기타포괄손익누계액**(**재평가잉여금**)에 포함시킵니다. 손익계산서에서도 재평가이익은 아직 실현되지 않았을 뿐 아니라 가까운 장래에 실현되리라고 기대할 수 없기 때문에 당기손익에 포함시키지 않고 기타포괄이익으로 처리합니다. 반대로 재평가손실이 발생하면 당기손익(영업외비용)으로 바로 처리하고, 해당 자산을 감액시켜주면 됩니다. 재평가이익은 기타포괄손익으로 처리하면서 재평가손실은 당기손익으로 인식하는 것 또한 보수주의의 구체적인 사례에 해당합니다.

재평가이익을 계상했던 회사가 나중에 재평가손실이 발생하면 재평가잉여금에서 우선 제거해줍니다. 재평가잉여금보다 큰 금액일 경우(예전에 인식했던 재평가이익보다 당기에 발생한 재평가손실이 더 클 경우)의 차액은 재평가손실로 하여 당기손익으로 인식합니다. 반대로 예전에 재평가손실을 인식했던 회사가 당기에 재평가이익이 발생한 경우에는 재평가손실로 인식했던 금액의 범위 내에서 당기이익(영업외수익)으로 인식하고 초과하는 금액에 대해서만 기타포괄손익으로 처리합니다.

다음은 토지에 대해서 재평가모형을 적용하고, 기타의 유형자산은 원가모형을 적용하고 있는 대우조선해양의 2018년 재무제표(별도) 주석 내용입니다.

> (11) **유형자산**
>
> 토지는 독립적인 외부평가인이 평가한 금액에 기초하여 공정가치로 측정됩니다. 재평가는 보고기간말에 자산의 장부금액이 공정가치와 중요하게 차이가 나지 않도록 주기적으로 수행됩니다.
>
> 당사는 기타의 유형자산(건물, 기계장치, 비품 등)을 역사적 원가에서 감가상각누계액과 손상차손누계액을 차감하여 표시하고 있습니다. 역사적 원가는 자산의 취득에 직접적으로 관련된 지출을 포함합니다.
>
> 자산의 장부금액이 재평가로 인하여 증가된 경우에 그 증가액은 기타포괄손익의 재평가잉여금으로 인식하고 있습니다. 그러나 동일한 자산에 대하여 이전에 당기손익으로 인식한 재평가감소액이 있다면 그 금액을 한도로 재평가증가액만큼 당기손익으로 인식합니다. 재평가손실은 당기손익으로 인식합니다. 그러나 동일한 자산에 대한 재평가잉여금의 잔액이 있다면 그 금액을 한도로 재평가감소액을 기타포괄손익으로 인식합니다.
>
> 처분시 매각 예정 자산과 관련된 재평가잉여금은 이익잉여금으로 대체됩니다.

그런데 투자부동산과 유형자산 둘 다 시가법의 경우 공정가치에 의한 시가 평가를 하면서도 왜 투자부동산에서는 **공정가치모형**이라 부르고, 유형자산에서는 왜 **재평가모형**이라고 할까요? 그것은 공정가치라는 평가기준은 동일하지만 평가손익의 처리가 서로 다르기 때문입니다. 즉 투자자산에 대한 공정가치모형은 모든 평가손익을 당기손익으로 처리하지만 유형자산에 대한 재평가모형에서는 재평가이익을 기타포괄손익으로 처리한다는 점에서 서로 다릅니다. 이것은 공정가치로 평가하는 금융자산을 '당기손익-공정가치 측정 금융자산'과 '기타포괄손익-공정가치 측정 금융자산'으로 구분하는 것과 같습니다.

유형자산의 손상차손

유형자산이 진부화되거나 공정가치가 하락하여 장부금액이 시가에 미달하는 경우 해당 자산의 장부금액을 감액시켜야 합니다. 이때의 시가란 **회수가능액**을 말합니다. 회수가능액은 자산을 처분하여 얻을 것으로 예상하는 금액 즉 **순공정가치**(공정가치에서 처분비용을 차감한 금액)와 자산을 계속 사용하여 수익을 창출할 것으로 예상하는 금액 즉 **사용가치** 중 큰 금액입니다. 유형자산에 대하여 손상차손을 인식하는 것은 재고자산을 저가기준으로 평가하는 것과 같습니다.

손상차손이 발생하면 **유형자산손상차손**으로 처리하여 영업외비용에 포함시키고, 재무상태표에서는 해당 자산에서 **손상차손누계액** 과목으로 간접 차감해줍니다. 나중에 유형자산의 회수가능액이 회복될 경우에는 **손상차손환입**으로 처리하고 영업외수익에 포함시킵니다.

유형자산에 대한 손상차손의 인식은 원가모형일 때 그 의미가 크지만, 재평가모형을 채택한 경우에도 적용됩니다. 그 이유는 재평가기준일이 결산일과 다를 수 있고, 시가의 개념 또한 공정가치가 아니라 회수가능액이기 때문입니다.

건물에 대한 간접 차감 형식의 재무상태표 표시를 예시하면 다음과 같습니다. 만약 장부금액 3,300,000원으로 바로 표시할 경우에는 감가상각누계액과 손상차손누계액의 내역을 주석을 통해 설명해주어야 합니다.

재무상태표

:		
건 물	10,000,000	
감가상각누계액	(5,200,000)	
손상차손누계액	(1,500,000)	3,300,000

유형자산의 제거

유형자산을 처분하면 유형자산의 처분금액과 처분일 현재 장부금액과의 차액을 **유형자산처분손익**으로 처리하고, 이를 영업외손익에 포함시킵니다. 재무상태표에서는 해당 자산의 감가상각누계액과 손상차손누계액도 함께 제거해야 합니다. 만약 해당 자산과 관련된 재평가잉여금이 있을 경우에는 매각과 동시에 이익이 실현되므로 회사의 선택에 따라 기타포괄손익누계액에서 이익잉여금으로 대체할 수 있습니다(앞에 나온 대우조선해양의 유형자산 주석 마지막 문장 참조).

유형자산을 매각하기로 결정하고, 1년 이내에 매각이 완료될 것으로 기대하는 경우에는 유형자산에서 **매각예정비유동자산**으로 재분류하고 이를 **유동자산**으로 구분합니다. 즉 팔려고 내놓은 부동산은 팔리기 전이라도 더 이상 유형자산으로 분류하지 않습니다.

다음은 현대자동차의 2018년 재무제표(별도) 주석에서 설명하고 있는 매각예정비유동자산 내역입니다. 유형자산은 물론 종속기업투자주식도 함께 포함하고 있습니다.

8. 매각예정비유동자산

당기말 및 전기말 현재 매각예정비유동자산의 내역은 다음과 같습니다.

(단위 : 백만원)

계정명	당기말	전기말
차량운반구*1	16,023	29,068
종속기업*2	29,363	-
계	45,386	29,068

*1 보유 중인 차량운반구에 대하여 매각계약을 체결하고 매각 절차를 진행하고 있으며 매각예정가액과 장부가액의 차이금액인 13,045백만원을 손상차손으로 인식하였음.

*2 보유중인 Hyundai Capital Bank Europe GmbH 지분 전량에 대하여 2018년 8월 중 주식매매계약을 체결하였으며 이에 따른 매각 절차를 진행하고 있음.

8. 무형자산의 종류와 회계처리

무형자산은 물리적 실체가 없는 자산으로 장기간에 걸쳐 기업의 경영활동에 효익을 제공하는 자산을 말합니다. 예를 들어 어떤 기업이 특허권을 보유하고 있다면 향후 다른 기업에 비해 보다 많은 이익을 창출해낼 가능성이 있을 것이므로 이 권리를 자산으로 인식할 수 있습니다.

무형자산으로 인식하기 위해서는 ① 식별가능해야 하고 ② 자원에 대한 통제를 할 수 있으며, ③ 미래 경제적 효익을 기대할 수 있다는 세 가지 요건을 충족해야 합니다. 식별가능성이란 특정 자산을 다른 자산과 구분할 수 있어야 한다는 것이고, 자원에 대한 통제는 법률적 보호 장치 등에 의하여 제3자로부터의 접근을 통제할 수 있어야 한다는 의미입니다. 또한 자산으로부터 발생하는 미래 경제적 효익이 기업에 유입될 가능성이 높아야 무형자산으로 인식할 수 있습니다.

무형자산에는 산업재산권, 저작권, 광업권처럼 법적으로 독점적·배타적으로 이용할 수 있는 **법률상의 권리**는 물론 영업권이나 개발비와 같이 법률상으로 보호 받지 못하지만 경제적 가치가 있는 **사실상의 권리**도 포함됩니다. 산업재산권에 포함되는 구체적인 권리로는 특허권, 실용신안권, 의장권, 상표권 등이 있습니다. 그리고 영업권과 같은 사실상의 권리는 법률상의 권리와 달리 기업과 분리하여 따로 매각할 수 없다는 특징이 있습니다.

일반기업에서 흔히 볼 수 없는 무형자산으로 KT나 SK텔레콤 같은 통신사의 경우 '주파수이용권'이 무형자산의 대부분을 차지하고 있고, 연예기획사에서는 연예인들과의 전속계약에 따른 지출을 '전속계약권'이라는 무형자산으로 처리하고 있습니다.

개발비

기업은 신제품, 신기술 등의 개발과 관련하여 많은 **연구개발비**(R&D cost)를 지출합니다. 연구개발비는 대부분 미래 경제적 효익의 증대를 위해 지출이 이루어지므로 당기 비용이 아니라 미래의 수익에 대응될 미래비용 즉 자산이라고 할 수 있습니다. 그러나 최근 많은 바이오 기업들의 사례에서 보는 것처럼 미래에 대한 불확실성이 매우 높기 때문에 연구개발활동이 반드시 경제적 효익을 창출할 것으로 기대할 수는 없습니다. 그래서 K-IFRS에서는 연구개발비가 자산의 인식요건에 부합하는지를 평가하기 위하여 무형자산의 창출과정을 연구단계와 개발단계로 엄격하게 구분하고 있습니다.

연구활동은 상용화 단계는 이르지 못한, 새로운 과학기술 지식을 얻기 위한 활동을 의미합니다. 연구단계에서 발생한 비용은 미래의 경제적 효익을 확신할 수 없으므로 모두 **연구비**로 처리하고 판매관리비에 포함시킵니다.

개발활동은 연구단계에서 개발된 지식을 기업의 경영에 응용하는 활동입니다. 개발단계에서 발생한 비용은 미래 경제적 효익이 기업에 유입될 가능성이 높고, 그 금액을 신뢰성 있게 측정할 수 있다는 자산의 인식요건을 갖춘 경우에 한해서 **개발비**라는 무형자산으로 인식합니다. 만약 이러한 자산의 인식요건을 충족하지 못한 개발비는 **경상개발비**라는 과목으로 처리하고 발생한 기간의 판매관리비에 포함시킵니다.

연구개발비의 회계처리

구 분	인식요건	회계처리
연 구 비	연구단계에서 발생한 모든 비용	판매관리비
경상개발비	자산의 인식요건을 갖추지 못한 개발비	판매관리비
개 발 비	자산의 인식요건을 갖춘 경우	무형자산

회계뉴스

• 제약 · 바이오 '무형자산 가치' 계량화한다, 회계기준원 위탁연구 진행키로 (서울경제, 2018.12.18)

현대자동차는 연구 및 개발활동을 선행연구, 개발승인, 제품개발, 양산 개시의 4단계로 구분하고, 개발승인단계 이후부터 개발활동으로 보아 무형자산으로 인식하고 그 이전 단계에서 발생한 지출은 발생한 기간의 비용으로 인식하고 있습니다. 헬릭스미스가 주석에서 설명하는 '개발비의 자산화 기준'에 의하면 신약후보물질 발굴, 전임상, 임상1상, 임상2상, 임상3상, 정부승인 신청, 정부승인 완료, 제품판매시작 단계로 진행되는 신약개발 프로젝트 중 임상3상 이후 발생한 지출 중 정부승인의 가능성이 높은 개발프로젝트를 개발비로 인식하고, 그 이전 단계에서 발생한 지출은 경상개발비로 보아 당기 비용처리하고 있습니다.

참고로 2018년말 현재 삼성전자와 현대자동차 그리고 셀트리온과 헬릭스미스의 개발비가 자산에서 차지하는 비중(별도 기준)은 다음과 같습니다.

개발비가 자산에서 차지하는 비중

(단위 : 십억원)

	삼성전자	현대자동차	셀트리온	헬릭스미스
자 산 총 액	219,021	69,743	3,408	269
무형자산총액	2,901	3,915	914	71
개 발 비	705	3,434	893	70
자산총액 대비 개발비	**0.3%**	**4.9%**	**26.2%**	**26.0%**
무형자산 대비 개발비	24.3%	87.7%	97.7%	98.6%

영업권

영업권은 특정기업이 동종산업의 다른 기업과 비교하여 정상적인 이익률 이상의 초과이익을 창출할 수 있는 능력을 화폐금액으로 표시한 것입니다. 이러한 초과이익력은 기업의 명성이나 좋은 평판, 경영자의 탁월한 경영능력, 우수한 기술력, 유리한 지리적 위치 등 여러 요인들이 복합적으로 작용하여 발생합니다.

그러나 초과이익 창출능력은 추상적이고 주관적인 개념인데다 그 금액을 측정하기가 어렵습니다. 또한 영업권은 무형자산의 인식요건인 식별가능성을 충족시키지 못하므로 K-IFRS에서는 내부적으로 창출한 영업권은 자산으로 인식하지 않습니다. 다만 권리금과 같이 **유상 취득**한 경우에 한하여 무형자산으로 계상하도록 규정하고 있습니다. 구체적으로 합병이나 영업양수를 하면서 지급한 대가 중 개별적으로 식별가능한 다른 무형자산 요소를 모두 인식하고 남는 금액에 한하여 영업권으로 인정하고 있습니다.

2019년 10월 글로벌 브랜드 컨설팅 전문업체 '인터브랜드' 발표에 따르면 삼성전자의 브랜드가치가 611억달러(약 72조 4천억원)로 세계 6위를 차지했고, 현대경제연구원은 2018년에 발표한 보고서에서 BTS의 경제유발 효과가 연간 5.5조원에 이른다고 밝혔습니다. 또 2019년 워싱턴 내셔널스가 월드시리즈 우승을 차지하면서 더욱 유명해진 '아기상어'의 경제적 가치도 상상을 초월하는 것으로 알려지고 있지만 이들 관련기업 모두 무형자산으로 인식하지 못합니다. 유상으로 대가를 지급하고 취득한 자산이 아니기 때문입니다.

회계뉴스

- 삼성전자 브랜드 가치 세계 6위 … 페이스북은 14위로 추락 (한국경제, 2019.10.28)
- [BTS 경제혁명] BTS 경제효과 年 5.5조원, 현대경제硏 "인기 유지하면 경제효과 10년간 56조원" (시사저널, 2020.02.21)
- 아기상어 열풍 탄 스마트스터디 '성장 탄탄대로', [회사보다 브랜드가 유명한 스타트업은] 우아한 형제들, 비바리퍼블리카 (서울경제, 2019.11.08)

무형자산의 회계처리

무형자산을 외부에서 유상으로 취득한 경우에는 다른 자산과 마찬가지로 구입대금과 구입에 소요된 모든 부대비용을 포함한 금액으로 취득원가를 결정합니다.

무형자산도 유형자산과 마찬가지로 매년 상각을 통해 비용화합니다. 무형자산의 **상각**(amortization)은 유형자산의 감가상각처럼 여러 상각방법 중에서 선택할 수 있지만 주로 **정액법**이 많이 사용됩니다. 또 무형자산에 대한 상각금액은 감가상각비 대신 **상각비**라 부르고, 상각액을 간접 차감하지 않고 해당 자산에서 **직접 차감**하므로 다음 삼성전자 사례에서 보는 것처럼 상각누계액은 나타나지 않습니다.

무형자산은 내용연수가 경과되면 가치가 완전히 소멸되므로 원칙적으로 잔존가치가 없는 것으로 봅니다. 또 무형자산은 물리적 실체가 없고 기업과 분리하여 매각할 수 없는 경우도 있어서 가능하면 조기에 상각하는 것이 보수적 관점에서 바람직한 회계처리라고 할 수 있습니다.

K-IFRS에 의하면 산업재산권이나 저작권처럼 법령에 의하여 내

용연수가 한정된 경우에는 그 내용연수에 걸쳐서 상각하면 되지만, 골프나 콘도회원권 또는 영업권처럼 내용연수를 한정할 수 없는 **비한정 내용연수**를 가진 무형자산은 상각을 하지 않는 대신 매년 기말에 손상검사를 실시하여야 합니다. 자산손상이 발생한 경우 그 금액을 손상차손으로 인식하고 영업외비용으로 처리합니다.

무형자산의 평가도 유형자산과 마찬가지로 원가법(원가모형)과 시가법(재평가모형) 중에서 선택할 수 있습니다. 재평가모형을 적용하여 발생하는 재평가손익의 회계처리 또한 유형자산과 동일합니다.

다음은 삼성전자의 2018년 재무제표(별도) 주석에서 설명하고 있는 무형자산의 증감내역입니다.

14. **무형자산**

가. 당기 및 전기 중 무형자산의 변동내역은 다음과 같습니다.

(단위 : 백만원)

구 분	산업재산권	개발비	회원권	기타의 무형자산	계
기초장부가액	954,687	830,384	190,548	851,416	2,827,035
내부개발에 의한 취득	–	296,304	–	–	296,304
개별 취득	250,600	–	–	333,128	583,728
상각	(176,123)	(421,954)	–	(257,487)	(855,564)
처분/폐기	(46,807)	–	–	(155)	(46,962)
손상	–	–	(1,029)	–	(1,029)
기타	–	–	(121)	98,085	97,964
기말장부가액	982,357	704,734	189,398	1,024,987	2,901,476

9. 기타비유동자산

기타비유동자산은 투자자산, 유형자산, 무형자산에 속하지 않는 비유동자산을 말합니다. 구체적으로 기타비유동자산에는 보증금, 장기매출채권, 장기미수금, 이연법인세자산 등이 있습니다.

건물 임차보증금이나 영업보증금 등을 지급한 경우에는 **보증금** 과목으로 처리하되, 대손가능성 이외에는 특별한 회계상의 문제가 발생하지 않습니다. 거꾸로 타인에게 부동산을 임대해주고 받은 임대보증금이나 거래처로부터 받아둔 영업보증금은 **장기예수금** 성격의 비유동부채로 분류합니다.

장기매출채권과 **장기미수금**은 미래에 회수할 채권이므로 회수가능성이 낮은 금액은 대손을 추정해야 하는 것은 물론, 미래에 회수할 금액과 현재가치의 차이가 중요할 경우 **상각후원가**로 측정해야 합니다. 그래서 K-IFRS에서는 이들 자산을 상각후원가 측정 금융자산으로 분류합니다. 비유동부채로 분류되는 장기매입채무와 장기미지급금에 대해서도 상각후원가로 측정하는 것은 물론입니다.

3개월 후에 만료되는 임차보증금

임차보증금, 영업보증금 등 각종 보증금은 기타비유동자산에 포함됩니다. 그런데 만일 임차기간이 결산일로부터 3개월 후에 종료된다면 그 임차보증금은 유동자산으로 분류해야 할까요?

그렇지 않습니다. 임차기간이 1년 이내에 종료될 경우에도 보증금은 여전히 비유동자산입니다. 기업의 경영활동이 계속되는 한 임차기간이 종료되면 다시 기간을 연장하거나 혹시 다른 건물로 옮기더라도 역시 보증금은 부담해야 하기 때문입니다. 또 자금사정이 좋아져서 건물을 직접 구입하거나 신축을 하는 경우에도 역시 비유동자금으로 묶일 것이므로 유동자산으로 분류하지 않습니다.

이연법인세자산과 이연법인세부채

이연법인세자산과 이연법인세부채의 계산은 실무적으로 매우 복잡하고 어렵습니다. 그렇지만 정보이용자 입장에서는 **이연법인세자산**은 미래에 납부할 법인세에서 차감될 **장기선급비용** 성격의 자산이고, **이연법인세부채**는 미래에 추가적으로 부담해야 할 법인세로서 **장기미지급비용** 성격의 부채로 이해하면 됩니다.

이연법인세 문제는 기업회계와 세무회계의 차이에서 발생합니다. 기본적으로 기업회계는 **발생주의**를 기반으로 손익계산을 하는데 반해, 세무회계는 **권리의무확정주의**에 따라 기업의 소득금액을 계산하기 때문입니다.

권리의무확정주의는 특정 회계기간(세법에서는 과세기간이라고 함)에 수취할 권리가 확정된 수익(세법 상 익금)에서 그 기간에 지급해야 할 의무가 확정된 비용(세법 상 손금)을 차감하여 해당 기간의 **과세표준**을 결정하는 방법을 말합니다. 예를 들어, 3년 간 매월 10만원씩 3년 간 납입하여 만기에 400만원을 받는 적금에 가입하였다고 가정해보지요. 이 경우 3년 간 납입액은 360만원(10만원×36=360만원)이고, 이자수익은 40만원(400만원-360만원)이 됩니다. 기업회계에서는 40만원의 이자가 3년에 걸쳐 발생하므로 기간의 경과에 따라 매년 이자수익을 부분적으로 인식(유효이자율법 적용)하지만, 세법에서는 40만원의 이자가 3년 후 만기가 되어야 비로소 받을 권리가 확정되므로 만기일에 한꺼번에 이자수익을 인식합니다. 마찬가지로 보유 중인 단기매매증권에 대한 평가이익이나 평가손실은 아직 실현되지 않은 미확정 손익이므로 세법에서는 과세소득에 포함시키지 않습니다. 즉 보유기간 중에는 유가증권평가손익을 인식하지 않고 매각한 해에 유가증권처분손익으로 일시에 인식하게 됩니다. 이처럼 수익과 비용의 발생시점과 권리의무의 확정시점이 서로 다른 차이를 **일시적 차이**라고 부르는데, 이 때문에 이연법인세 문제가 발생합니다. 이연법인세자산은 그만큼 미래의 법인세 부담액을 줄여주므로 실무에서는 흔히 '찾아먹을 법인세'라 하고, 이연법인세부채는 추후 그만큼 부담액이 늘어날 것이므로 '토해낼 법인세'라고도 합니다.

또 기업회계와 세무회계의 인식시점의 차이가 아니라 근본적으로 수익과 비용의 개념을 달리하는 **영구적 차이**의 경우는 이연법인세 문제가 발생하지 않습니다.

이연법인세에 대한 간단한 사례를 들어보겠습니다. 다음의 기업회계와 세무회계의 이익 차이는 전액 일시적 차이로 발생한 것이며, 법인세율은 20%라고 가정합니다.

	사례 A	사례 B
기업회계 상 이익	1,500,000	1,500,000
세무회계 상 이익	2,000,000	1,300,000
손익계산서 상 법인세비용	1,500,000×20%=300,000	1,500,000×20%=300,000
납부해야 할 법인세	2,000,000×20%=400,000	1,300,000×20%=260,000
이연법인세자산・부채	이연법인세자산 100,000	이연법인세부채 40,000

사례 A의 경우 세무회계가 500,000원(2,000,000만원－1,500,000만원) 만큼 이익을 먼저 인식하여 기업회계 입장에서는 그 차이에 대한 세금 100,000원(500,000원×20%)을 미리 납부한 셈이므로 이를 이연법인세자산으로 처리합니다. 반대로 사례 B는 기업회계가 세무회계에 비해 200,000원(1,500,000원－1,300,000원)을 미리 인식하지만 실제로 법인세 납부는 260,000원만 하고, 40,000원(200,000원×20%)은 추후에 부담할 것이므로 이연법인세부채로 처리합니다.

위 사례에서 보는 것처럼 세법에 따라 실제로 납부해야 할 법인세는 400,000원과 260,000원으로 서로 다르지만, 기업회계상으로는 이익이 같으면(1,500,000원) 당기 비용으로서의 법인세 또한 동일(300,000원)합니다. 그래서 손익계산서에 표시되는 법인세는 실제 납부해야 할 금액이 아니라 **당기 수익에 대응할 비용**으로서의 법인세라는 뜻으로 **법인세비용**이라는 과목을 사용합니다.

이처럼 이연법인세 회계는 기업회계와 세무회계의 차이를 조정해 주면서 동시에 수익과 비용의 합리적인 대응이 이루어져 기간별 비교가능성을 제고해주는 수단이 됩니다.

05
CHAPTER

부채
: 갚아야 할 빚

부채는 갚아야 할 빚으로 미래에 나갈 돈입니다. 좀더 구체적으로 정의하면 부채는 미래에 타인에게 현금을 갚아야 할 의무는 물론 재화를 인도하거나 서비스를 제공해야 할 의무까지 포함합니다.

부채는 현재 의무를 이행하기 위하여 자원이 유출될 가능성이 높고, 당해 의무의 이행에 소요되는 금액을 신뢰성 있게 측정할 수 있을 때 재무상태표에 인식합니다.

유동부채는 대부분 앞에서 유동자산과 함께 다뤘기 때문에 이 장에서는 주로 비유동부채를 중심으로 설명합니다. 비유동부채에서 알아야 할 가장 중요한 포인트는 투자자산에서 설명했던 **상각후원가**와 이자를 계산하는데 필요한 **유효이자율법**으로 요약됩니다. 그리고 전환사채와 신주인수권부사채, 충당부채와 우발부채, 이연수익과 정부보조금, 리스자산과 리스부채, 확정급여자산과 확정급여부채, 계약자산과 계약부채 등 회계공부를 나름 했다는 사람들도 부담스러워하는 내용들까지 포함합니다. 재무제표에 자주 나타나는 과목인데 어렵다는 이유만으로 피해갈 수는 없기 때문입니다. 일단 기본 용어만 이해하겠다는 편한 마음으로 읽다보면 의외로 쉽게 넘어갈 수도 있습니다.

1. 부채는 어떻게 구분하는가?

유동부채와 비유동부채

부채의 가장 기본적인 구분은 결산일로부터 1년 이내에 상환해야 하는 **유동부채**와 1년 이후에 상환할 **비유동부채**로 나누는 것입니다. 일반적으로 기업에서 운영자금을 조달할 경우에는 유동부채를 이용하지만, 토지나 건물 등 비유동자산을 취득하기 위한 자금은 비유동부채로 조달하는 것이 보통입니다.

비유동부채 중에서도 만기일이 다가와 1년 이내에 상환해야 할 금액은 유동부채로 재분류해야 하는데, 이때 사용하는 과목을 **유동성장기부채**라고 합니다. 유동성장기부채로 재분류하더라도 부채총액은 그대로여서 부채비율에는 영향을 미치지 않지만 비유동부채가 감소하는 만큼 유동부채가 늘어나므로 유동비율은 낮아지는 효과가 있습니다. 부채비율과 유동비율에 대한 설명은 뒤에서 다룹니다.

부채의 분류	과 목
유동부채	매입채무, 단기차입금, 단기미지급금, 선수금, 예수금, 미지급비용, 선수수익, 미지급법인세
비유동부채	사채, 장기차입금, 장기매입채무, 장기미지급금, 퇴직급여충당부채, 판매보증충당부채, 장기선수금, 계약부채, 이연수익, 확정급여부채, 이연법인세부채

확정부채와 추정부채

부채의 존재 여부, 금액의 측정가능성, 지급시기의 확정 여부에 따라 확정부채와 추정부채로 구분하기도 합니다.

확정부채는 매입채무나 차입금과 같이 부채가 확실하게 존재하고 지급금액과 지급시기가 모두 확정된 부채를 말합니다. 이에 반해 **추정부채**는 부채가 존재는 하지만 지급해야 할 금액이나 시기가 확정되지 않아 추정을 필요로 하는 부채인데, 충당부채가 이에 해당됩니다. 그리고 부채의 존재 여부조차 불확실한 우발부채 또한 추정부채의 일종입니다.

금융부채와 비금융부채

금융부채는 현금 등 금융자산으로 상환해야 하는 계약상 의무로서 매입채무, 장단기차입금, 미지급비용, 사채(社債) 등이 있습니다. 반면에 **비금융부채**에는 금융자산으로 상환하지 않고 재화나 용역을 제공할 의무를 나타내는 선수금과 선수수익, 상환금액이 확정되지 않은 충당부채 그리고 계약상 의무가 아니라 법률상 의무로 발생하는 미지급법인세와 이연법인세부채 등이 포함됩니다.

2. 부채의 평가 : 유효이자율법과 상각후원가

부채는 자산과 달리 직접적인 시장가격의 변동은 발생하지 않습니다. 다만 이자율과 환율의 변동으로 평가금액이 달라질 수 있습니다. 일반적으로 유동부채는 만기일에 지급해야 할 명목금액과 현재가치의 차이가 중요하지 않기 때문에(중요성) 재무상태표에 명목금액으로 보고합니다. 따라서 유동부채는 환율변동의 영향을 받는 외화 부채가 아니라면 평가문제가 발생하지 않습니다.

그러나 장기금융자산과 장기금융부채는 명목금액과 현재가치의 차이가 중요한 경우 현재가치로 평가해야 합니다. 상환기간이 길수록 그리고 이자율이 높을수록 명목금액과 현재가치의 차이는 커집니다. 물론 환율변동에 따른 평가도 당연히 이루어져야 합니다.

장기금융자산과 장기금융부채

장기금융자산으로는 회수기일이 결산일로부터 1년 이후에 도래하는 장기매출채권과 장기대여금, 장기미수금 등이 있습니다. 그리고 이들과 상대과목인 장기매입채무와 장기차입금, 장기미지급금 등은 **장기금융부채**가 됩니다. 또 회사채를 발행한 회사도 장기금융부채를 부담하는 셈이고, 만기까지 보유할 목적으로 회사채를 취득한 투자자는 장기금융자산(만기보유증권)으로 처리합니다.

장기금융자산과 장기금융부채는 모두 **유효이자율법에 의한 상각후원가**로 측정합니다.

채권·채무는 명목금액은 동일해도 이행시기에 따라 실질가치가 다릅니다. 화폐의 시간가치가 반영되기 때문입니다. 일례로 1,000,000원짜리 기계장치를 구입하고, 구입시점에 현금을 바로 지급하는 조건과 3년 후에 대금을 갚기로 한 경우의 실질가치는 당연히 다르겠지요. 1,000,000원이라는 명목상의 금액은 동일하지만 3년 후에 갚을 1,000,000원에는 3년 간의 이자가 포함되어 있기 때문입니다. 3년 간의 이자를

136,162원이라고 가정할 경우 3년 후에 갚아야 할 채무금액 1,000,000원의 실질가치(현재가치)는 863,838원이 됩니다. 이 863,838원을 현재가치로 평가한 금액 또는 **현재가치로 할인한 금액**이라고 합니다. 참고로 이 금액은 시장이자율이 5%라고 가정하고 할인한 금액입니다. 즉 3년 후에 갚을 채무 1,000,000원을 5%로 할인한 현재가치가 863,838원이라는 뜻입니다. 이때 현재가치로 할인하는 과정에서 발생하는 차액 136,162원을 **현재가치할인차금**이라고 하며, 재무상태표 표시는 명목금액 1,000,000원에서 간접 차감해줍니다. 현재가치할인차금은 앞에서 배웠던 대손충당금이나 감가상각누계액처럼 해당 과목을 평가하는 역할을 하므로 **평가계정**이 됩니다.

재무상태표

:		
장 기 매 입 채 무	1,000,000	
현재가치할인차금	(136,162)	863,838

화폐의 시간가치

화폐의 시간 가치는 미래가치와 현재가치 그리고 연금미래가치와 연금현재가치의 넷으로 나눌 수 있습니다. 우리는 현재가치와 연금현재가치만 알면 되지만 미래가치와 현재가치는 동전의 양면과 같기 때문에 함께 설명합니다.

이자율이 5%인 경우 1,000,000원을 은행에 맡기면 1년 후, 2년 후, 3년 후에는 각각 얼마가 될까요? 이렇게 구한 금액을 **미래가치**라고 합니다. 이처럼 이자에 이자가 붙는 경우를 복리하고 하는데, 특별한 언급이 없는 한 당연히 복리를 전제로 계산합니다.

1,000,000 → 1,050,000 (1,000,000×1.05) → 1,102,500 (1,050,000×1.05) → 1,157,625 (1,102,500×1.05)

그럼 이자율이 5%일 때 3년 후에 갚기로 한 채무금액 1,000,000원의 **현재가치**는 얼마일까요? 위의 미래가치와 반대로 3년 후의 금액 1,000,000원에서 출발하여 매년 5%로 **할인**해 오면 863,838원이 산출됩니다.

863,838 (907,029÷1.05) ← 907,029 (952,381÷1.05) ← 952,381 (1,000,000÷1.05) ← 1,000,000

또 매년 초 1,000,000원씩 3년 만기의 적금을 부으면 3년 후에 찾을 금액은 얼마가 될까요? 역시 이자율은 5%라고 가정합니다. 매년 초 납입하는 1,000,000원에 대해서 위의 미래가치를 각각 계산하여 모두 합한 금액이 **연금미래가치**가 됩니다. 따라서 만기에 찾을 금액은 다음 그림의 3년 후 합계금액 3,310,125원이 됩니다. 참고로 1년 후의 연금미래가치는 2,050,000원이고, 2년 후의 연금미래가치는 3,152,500원입니다. 연금미래가치란 국민연금이나 공무원연금처럼 정기적으로 일정한 금액을 반복적으로 수령하는 연금과 같아서 붙여진 이름입니다.

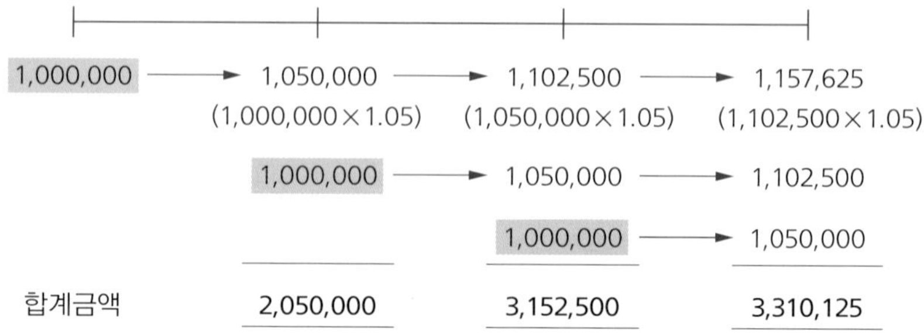

또 차량을 구입하고 매년 말에 1,000,000원씩 3회에 거쳐 할부금을 갚기로 했다면 할부금 총액의 현재가치는 얼마일까요? 계약서 상 할부금 총액은 3,000,000원이지만, 이자율이 5%일 경우 현재가치를 구하면 2,723,248원이 되는데 이 금액을 **연금현재가치**라고 합니다. 그림에서 보는 것처럼 연금현재가치는 위의 연금미래가치와 반대로 생각하면 됩니다.

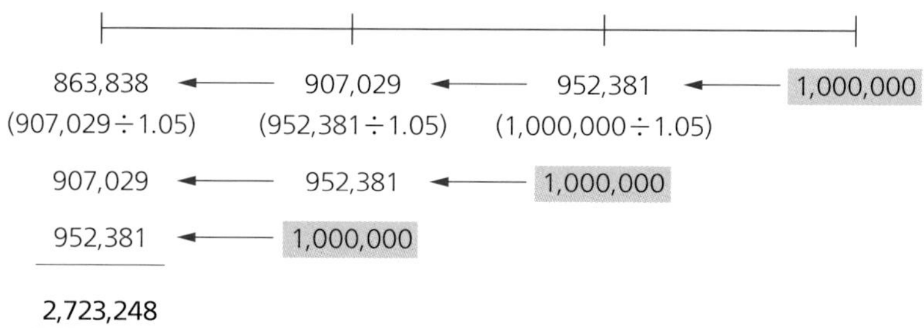

기간이 길어지고 현금 유출입 횟수가 늘어날수록 미래가치나 현재가치 계산이 복잡하기 때문에 실제로는 현재가치표를 이용하거나 엑셀을 활용하여 계산합니다. 여기서는 화폐의 시간가치에 대한 4가지 개념만 이해할 수 있으면 됩니다.

유효이자율법과 상각후원가

4장에서 장기채권・채무의 장부금액 즉 상각후원가는 매년 현재가치할인차금을 상각한 만큼 증가한다고 설명했습니다. 그래서 만기일이 다가올수록 장부금액이 계약상의 명목금액에 근접합니다. 다만 앞에서는 정액법에 의한 차금상각을 전제로 했지만, K-IFRS에서는 **유효이자율법**으로 상각하도록 규정하고 있습니다. 그럼 유효이자율법은 어떻게 다를까요?

위에서 이자율이 5%일 때, 3년 후에 갚기로 한 채무금액 1,000,000원의 현재가치는 863,838원이었습니다. 이 말은 곧 현재의 채무 863,838원이 3년 후에는 1,000,000원이 된다는 뜻입니다. 이 두 금액의 차이 136,162원은 현재가치할인차금으로서 3년 간 부담할 이자이므로 이를 연도별로 배분해야 합니다. 이때 적용하는 방법이 바로 유효이자율법입니다. 유효이자율법은 아래 표에서 보는 것처럼 **부채의 기초 장부금액에 유효이자율을 곱하여 연도별 이자비용을 계산하는 방법**입니다. 즉 실제의 부채금액에 실질적으로 부담하는 이자율(유효이자율)을 적용하여 계산하는 방법입니다. 유효이자율법에 의하면 매년 차금상각액만큼 부채의 장부금액이 증가하므로 뒤로 갈수록 차금상각액 즉 이자비용도 늘어납니다. 따라서 유효이자율법을 적용하게 되면 부채금액에 비례하여 매년 부담하는 이자도 늘어나므로 이자비용의 기간별 배분이 합리적으로 이루어지는 장점이 있습니다. 유효이자율의 개념에 대해서는 바로 뒤 사채에서 설명합니다.

	유효이자(차금상각액) (A=C×5%)	차금잔액 (B)	장부금액(상각후원가) (C=1,000,000−B)
20×1.01.01	−	136,162	863,838
20×1.12.31	43,191	92,971	907,029
20×2.12.31	45,352	47,619	952,381
20×3.12.31	47,619	−	1,000,000
계	136,162	−	−

참고로 앞에서 상각후원가를 설명하면서 예로 들었던 정액법(136,162/3)으로 현재가치할인차금을 상각하면 어떻게 될까요? 정액법을 적용하면 연도별 부채의 장부금액이 증가함에도 불구하고 매년 부담하는 이자비용은 동일하게 산출됩니다. 결과적으로 매년 적용되는 이자율이 달라져서(뒤로 갈수록 이자율이 낮아짐) 논리적으로 모순되지요. 그래서 K-IFRS에서는 차금의 상각방법으로 유효이자율법만 인정하고 있습니다.

3. 사채와 사채할인발행차금

기업이 장기자금을 조달하는 방법으로 자기자본 즉 주식을 발행하여 조달하는 **유상증자**가 있고, 타인자본을 조달하는 방법이 있습니다. 타인자본을 조달하는 방법에는 다시 금융기관을 통한 **장기차입금**과 자본시장에서 투자자들을 상대로 **회사채**를 발행하는 방법이 있습니다.

회사채는 주식회사가 만기일에 액면금액을 상환하고 정기적(보통

3개월)으로 액면이자율로 이자를 지급하기로 약정하고 회사의 채무임을 표시하는 증권(채무증권)을 발행하여 자금을 조달합니다. 투자자 입장에서는 채권을 증권시장에서 매각함으로써 만기 이전이라도 자금을 회수할 수 있게 됩니다.

회사채를 발행하는 회사는 **사채**(社債)라는 과목을 사용하여 비유동부채에 포함시키고, 사채권을 취득한 투자자 입장에서는 보유목적에 따라 단기매매증권이나 매도가능증권 또는 만기보유증권(K-IFRS 분류방법을 따르면 당기손익-공정가치금융자산이나 기타포괄손익-공정가치금융자산 또는 상각후원가측정금융자산)으로 처리합니다.

표시이자율 · 시장이자율 · 유효이자율

사채를 발행하는 방법에는 액면금액대로 발행하는 **액면발행**과 액면금액보다 낮은 금액으로 발행하는 **할인발행** 그리고 액면금액보다 높은 금액으로 발행하는 **할증발행**의 세 가지 형태가 있습니다. 액면발행은 회계처리 상 복잡한 문제가 발생하지 않고 할증발행은 흔하지 않기 때문에 할인발행을 중심으로 설명합니다.

사채의 액면이자율은 **표시이자율** 또는 쿠폰금리라고도 부르며 보통 발행회사의 이자 지급능력을 고려하여 결정되는데, 이 표시이자율이 **시장이자율**에 미치지 못하는 경우가 있습니다. 이처럼 발행회사가 지급하는 이자율이 시장이자율보다 낮으면 투자자들이 투자를 하지 않을 것이므로 시장이자율과의 차이를 보전해줄 목적으로 액면금액보다 낮은 금액으로 발행하게 됩니다. 이와 같은 액면금액과 발행금액과의 차액을 **사채할인발행차금**이라고 하는데, 이 금액은 투자자에게 미리 지급한 **선급이자**에 해당합니다. 사채할인발행차금은 앞에서 다뤘던 현재가치할인차금과 성격이 같습니다.

사채 발행과 관련하여 지급하는 증권회사 대행수수료 등의 **사채발행비**는 실질적인 자금조달액을 감소시키므로 발행금액에서 차감해줍니다. 이로 인해 사채할인발행차금은 커지고 결과적으로 발행회사가 실제로 부담하는 이자율은 시장이자율보다 높아집니다. 이처럼 발행회사가 실질적으로 부담하는 이자율을 **유효이자율**이라고 합니다.

- 표시이자율 : 사채권면에 표시된 액면이자율. 쿠폰금리
- 시장이자율 : 채권시장에서의 이자율. 시장금리
- 유효이자율 : 발행회사가 부담하는 실질이자율(사채발행비로 인해 시장이자율보다 높음)

유효이자율법에 의한 사채할인발행차금상각

사채할인발행차금은 만기까지의 선급이자에 해당하므로 현재가치할인발행차금처럼 기간별로 비용을 배분(상각)하는 절차가 필요한데, 이를 **사채할인발행차금상각**이라고 합니다. 사채와 관련하여 발행회사가 실제로 부담하는 이자 즉 유효이자 금액은 표시이자율로 매년 지급하는 **현금이자와 차금상각액을 합한 금액**입니다.

사채할인발행차금도 유효이자율법으로 상각합니다. 구체적으로 사채의 기초 장부금액에 유효이자율을 곱하여 매년 실질적으로 부담해야 할 이자비용 합계금액을 먼저 구한 다음, 이 유효이자 금액에서

표시이자율로 실제 지급하는 현금이자를 차감하면 사채할인발행차금 상각액이 구해집니다. 유효이자율법에 의하면 사채의 장부금액이 점차 증가함에 따라 매년 유효이자도 함께 늘어나지만 현금이자는 일정하게 지급되므로 결과적으로 차금상각액이 매년 증가하게 됩니다.

유효이자율법에 의한 사채할인발행차금상각

① 사채 이자비용 합계(유효이자) = 사채의 기초 장부금액 × 유효이자율
② 현금이자 = 사채 액면금액 × 표시이자율
③ 사채할인발행차금상각 = 유효이자 − 현금이자(① − ②)

이해를 돕기 위해 구체적인 사례를 들어봅니다. 20×1년 1월 1일에 액면금액 1,000,000원, 액면이자율 4%, 이자지급은 매년 12월 31일, 3년 만기 사채를 972,768원에 발행했다고 가정합니다. 유효이자율이 5%일 경우 매년 차금상각액과 사채의 장부금액(상각후원가)을 표로 작성하면 아래와 같습니다.

	유효이자 (A=E×5%)	현금이자 (B=1,000,000×4%)	차금상각액 (C=A−B)	차금잔액 (D)	장부금액 (E=1,000,000−D)
20×1.01.01	−	−	−	27,232	972,768
20×1.12.31	48,638	40,000	8,638	18,594	981,406
20×2.12.31	49,070	40,000	9,070	9,524	990,476
20×3.12.31	49,524	40,000	9,524	0	1,000,000
계	147,232	120,000	27,232	−	−

위 사채와 관련된 현금의 유출입을 그림으로 나타내면 다음과 같습니다. 즉 사채발행일에 972,768원의 현금이 유입되고, 그 후 3년에

걸쳐 매년 40,000원씩의 현금이자와 3년 후 만기일에 원금 1,000,000원이 유출됩니다. 결국 3년 간 부담하는 이자총액은 발행일에 유입된 현금 972,768원과 원리금 상환액 1,120,000원(120,000원+1,000,000원)과의 차액인 147,232원이 됩니다. 이 금액은 현금이자 120,000원과 선급이자인 사채할인발행차금 27,232원의 합계금액이기도 합니다.

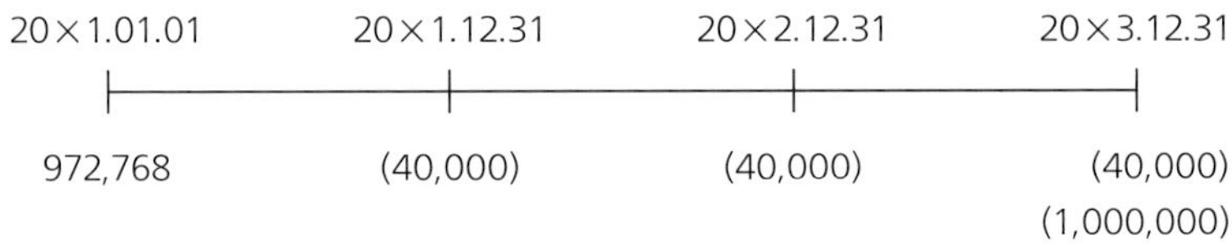

다음은 삼성전자의 2018년 재무제표 주석(별도)에서 설명하는 차입금 관련 내용입니다. 지금까지 앞에서 다뤘던 장단기 차입금이나 사채에 관한 회계처리방법을 간단하게 요약한 셈이어서 소개합니다. 첫 부분에 차입금을 '공정가치에서 거래비용을 차감한 가액'으로 인식한다는 설명은 자금 조달을 위해 소요되는 각종 수수료나 사채발행비 같은 자금조달 비용을 조달금액(발행금액)에서 차감한다는 뜻입니다.

2.15 차입금

차입금은 최초에 공정가치에서 거래비용을 차감한 가액으로 인식하며, 후속적으로 상각후원가로 측정하고 있습니다. 거래비용 차감 후 수취한 금액과 상환금액의 차이는 유효이자율법으로 상각하여 차입기간 동안 손익계산서에 인식하고 있습니다. 또한, 보고기간종료일 이후 12개월 이상 결제를 이연할 수 있는 무조건적인 권리가 있는 경우 비유동부채로 분류하며, 그렇지 않은 경우 유동부채로 분류하고 있습니다.

다음은 한국전력의 2019년 반기 재무제표(별도) 주석에서 설명하는 차입금과 현재가치할인차금 그리고 사채와 사채할인발행차금의 내역입니다. 유동부채는 명목금액으로 바로 표시한다고 설명했지만, 유동성장기부채는 비유동부채에서 재분류될 때 차금과 함께 재분류되므로 나타날 수도 있습니다. 또 전기말 현재 소액이지만 유동성사채에 대한 할증발행차금(20백만원)을 볼 수 있는데, 할증발행은 매우 보기 드문 탓에 흥미로운 사례입니다.

23. 차입금 및 사채

(1) 당반기말과 전기말 현재 차입금 및 사채의 내역은 다음과 같습니다.

(단위 : 백만원)

구 분	제59(당) 반기말	제58(전) 기말
유동부채		
단기차입금	1,220,000	28,400
유동성장기차입금	3,699	3,600
유동성사채	4,150,000	3,747,244
차감 : 유동성현재가치할인차금	(107)	(108)
차감 : 유동성사채할인발행차금	(112)	(107)
가산 : 유동성사채할증발행차금	–	20
소 계	5,373,480	3,779,049
비유동부채		
장기차입금	1,181,015	982,426
사채	24,028,182	22,022,988
차감 : 현재가치할인차금	(2,314)	(2,613)
차감 : 사채할인발행차금	(10,896)	(5,893)
소 계	25,195,987	22,996,908
합 계	30,569,467	26,775,957

금리변동과 채권가격

주식시세가 상승했다거나 하락했다는 말이 어렵지 않듯이 채권시세가 오르고 내렸다는 말 역시 누구나 쉽게 이해할 수 있습니다.

그런데 경제뉴스를 보면 채권시세의 등락이 아니라 채권수익률이 올랐다거나 떨어졌다고 얘기합니다. 흔히 시중 자금사정을 언급할 때 금리가 올랐다 또는 떨어졌다는 말을 사용하지요. 금리는 투자자(채권자) 입장에서는 수익률이 되지만 발행자(채무자) 입장에서는 이자율이 되므로 수익률과 이자율은 동일한 개념입니다.

그렇다면 금리가 등락할 경우 채권가격은 어떻게 변할까요? 채권가격은 미래현금흐름(정기적으로 지급하는 현금이자와 만기에 갚아야 할 원금의 합계)을 시장이자율로 할인한 현재가치로 계산됩니다. 현재가치로 할인한다는 말은 미래현금흐름을 시장이자율로 나누어주는 것이라고 했습니다. 즉 시장이자율이 할인율이 됩니다. 따라서 금리가 오를수록 할인율이 커져서 현재가치인 채권 시세는 낮아지고, 반대로 금리가 떨어지면 할인율이 낮아지므로 채권시세는 상승하게 됩니다. 이런 이유로 발행시장에서도 시장이자율이 표시이자율보다 높으면 할인발행되고, 반대의 경우에는 할증발행된다고 했지요.

결국 채권수익률(이자율)의 변동에 따라 채권시세는 반대로 움직입니다. 그러므로 채권수익률이 떨어졌다는 뉴스는 곧 채권시세가 올랐다는 말과 같습니다. 즉 시중자금이 풍부하면 금리는 떨어지고 채권시세는 오르게 됩니다.

회계뉴스

- 한국서도 코로나 확산되자 … 美국채 30년물 금리 역대 최저 (한국경제, 2020.02.23)
- 미 10년 국채수익률 1.6% 하회 … 30년물 사상최저치 근접 (연합인포맥스, 2019.08.08)

4. 특수한 사채 : CB · BW · 영구채

전환사채와 신주인수권부사채

사채권을 보유한 투자자가 일정한 조건 하에 **주식을 취득할 수 있는 권리**가 부여된 특수한 사채로 전환사채와 신주인수권부사채가 있습니다.

전환사채(convertible bond, CB)는 사채권자의 요구에 의하여 주식으로 **전환**할 수 있는 사채입니다. 따라서 주식으로 전환하기 전까지는 이자를 지급하지만, 주식으로 전환되면 자본으로 바뀌면서 배당금을 지급하게 됩니다. 전환사채의 투자자는 주가가 높다고 판단할 때 주식으로 전환함으로써 매매차익을 얻을 수 있습니다. 만약 만기까지 전환권을 행사하지 않을 경우에는 원금과 함께 사전에 약정된 이자(만기보장수익률)를 지급합니다. 대신 전환사채 이자율은 일반사채에 비해 낮아서 발행회사는 저리로 자금을 조달할 수 있습니다. 표시이자율이 0%인 제로쿠폰도 흔히 볼 수 있는데, 이 경우에도 만기까지 전환을 하지 않으면 계약상의 만기보장수익률로 이자보전을 해줍니다. 물론 만기보장수익률도 일반사채 이자율보다는 상대적으로 낮은 수준입니다.

신주인수권부사채(bond with stock warrant, BW)는 발행회사의 주식을 유리한 조건으로 **매입**할 수 있는 권리가 부여된 사채입니다. 즉 채권과 신주인수권이 결합된 특수한 사채입니다. 투자자는 발행회사의 주가가 상승할 때 신주인수권을 행사하여 주식을 매입함으로써 매매차익을 얻을 수 있습니다. 이와 같은 이유로 신주인수권부사채도 발행회사 입장에서 보면 낮은 이자율로 자금을 조달하는 수단이 됩니다. 전환사채는 전환권을 행사하면 별도의 주식대금 납입 없이 주식을 발행하지만, 신주인수권부사채는 신주인수권을 행사할 때 주식대금을 따로 납입하여야 합니다. 즉 신주인수권부사채는 투자자가 신주인수권을 행사한 후에도 사채는 그대로 남습니다. 따라서 신주인수권부사채는 만기까지 정해진 이자를 지급하고 만기일에 액면금액을 상환합니다.

이처럼 전환사채와 신주인수권부사채는 부채요소와 자본요소를 동시에 갖고 있어서 **메자닌채권**이라고도 부르는데, K-IFRS에서는 이들을 **복합금융상품**으로 정의합니다. 복합금융상품에는 나중에 자본에서 다루게 될 **상환우선주**도 포함됩니다.

투자자들이 전환권이나 신주인수권을 행사하면 결국 유상증자를 한 것과 같아서 기존의 일반주주들의 지분율이 낮아지고 주당 배당금도 줄어드는 **희석효과**가 나타납니다. 그래서 정관을 통해 전환사채나 신주인수권부사채의 발행조건 등을 미리 정해두어야 하고, 권리 행사에 따라 주당이익이 얼마나 감소되는지 확인할 수 있도록 손익계산서 말미에 **희석주당이익**을 함께 표시하게 됩니다.

영구채는 부채일까 자본일까

영구채는 발행회사의 선택에 따라 만기를 영구적으로 연장할 수 있는 사채로서 회계상 자본으로 인정받고 있습니다. 영구채는 이자를 지급하므로 부채의 성격을 갖는 동시에 상환의무가 강제되지 않으므로 자본의 성격도 함께 가지고 있어서 **신종자본증권** 또는 **하이브리드채권**라고도 부릅니다. 발행회사 입장에서는 부채비율을 낮추고 재무구조 개선효과를 기대할 수 있는데다, 영구채에 대한 이자를 법인세법 상 손비로 인정받아(회계상으로는 영구채를 자본으로 분류하기 때문에 이자가 아니라 배당금으로 처리함) 세금절감 효과도 있습니다. 다만 발행회사가 청산을 하게 되면 원리금을 상환받는 순위가 뒤로 밀리게 되므로 일반 회사채보다 금리가 상당히 높은 편입니다.

영구채는 대부분 만기가 30년 이상이고, 발행회사가 5년 후 조기상환권(콜옵션)을 가지며, 상환권을 행사하지 않을 경우 가산금리를 부과하는 조건입니다. 따라서 이론상으로는 발행회사가 상환을 미룰 수 있지만 이자율이 더 높아지기 때문에 자금사정만 호전되면 만기 이전이라도 상환하는 것이 보통입니다. 실제로 가산금리까지 부담하면 이자율이 10%를 훌쩍 넘기는 경우도 있어서 과연 자본으로 분류하는 것이 옳으냐 하는 논란은 2012년 우리나라에 처음 영구채가 도입되면서부터 이어져 왔습니다.

국제회계기준위원회가 2018년 8월 금융부채를 새로 정의하면서 영구채는 자본이 아니라 부채로 분류될 가능성이 높아졌습니다. 현재 영구채를 자본으로 분류할 것인지 부채로 볼 것인지 회원국들의 의견을 수렴하는 중이지만 기본적인 방침은 부채로 분류해야 한다는 입장입니다. 우리나라 금융감독원도 부채로 분류하는 것이 옳다는 의견을 2019년 3월에 제출한 바 있습니다. 다음 그림에서 보는 것처럼 2018년 9월 말 현재 대우조선해양 2.3조원을 비롯 73개 기업이 발행한 영구채는 모두 30조원에 육박합니다. 회계기준으로 확정되기까지는 향후 몇 년이 소요되겠지만 부채로 분류되면 영구채 발행회사들의 부채비율이 급등할 것으로 예상됩니다. 한국기업평가에 따르면 이들 기업의 부채비율은 평균 51.9%포인트 상승하고, 기업별로는 SK해운 8,297.4%포인트, 대우조선해양 557.5%포인트, 대한항공은 230.0%포인트 높아질 것으로 전망했습니다.

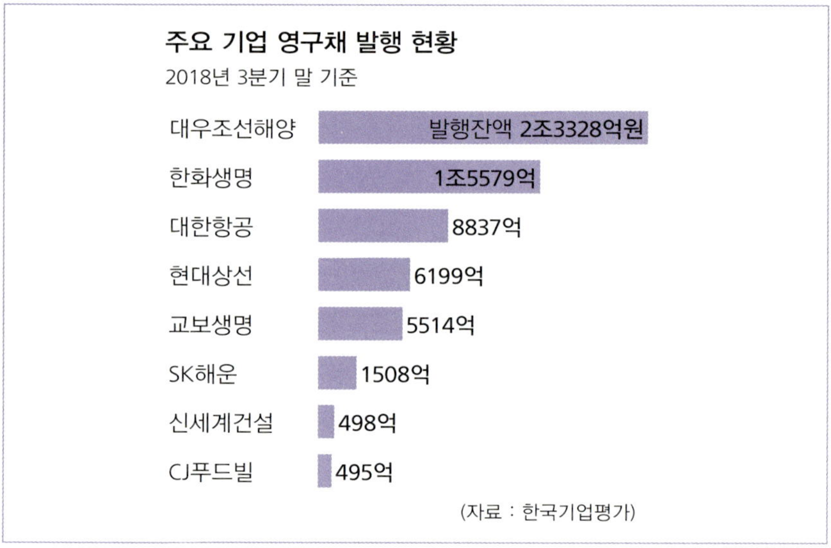

다음은 대우조선해양의 2019년 반기말 재무상태표(별도) 중 자본 부분만 발췌한 내용입니다. 신종자본증권이 2.3조원으로 자본총계 4.1조원의 약 57%를 차지하고 있습니다.

대우조선해양 재무상태표

(단위 : 백만원)

	2019.06.30	2018.12.31
자 본		
자본금	541,029	541,029
기타불입자본	(257)	(257)
신종자본증권	2,332,832	2,332,832
기타자본구성요소	318,017	316,648
이익잉여금	873,116	541,514
자본총계	4,064,737	3,731,766

회계뉴스

- 대기업 새 자금줄 '신종자본증권' 신용 하락위기 SK E&S·대한항공 등 비교적 낮은 금리로 영구채 발행 (아시아경제, 2019.10.16)
- [마켓인사이트] 금감원 "영구채는 부채로 봐야" … 30조 어치 발행한 기업들 '발칵' (한국경제, 2019.03.20)
- 회계상 자본 실제론 고금리부채 … 부실기업에 영구채 폭탄될까 (머니투데이, 2016.05.16)

5. 외화표시 채권과 채무

외화로 표시된 채권과 채무는 결산일 현재의 환율 즉 **현행환율**로 평가합니다. 기말에 현행환율로 평가함으로써 장부가액과 차이가 나는 금액은 **외화환산손실**과 **외화환산이익**으로 처리합니다.

간단한 예를 들어보겠습니다. 2019년 11월 1일에 미국으로 상품 1,000달러를 수출하고 대금은 3개월 후에 받기로 했습니다. 11월 1일의 원달러 환율은 1,100원이고, 12월 31일 환율은 1,200원이라고 가정합니다. 거래가 발생한 11월 1일 장부에 1,100,000원(1,000×1,100)

으로 기록된 외화표시 매출채권을 12월 31일 결산일에 기말환율로 평가하면 1,200,000원(1,000×1,200)이 됩니다. 이에 따라 늘어난 외화 매출채권 금액 100,000원을 외화환산이익으로 처리합니다.

외화채권과 외화채무를 장부가액과 다른 금액으로 **실제로 회수하거나 상환할 경우** 장부가액과 차이나는 금액은 **외환차손**과 **외환차익**으로 처리합니다. 2020년 1월 31일에 위 매출채권을 회수하였고, 이날의 환율이 1,160원이라면 원화표시 회수금액은 1,160,000원(1,000×1,160)이 됩니다. 결국 장부금액 1,200,000원의 외화매출채권이 1,160,000원만 회수되었으므로 차액 40,000원은 외환차손으로 처리합니다.

기말환율로 평가하는 과정에서 발생하는 외화환산손익은 **미실현손익**이고, 외환차손익은 회수하거나 상환하는 과정에서 확정된 금액이므로 **실현손익**입니다. 손익계산서에는 모두 영업외손익으로 포함시킵니다.

외화표시 채권과 채무금액이 많거나 해외영업 비중이 높은 회사는 손익에 미치는 환율변동의 영향이 매우 큽니다. 구체적으로 원달러 환율이 하락할 경우 외화부채가 많은 항공사와 해외여행객이 늘어나는 여행사에게는 큰 호재가 됩니다. 이에 반해 수출기업들은 제품의 외화표시가격 상승이 가격 경쟁력 저하로 이어지기 때문에 악재로 작용하지요.

다음은 항공기 리스 등으로 외화부채를 많이 보유하고 있는 대한항공의 2018년 재무제표(별도) 주석에서 외환관련 손익을 한군데 모은 자료입니다. 환율변동으로 2017년에는 약 1조 130억원의 이익이, 2018년에는 약 3,636억원의 손실이 발생하였습니다.

대한항공 외화관련 손익

(단위 : 천원)

	2018년	2017년
외환 차익	149,035,728	398,731,365
외화환산이익	93,126,580	992,738,927
외환 차손	(249,179,950)	(192,746,345)
외화환산손실	(356,577,974)	(185,760,984)
합 계	(363,595,616)	1,012,962,963

6. 추정부채 : 충당부채와 우발부채

충당부채

보증수리기간 내에 자동차가 고장이 나면 자동차회사가 무상으로 수리를 해줍니다. 그래서 자동차를 판매하면 고장에 대한 무상수리 의무가 발생하고, 대가 없이 수리를 해주어야 하므로 비용이 발생됩니다. 그렇다면 그 수리비용은 어느 해의 비용으로 인식해야 할까요? 수익과 비용의 대응 관점에서 당연히 판매한 해의 비용으로 처리해야 합니다. 또 그만큼 미래 지출에 대비한 부채도 함께 인식해야 하는데, 이를 충당부채라고 합니다.

충당부채는 지출의 **시기**나 **금액**이 불확실하고 **채권자**가 확정되지 않았지만 그 의무를 이행하기 위하여 현금이 유출될 가능성이 높고 그 금액을 신뢰성 있게 추정할 수 있으면 부채로 인식해야 합니다. 구체적으로 K-IFRS에서는 현금의 유출가능성이 50% 이상이면 높다고 판단합니다. 충당부채는 매입채무나 차입금과 같은 **확정부채**와 상대되는 개념입니다.

충당부채의 종류로는 제품보증충당부채, 공사하자보증충당부채, 퇴직급여충당부채, 손해배상충당부채, 반품조정충당부채 등이 있습니다. 공무원연금이나 군인연금에 대한 정부의 의무도 연금충당부채로 인식합니다. 또 충당부채는 장래 지출시기에 따라 단기충당부채와 장기충당부채로 구분할 수 있습니다.

참고로 충당이라는 용어 탓에 충당부채를 평가성충당금과 혼동하는 경우가 더러 있는데 전혀 다른 개념입니다. 앞에서 배웠던 대손충당금, 재고자산평가충당금과 같은 평가성충당금은 자산의 차감항목 즉 평가계정이지만 충당부채는 미래의 지급의무이므로 부채로 분류됩니다.

다음은 보증수리 부담이 큰 현대자동차의 2019년 반기재무제표(별도) 주석에서 설명하는 충당부채 내역입니다. 재무상태표에 나타나는 단기충당부채 2.0조원과 장기충당부채 2.6조원을 합하면 2019년 6월말 현재 충당부채 합계금액은 약 4.6조원입니다.

15. **충당부채**

당반기와 전반기 중 충당부채 분류별 증감내역은 다음과 같습니다.

(단위 : 백만원)

구분	당반기		전반기	
	판매보증	기타장기 종업원급여	판매보증	기타장기 종업원급여
기초	3,706,071	672,039	3,931,661	608,224
설정액	802,588	30,486	556,666	29,551
사용액	(536,317)	(34,914)	(573,778)	(28,766)
반기말	3,972,342	667,611	3,914,549	609,009

이 금액은 곧 위 주석의 판매보증충당부채와 기타장기종업원급여충당부채를 합한 금액과 같습니다. 또 충당부채 합계금액 4.6조원은 부채총액 18.9조원의 약 24.6%를 차지하여 비중이 매우 높은 편입니다.

회계뉴스

- STX 조선해양, 충당부채 정리에 유동성 급등 … 영업현금흐름은 플러스 전환 (이투데이, 2019.11.13)
- 국가부채 1천700조 육박 … 공무원 · 군인연금 충당부채 눈덩이 (연합뉴스, 2019.04.02)

우발부채

예전에는 은행 대출을 받을 때 반드시 연대보증인을 세워야 했습니다. 그러다 보니 주변사람들로부터 보증 서달라는 부탁을 받는 경우가 종종 있었습니다. 가까운 친척이나 친구들 부탁인데 거절하기도 어렵고 그렇다고 매번 들어줄 수도 없어서 여간 난감하지 않았던 기억이 있습니다. 아무리 믿을만한 사람이라도 보증을 서주고 나면 은근히 걱정이 되지요. 누구도 앞날을 모르니까요. 만일에 채무자가 빚을 갚지 못하게 되면 보증인이 대신 갚아야 합니다. 이처럼 미래에 어떤 사건의 발생 여부에 따라 결정되거나 금액을 추정할 수 없는 잠재적인 부채를 **우발부채**라 하고 그때 입는 피해를 **우발손실**이라고 합니다. 거래처로부터 손해배상 소송을 제기 받은 경우도 마찬가지입니다. 소송에서 이길지 질지, 만약 진다면 얼마나 배상을 해야 할지 알 수 없기 때문입니다. 우리가 보험에 가입하는 것도 미래에 발생할지 모를 사고나 질병 같은 우발손실에 대비하기 위한 방편이 됩니다.

우발부채는 과거사건이나 거래 결과로 발생한 의무지만 그 의무를 이행하기 위하여 현금이 유출될 가능성이 높지 않거나 가능성은 높더라도 금액을 신뢰성 있게 추정할 수 없는 부채입니다. 우발부채는 현재의 의무가 아니므로 재무상태표에 부채로 인식하지 않는 대신 주석으로는 공시해야 합니다. 다만 현금의 유출가능성이 거의 없고 금액도 신뢰성 있게 추정할 수 없는 우발부채는 주석으로도 공시하지 않습니다. 예외적으로 타인에게 제공한 지급보증이나 계류 중인 소송사건은 현금의 유출 가능성과 관계 없이 그 내용을 주석으로 기재하여야 합니다.

우발부채와 반대되는 개념으로 우발자산이 있습니다. **우발자산**은 과거 사건이나 거래의 결과로 발생할 가능성은 있지만, 불확실한 미래사건의 발생여부에 따라서 그 존재 여부가 확인되는 잠재적 자산을 말합니다. 우발자산은 미래에 확정되기까지 자산으로 인식할 수 없으며, 원칙적으로 주석으로도 공시하지 않습니다. 로또 한 장 사놓고 벼락부자라도 된 것처럼 동네방네 소문 낼 일은 아니라는 겁니다. 우발부채는 공시하면서 우발자산은 공시하지 않는 것도 보수주의의 한 예입니다.

충당부채 vs 우발부채

<table>
<tr><th rowspan="2">현금 유출가능성</th><th colspan="2">금액 추정가능성</th></tr>
<tr><th>추정가능</th><th>추정불가능</th></tr>
<tr><td>높 음</td><td>충당부채</td><td rowspan="2">우발부채(주석 공시)</td></tr>
<tr><td>어느 정도 있음</td><td>우발부채(주석 공시)</td></tr>
<tr><td>낮 음</td><td colspan="2">주석 공시도 하지 않음(지급보증과 소송사건은 공시)</td></tr>
</table>

다음은 현대자동차의 2019년 반기재무제표(별도) 주석에서 설명하고 있는 우발부채(부분 발췌)에 관한 내용입니다.

35. 우발부채 및 약정사항

(1) 당반기말 현재 특수관계자 등의 채무 등에 대해 제공한 지급보증의 내역은 다음과 같습니다.

(단위 : 백만원)

상대방	국내보증금액	해외보증금액
종속기업	249,625	–
기　　타	7,408	713
계	257,033	713

(2) 당반기말 현재 회사는 국내 및 해외 소송사건에 피소되어 계류 중에 있습니다. 또한, 회사는 제조물책임(Product Liability) 등과 관련하여 진행 중인 소송사건에 계류 중에 있으며 이로 인하여 발생할 수 있는 잠재적 손실에 대비하여 보상보험에 가입하고 있습니다. 한편, 당반기말 현재 회사는 통상임금 관련 소송이 진행 중입니다. 회사는 상기 소송의 결과에 대한 합리적인 예측이 불가능하고 자원의 유출금액 및 시기가 불확실하며, 회사의 재무제표에 미치는 영향이 중요하지 아니할 것으로 예측하고 있습니다. 또한 당반기말 현재 회사는 세타2 엔진 리콜과 관련하여 국내외 관계기관의 조사를 받고 있으며, 결과 및 영향은 예측할 수 없습니다.

회계뉴스

- 아시아나항공, '우발채무 손해배상 한도' 9.9%로 합의 (매일경제, 2019.12.26)

7. 이연수익과 정부보조금

이연수익은 우선 고객충성제도로부터 발생하는 **선수금**이라고 간단하게 정의할 수 있습니다. **고객충성제도**는 기업이 고객의 충성도를 높이기 위하여 재화나 용역을 구입하는 고객에게 보너스포인트를 부여하고, 고객은 보너스포인트를 사용하여 재화나 용역을 무상 또는 할인된 가격으로 제공받는 제도를 말합니다. 항공기에 탑승한 고객에게 마일리지를 부여하거나 카드회사, 커피숍, 제과점, 서점 등에서 포인트를 제공하는 등 보너스포인트를 활용하는 기업들이 많습니다. 블루클럽에서도 10번 머리를 깎으면 11번째는 공짜입니다. 그러므로 이발요금 7,000원 속에는 약 6,364원의 수익과 636원의 포인트 부채가 포함된 셈입니다. 10회에 걸쳐 부여한 포인트 합계 6,360원은 11번째 서비스를 제공한 후에 수익으로 인식하게 됩니다. 이연수익도 기간에 따라 단기이연수익(유동부채)과 장기이연수익(비유동부채)으로 구분합니다.

실무상으로는 보너스포인트를 부여한 기업과 보상을 제공하는 기업이 다른 경우가 있고, 보너스포인트의 예상행사율을 추정해야 하는 등 복잡한 회계처리문제가 대두되지만 정보이용자 입장에서는 이연수익을 미리 받은 선수금으로 이해하면 그만입니다.

다음은 2019년 대한항공의 반기재무제표(별도) 주석에서 설명하고 있는 이연수익에 관한 정보입니다. 설명에서 보듯이 2019년 6월 30일 현재 부채로 인식하고 있는 이연수익 총액은 약 2.3조원으로 대한항공 부채 총액의 약 10%를 차지합니다.

24. **이연수익(고객충성제도)**

당사는 당사 및 제휴사 이용 고객에게 인센티브를 제공하기 위하여 무상으로 마일리지를 적립하고, 항공기의 여유좌석 등을 이용하여 보너스 항공권, 좌석승급 보너스 등의 혜택을 제공하는 상용고객우대제도인 스카이패스를 운영하고 있습니다. 이에 당사는 고객에게 마일리지를 부여하는 용역의 제공을 복합요소가 내재된 수익거래로 회계처리하고, 거래대가로 수취 가능하거나 수취한 대가의 공정가치는 제공된 용역의 대가와 부여된 마일리지의 대가에 안분하고 있습니다. 마일리지에 안분하는 대가는 공정가치로 측정되며 마일리지에 대한 대가는 최초 매출거래시점에 수익으로 인식하지 않고 이연하며, 마일리지가 사용되어 당사의 용역이 제공되는 시점에 수익으로 인식합니다. 이와 관련하여 당사가 당반기말 현재 재무상태표에 인식한 이연수익은 선수금 106,573백만원 및 이연수익 2,195,119백만원(유동성이연수익 388,972백만원 포함) 등 총 2,301,692백만원입니다.

회계뉴스

- '마일리지 빚'에 허덕이는 대한항공, 회계방식 바꿔며 부채비율 2배로 … 항공기 매각 등 현금확보 안간힘 (동아일보, 2015.01.28)

정부보조금

정부보조금은 특정 조건을 충족한 기업에게 정부가 보조금을 지급하는 경우에 발생합니다. 보조금의 유형으로는 자산 취득을 위한 보조금과 수익 보전을 위한 보조금이 있습니다. 전자를 자산관련보조금, 후자를 수익관련보조금이라고 합니다.

자산관련보조금의 회계처리는 취득원가에서 차감하는 방법과 이연수익으로 인식하는 방법의 두 가지가 있습니다. **취득원가차감법**은 정부보조금을 자산에서 차감하여 평가계정으로 처리하는 방법입니다. 이 방법에 의하면 자산가액이 낮게 표시되어 연도별 감가상각비가 줄어들고, 줄어든 감가상각비만큼 매년의 이익이 늘어나게 됩니다. 그리고 **이연수익법**은 선수금처럼 부채로 처리했다가 유형자산의 내용연수에 걸쳐 분할하여 보조금수익으로 인식해가는 방법입니다. 결국 어느 방법을 채택하든 취득한 자산의 내용연수에 걸쳐서 이익으로 인식하는 것은 동일합니다.

취득원가차감법을 사용하는 경우의 재무상태표 표시를 예시하면 다음과 같습니다.

부분 재무상태표

:		
유 형 자 산	5,000,000	
감가상각누계액	(1,500,000)	
손상차손누계액	(350,000)	
정 부 보 조 금	(700,000)	2,450,000

수익관련보조금의 회계처리도 두 가지 방법이 있는데, 구체적으로 유류비나 인건비 같은 **비용과 상계하는 방법**과 **수익으로 인식하는 방법**이 있습니다. 버스회사에 심야운행이나 벽지운행을 지원하기 위

하여 정부가 보조금을 지급하는 것이 수익관련보조금의 한 예입니다.

다음은 정부보조금을 자산차감법으로 처리하고 있는 한국전력의 2019년 반기 재무제표(별도) 주석에서 설명하고 있는 유형자산 내역입니다. 유형자산의 차감계정으로 표시된 정부보조금의 합계금액은 346,838백만원이고, 이로 인한 감가상각비 감소액은 12,460백만원(유형자산 장부금액 변동내역을 참고하여 계산함)입니다.

18. 유형자산

(1) 당반기말 현재 유형자산 장부금액의 구성내역은 다음과 같습니다.

(단위 : 백만원)

구 분	취득원가	정부보조금	감가상각누계액	장부금액
토지	6,098,497	(21,968)	–	6,076,529
건물	4,369,668	(31,898)	(2,238,344)	2,099,426
구축물	54,477,186	(170,685)	(18,987,454)	35,319,047
기계장치	21,560,046	(70,822)	(8,837,862)	12,651,362
선박	2,171	–	(2,171)	–
차량운반구	154,395	(2,903)	(118,265)	33,227
집기와비품	448,461	(20)	(352,513)	95,928
공구와기구	222,677	(25)	(191,524)	31,128
건설중인자산	10,897,200	(48,517)	–	10,848,683
복구추정자산	234,212	–	(179,325)	54,887
사용권자산	2,868,520	–	(2,240,784)	627,736
기타의유형자산	6,413	–	(5,199)	1,214
합 계	101,339,446	(346,838)	(33,153,441)	67,839,167

8. 리스자산과 리스부채

리스자산은 이용자 입장에서 보면 사용료(리스료)를 지급하고 리스회사로부터 일정 기간 사용권을 이전 받는 자산을 말합니다. 리스자산은 법적 소유권은 없지만 장기간 사용권을 갖기 때문에 경제적 실질을 반영하여 자산으로 회계처리합니다. 이와 동시에 미래에 지급하게 될 리스료를 현재가치로 할인하여 리스부채로 인식하게 됩니다. 결국 자산을 장기할부조건으로 구입한 것처럼 회계처리를 하는 셈입니다.

리스자산은 **사용권자산**으로 따로 구분하여 표시하거나, 자산의 분류에 따라 해당 유형자산에 포함시키고 그 내용을 주석으로 공시할 수도 있습니다. 한국전력의 경우 앞의 주석에서 보는 것처럼 사용권자산을 별도로 구분하여 표시하고 있습니다.

종전에는 금융리스에 대해서만 자산과 부채를 인식하였지만, 2019년부터 적용된 새로운 K-IFRS 리스기준서에 따라 운용리스(1년 이내의 단기리스와 소액리스는 제외)에 대해서도 같은 회계처리를 합니다. 이에 따라 리스이용자 입장에서는 금융리스와 운용리스를 구분할 필요가 없어지면서, 운용리스에 해당하는 자산과 부채 금액만큼 재무상태표 상 자산과 부채 총액이 증가하게 되었습니다.

이처럼 운용리스에 대해서도 자산과 부채를 인식함에 따라 손익계산서에서는 전액 리스료로 처리하던 것을 감가상각비와 이자비용으로 구분하여 처리하여야 합니다. 따라서 종전에 전액 판매관리비에 포함됐던 운용리스료가 감가상각비(판매관리비)와 이자비용(영업외비용)으로 구분됨으로써 이자비용에 해당하는 만큼 종전에 비해 영업이익이 증가하는 효과가 있습니다. 이에 따라 영업이익의 증가로 매출액영업이익률이 높아지는 한편, 부채금액의 증가로 부채비율도 덩달아 높아지게 되었습니다.

금융감독원이 2019년 1분기 보고서를 토대로 분석한 결과에 의하면 연결기준 부채비율(2019.01.01 기준)이 항공운송업 85.8%p, 영상·오디오·제작및배급업 85.5%p, 해운업 42.8%p 급증하고, 영업이익률(2019년 1분기 기준)은 영상·오디오·제작및배급업 3.0%p, 해운업 2.9%p, 항공운송업 1.3%p 증가하는 것으로 나타났습니다.

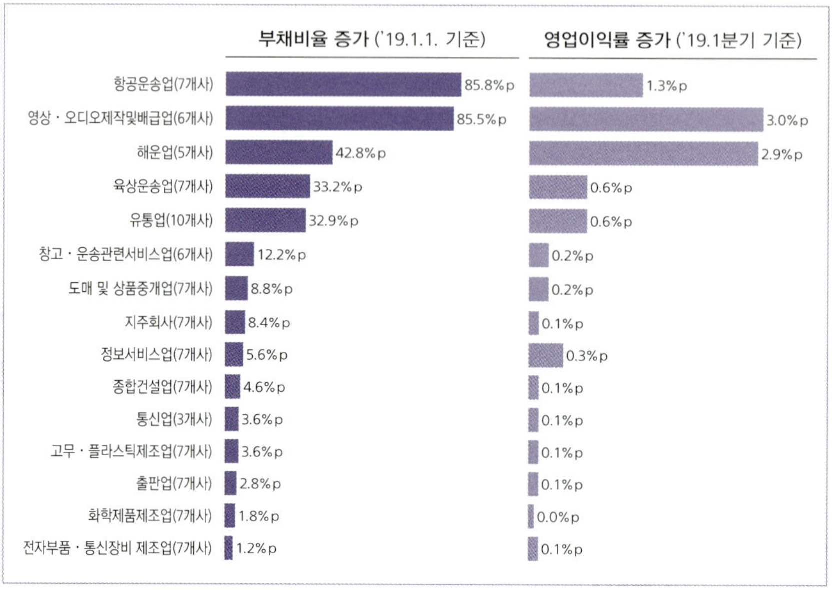

(자료 : 금융감독원)

회계뉴스

- 新리스기준, 항공운송업 부채비율에 '직격탄' … 85% 급증 (서울파이낸스, 2019.08.01)
- 新리스 회계기준으로 영업이익률 증가 … "착시효과 주의해야" (조선비즈, 2019.08.01)

대한항공은 리스자산과 리스부채의 비중이 매우 높은 회사입니다. 2019년 반기말 재무상태표(별도) 상 항공기리스자산 7.9조원과 엔진리스자산 1.8조원을 비롯 리스자산 보유총액은 약 11.1조원으로 자산총액의 약 43%를 차지하고 있고, 리스부채 총액은 다음 표에서 보는 것처럼 약 8.8조원으로 부채총액의 약 38%에 해당합니다. 또한 리스부채의 대부분이 외화부채이므로 환율변동에 매우 민감한 영향을 받습니다.

21. **리스부채**

(2) 당반기말 현재 상기 리스부채의 기간별 최소 리스료와 증분 차입이자율 또는 가중평균 차입이자율로 할인한 현재가치 평가 내역은 다음과 같습니다.

(단위 : 천원)

기 간	금 액
1년 이내	1,722,898,638
1년 초과 5년 이내	5,523,162,589
5년 초과	2,620,502,798
합 계	9,866,564,025
현재가치할인	(1,019,496,550)
차감 잔액	8,847,067,475

9. 확정급여자산과 확정급여부채

퇴직금은 종업원이 퇴직하면서 일시에 받는 급여지만 발생주의와 수익・비용대응 관점에서 근무기간 동안의 비용으로 인식해야 합니다. 예전에는 매년 퇴직급여와 함께 퇴직급여충당부채를 인식하는 회계처리만 하면 그만이었지만, 2005년에 퇴직연금제도가 도입되면서 외부 금융기관에 퇴직연금(기여금)을 적립함에 따라 새로운 회계 문제가 대두되었습니다. 퇴직연금제도는 기업이 도산하더라도 퇴직금 지급이 보장되도록 매월 일정액의 기여금을 외부 금융기관에 의무적으로 위탁하여 관리・운용하는 제도입니다.

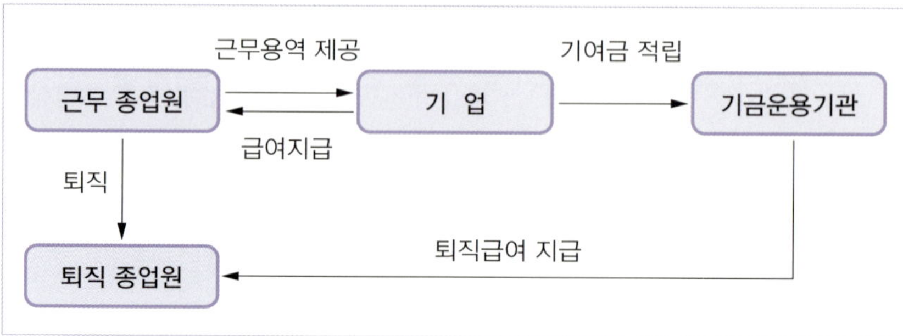

퇴직연금제도는 급여의 형태와 산정방식에 따라 확정기여제도와 확정급여제도로 구분됩니다. **확정기여제도**는 근무기간 동안 금융기관에 **약정한 금액을 적립**함으로써 회사의 책임을 다하는 제도이므로 회계처리가 아주 단순합니다. 확정기여제도 하에서 기금운용으로부터 발생하는 손익은 모두 종업원에게 귀속됩니다. 이에 반해 **확정급여제도**는 종업원의 퇴직 시점에 회사가 **약정한 금액을 지급**해야 하는 제도입니다. 따라서 향후 발생할 수 있는 모든 위험을 기업이 부담해야 하고, 할인율의 결정이나 미래 임금상승률 및 평균근무연수의 추정 등 복잡한 회계문제가 대두됩니다.

확정급여제도에 의하면 미래에 퇴직금으로 지급해야 할 **확정급여채무**와 그 재원에 해당하는 **사외적립자산**을 비교하여 사외적립자산이 더 크면 재무상태표에 **순확정급여자산**을 인식하고, 반대의 경우에는 **순확정급여부채**를 인식하게 됩니다. 확정급여채무는 미래에 종업원에게 지급해야 할 퇴직급여를 현재가치로 할인한 금액이고, 사외적립자산은 외부 금융기관에 적립한 자산을 현재의 공정가치로 측정한 금액입니다. 따라서 순확정급여자산은 회사가 퇴직금을 지급하고도 남을 돈이고, 순확정급여부채는 퇴직금 지급을 위해 회사가 추가로 부담해야 할 금액입니다.

다음은 삼성전자의 확정급여제도와 관련된 2019년 반기재무제표(별도) 주석내용입니다. 지급해야 할 확정급여채무가 6,776,811백만원인데, 이 채무를 이행하기 위해 금융기관에 적립해둔 자산의 공정가치는 6,978,395백만원이므로 이 둘의 차액인 201,584백만원을 재무상태표에 순확정급여자산으로 계상하게 됩니다.

11. **순확정급여자산**

가. 보고기간종료일 현재 순확정급여자산과 관련하여 재무상태표에 인식한 내역은 다음과 같습니다.

(단위 : 백만원)

구 분	당반기말	전기말
기금이 적립된 확정급여채무의 현재가치	6,760,309	6,416,966
기금이 적립되지 않은 확정급여채무의 현재가치	16,502	15,664
소 계	6,776,811	6,432,630
사외적립자산의 공정가치	(6,978,395)	(6,994,986)
순확정급여(자산) 계	(201,584)	(562,356)

또 삼성전자가 2019년 상반기에 인식한 퇴직급여 비용 313,916백만원의 내역은 다음과 같습니다. **당기근무원가** 323,767백만원은 상반기 6개월 근무에 따른 종업원들의 퇴직급여 증가액(현재가치로 계산)을 뜻합니다. 그리고 순이자원가(수익)는 이자원가와 이자수익의 차액입니다. 먼저 **이자원가**는 확정급여채무의 기초 장부금액에 유효이자율을

적용하여 계산한 금액으로 확정급여채무를 증가시키고, **이자수익**은 사외적립자산을 운용한 결과 발생한 이익으로 확정급여채무를 감소시키는 금액입니다. 삼성전자의 경우 2019년 상반기 동안 이자수익이 이자원가보다 더 많아 순이자수익 9,851백만원이 발생함으로써 그만큼 확정급여채무의 부담을 줄여주고 있습니다.

11. 순확정급여자산

나. 당반기 및 전반기 중 손익계산서에 인식한 확정급여제도 관련 비용의 세부 내역은 다음과 같습니다.

(단위 : 백만원)

구 분	당반기	전반기
당기근무원가	323,767	301,952
순이자원가(수익)	(9,851)	(16,480)
계	313,916	285,472

위 두 주석을 보면 삼성전자는 그동안 사외적립자산의 누적 운용결과가 좋아서 확정급여부채가 아닌 확정급여자산을 보유하고 있는 것은 물론, 2019년 상반기에도 사외적립자산의 운용결과 발생한 이자수익이 확정급여채무에 대한 이자비용보다 더 커서 그 차액만큼 상반기 퇴직급여비용의 부담을 줄여주고 있습니다.

10. 계약자산과 계약부채 vs 미청구공사와 초과청구공사

2018년부터 수익에 관한 새 기준서가 적용되면서 계약자산과 계약부채라는 과목이 새로 생겼습니다. 낯선 명칭에다 내용도 어려워서 우선 계약자산은 유동자산으로 분류되는 **단기채권**이고, 계약부채는 유동부채로 분류되는 **단기채무**라고 간단하게 정의하고 시작합니다.

계약자산은 고객에게 재화나 용역을 제공하였지만 아직 대금이 회수되지 않아 발생하는 채권입니다. 그럼 매출채권과는 어떻게 다를까요? 매출채권이 정해진 날짜만 도래하면 회수할 수 있는 무조건적인 채권이라면, 계약자산은 나중에 **추가적인 수행의무**를 이행해야만 회수할 수 있는 **조건부 채권**이라는 점에서 차이가 있습니다. 즉 계약자산은 추가적인 의무를 수행하기 전까지는 청구권이 발생하지 않으므로 **미청구채권**이라고 할 수 있습니다. 일례로, 제품 A와 B를 1,000원에 인도하기로 계약을 체결하였는데, 먼저 인도하는 제품 A(400원)의 대가는 제품 B(600원)를 인도한 후에 청구할 수 있다고 가정합니다. 이 경우 제품A를 인도하는 시점에는 매출채권이 아니라 우선 계약자산으로 400원을 인식합니다. 이 계약자산은 제품B의 인도라는 추가적인 의무가 수행된 후에야 매출채권으로 대체됩니다.

계약부채는 기업이 재화나 용역을 제공하기로 하고 고객으로부터 미리 대가를 수취할 때 발생합니다. 이 경우의 계약부채는 고객에게 재화나 용역을 제공해야 할 기업의 의무이므로 앞에서 배웠던 **선수금**과 동일합니다. 또 선수금을 받지 않았더라도 재화나 용역을 제공하기로 취소불가능한 계약을 체결한 경우에는 계약부채를 인식합니다. 즉 계약부채는 재화나 용역을 제공해야 할 의무가 발생하면 선수금의 수취여부와 상관없이 계약부채를 인식합니다.

실무적으로 계약자산과 계약부채 과목이 가장 비중있게 사용되는 업종은 건설업과 조선업입니다. 종전의 '건설계약' 기준서가 2018년부터 '고객과의 계약에서 생기는 수익'으로 대체되면서 종전에 사용하던 **미청구공사**와 **초과청구공사** 과목이 각각 계약자산과 계약부채에 포함되었기 때문입니다. 그렇지만 K-IFRS가 과목의 명칭 사용을 강요하지 않기 때문에 건설업의 경우 대부분 미청구공사와 초과청구공사 과목을 그대로 사용하고 있습니다. 또 계약부채 성격이지만 다음 삼성전자의 예에서 보는 것처럼 선수금이나 미지급비용 등 기존에 사용하던 과목으로 표시하기도 합니다.

다음은 2018년 삼성전자(별도)의 계약부채에 관한 주석 내용입니다.

20. **계약부채**

회사가 고객과의 계약에서 생기는 수익과 관련하여 인식하고 있는 계약부채는 아래와 같습니다.

(단위 : 백만원)

구 분	당기말	당기초
계약부채*	701,851	454,003

* 계약부채는 선수금, 미지급비용, 기타유동부채 등에 포함되어 있습니다.

한편, 회사가 당기 초의 계약부채 잔액 중 당기에 수익으로 인식한 금액은 51,636백만원입니다.

미청구공사는 실제로 진행된 공사금액보다 공사대금을 적게 청구한 경우에 발생하는 채권이고, **초과청구공사**는 진행된 공사금액보다 공사대금을 더 많이 청구한 경우에 발생하는 채무 과목입니다. 이처럼 진행된 공사금액과 공사대금 청구액이 차이가 나는 것은 계약상의 대금지급 조건에 따라 발생하기도 하고, 수주회사와 발주회사 간에 서로 측정하는 공사진행률이 다른 경우에도 발생합니다. 보통 미청구공사는 공사대금 청구와 함께 매출채권(또는 공사미수금)으로 대체되지만 발주회사 사정으로 그 금액이 지속적으로 증가하는 경우도 있습니다. 특히 조선업에서 유가하락 등으로 거래처의 재무상황이 악화되어 거액의 미청구공사 금액이 계약해지로 이어지는 경우가 그 예입니다. 실제로 2018년에 대우조선해양은 건조 중이던 선박 2척의 계약이 해지되어 4,957억원의 계약자산이 재고자산(재공품)으로 재분류된 사례가 있었습니다.

대우조선해양의 경우 2019년 반기 재무상태표(별도)에 계약자산을 3.1조원(자산총계의 26%), 계약부채 2.0조원(부채총계의 27%)을 계상하고 있어서 그 비중이 매우 높습니다. 또 현대건설은 2019년 반기 재무상태표(별도)에 미청구공사 1.8조원(자산총계의 15%)과 초과청구공사 0.9조원(부채총계의 15%)을 각각 유동자산과 유동부채로 계상하고 있습니다.

다음은 2018년과 2017년의 대우조선해양과 현대건설의 재무상태표(별도) 상 유동자산의 일부입니다. 대우조선해양은 2017년까지 사용하던 미청구공사 과목을 2018년부터 계약자산으로 변경한데 반해, 현대건설은 미청구공사 과목을 그대로 사용하고 있음을 알 수 있습니다.

대우조선해양 재무상태표

(단위 : 백만원)

	2018.12.31	2017.12.31
유동자산	7,328,629	6,566,789
:		
계약자산	4,349,897	
미청구공사		4,046,598

현대건설 재무상태표

(단위 : 백만원)

	2018.12.31	2017.12.31
유동자산	7,747,346	8,015,008
:		
미청구공사	1,802,990	2,120,485

다음은 대우조선해양의 2019년 반기 재무제표(별도) 주석에서 설명하는 계약자산과 계약부채의 내역입니다. 미청구공사와 초과청구공사가 계약자산과 계약부채의 대부분을 차지하고 있고, 또 외부에 공표되는 재무상태표에는 계약자산과 계약부채로 표시하지만 내부적으로는 여전히 미청구공사와 초과청구공사를 세부과목으로 사용하고 있음을 보여줍니다.

10. 계약자산과 계약부채

(1) 당반기말 및 전기말 현재 계약자산과 계약부채의 내역은 다음과 같습니다.

(단위 : 백만원)

구 분	2019.06.30	2018.12.31
계약자산		
미청구공사	3,065,502	4,445,022
손실충당금	(45)	(95,125)
합 계	3,065,457	4,349,897
계약부채		
초과청구공사	1,803,230	1,660,814
계약부채－선수금	236,653	214,533
합 계	2,039,883	1,875,347

(2) 계약자산과 계약부채의 유의적인 변동

회계정책의 변경으로 인하여 고객과의 계약에서 생기는 수익과 관련된 미청구공사 및 초과청구공사 금액이 계약자산 및 계약부채로 계정재분류 되었습니다. 당기에는 건설계약에 따른 수익인식에 따라 계약자산 및 계약부채가 변동하였습니다.

부외자산과 부외부채

부외자산(off-balance sheet assets)은 재무상태표에 계상되지 않은 자산을 말합니다. 모든 자산은 빠짐없이 재무상태표에 표시되어야 하지만 예외적으로 부외자산이 인정되는 경우가 있습니다. 예를 들면, 소모품이나 소모성 공구기구 등 그 금액이 중요하지 않은 경우에는 구입한 시점에 전부 소비된 것으로 가정(수익적 지출)하여 비용으로 처리할 수 있습니다. 따라서 비용으로 처리된 금액 중 미사용분은 부외자산이 됩니다. 또 내용연수가 모두 경과되어 감가상각이 완료된 유형자산을 아직 영업활동에 계속 사용하고 있을 경우에도 재무상태표에 나타나지 않는 부외자산이 됩니다.

부외부채(off-balance sheet liabilities)는 재무상태표에 계상되지 않은 부채를 뜻합니다. 그러나 모든 부채는 빠짐없이 재무상태표에 표시해야 하므로 어느 경우에도 부외부채는 인정될 수 없습니다. 부외부채는 금융기관에서 자금을 조달할 수 없는 기업이 사채(私債)를 이용하는 경우에 생길 수 있습니다. 이처럼 채권자가 드러나지 않는 사채시장에서 자금을 조달하게 되면 재무상태표에 부채를 나타내지 못하는 것은 물론 그에 대한 높은 이자비용도 계상하지 못해 손익계산서까지 크게 왜곡시키게 됩니다.

06
CHAPTER

자본
: 기업의 순자산

1. 자본은 어떻게 구분하는가

자본(equity)은 자산총액에서 부채총액을 차감한 금액으로 소유주인 주주에게 귀속될 **순자산**을 말합니다. 그래서 자본을 보통 **소유주지분** 또는 **주주지분**이라고 부릅니다. 또한 자본은 자산이나 부채와 달리 실체를 확인할 수 없고 자산에서 채권자지분인 부채를 차감해야만 그 금액을 측정할 수 있으므로 **잔여지분**이라고도 합니다.

자본을 크게 나누면 법정자본인 **자본금**과 자본금을 초과하는 순자산 즉 **잉여금**으로 나눌 수 있습니다. 그리고 잉여금은 다시 발생원천에 따라 주주와의 거래(자본거래)에서 발생한 **자본잉여금**과 경영활동의 결과(손익거래)로 발생한 **이익잉여금**으로 구분됩니다. 즉 자본잉여금이 많은 것은 주주들 덕분이고, 이익잉여금이 많은 것은 경영활동을 잘 해서 쌓인 금액입니다.

일반기업회계기준에서는 자본을 더 세분하여 자본금, 자본잉여금, 자본조정, 기타포괄손익누계액, 이익잉여금의 5가지로 나누고, K-IFRS에서는 납입자본, 기타자본구성요소, 이익잉여금의 3가지로 구분하고 있습니다. 자본항목은 발생원천별로 명확하게 이해하는 것이 중요하므로 일반기업회계기준을 중심으로 설명하기로 합니다. 일반기업회계기준의 5구분에 의한 자본항목을 알면 K-IFRS에서 채택하는 3구분도 쉽게 이해할 수 있기 때문입니다.

자본의 구분

<table>
<tr><th>2구분</th><th>3구분</th><th>5구분(일반기준)</th><th>3구분(K-IFRS)</th></tr>
<tr><td>자 본 금</td><td>자 본 금</td><td>자 본 금</td><td rowspan="2">납입자본</td></tr>
<tr><td rowspan="4">잉 여 금</td><td rowspan="2">자본잉여금</td><td>자본잉여금</td></tr>
<tr><td>자본조정</td><td rowspan="2">기타자본구성요소</td></tr>
<tr><td rowspan="2">이익잉여금</td><td>기타포괄손익누계액</td></tr>
<tr><td>이익잉여금</td><td>이익잉여금</td></tr>
</table>

자본은 나라마다 서로 다른 법률이나 정부의 규제를 받기 때문에 자본의 분류에 대하여 국제회계기준에서 구체적인 지침을 제시하지 않습니다. 이에 따라 우리나라 주요 상장기업들도 다음과 같이 다양하게 자본을 구분하고 있습니다. 그렇다면 삼성전자와 현대자동차에 공통으로 나타나는 기타자본항목은 같은 내용일까요, 서로 다른 내용일까요? 일반기업회계기준의 5구분을 이해하면 이런 차이를 쉽게 알 수 있습니다. 즉 삼성전자의 기타자본항목에는 자본조정과 기타포괄손익누계액이 포함되는 데 반해, 현대자동차의 기타자본항목은 자본조정만을 포함하고 있음을 알게 됩니다.

주요 기업의 자본 구분

삼성전자	현대자동차	포스코	대한항공	네이버
자본금 우선주자본금 보통주자본금 주식발행초과금 이익잉여금 기타자본항목	자본금 자본잉여금 기타자본항목 기타포괄손익누계액 이익잉여금	자본금 자본잉여금 신종자본증권 적립금 자기주식 이익잉여금	자본금 우선주자본금 보통주자본금 기타불입자본 기타자본구성요소 이익잉여금	자본금 자본잉여금 기타자본구성요소 이익잉여금

2. 자본금 : 보통주와 우선주

주식회사는 주식을 발행하여 자본을 조달합니다. 주식의 발행은 최초로 회사를 설립할 때는 물론 설립 후 추가로 자금을 조달할 필요가 있을 때에도 이루어지는데, 후자를 **증자**라고 합니다.

주식의 종류에는 보통주와 우선주가 있습니다. **보통주**는 주주총회에서 의결권을 행사함으로써 기업의 경영에 참가할 수 있는 주식이며, **우선주**는 의결권이 없는 대신 이익배당 등에 관한 권리가 보통주보다 우선권을 갖는 주식을 말합니다.

우선주는 우선권의 내용에 따라 배당우선주, 전환우선주, 상환우선주 등으로 구분할 수 있습니다. **배당우선주**는 보통주에 비해 이익배당에 우선권을 부여하는데, 우리나라의 경우 배당금을 1%p 더 주는 조건이 대부분입니다. **전환우선주**는 일정 기간이 경과한 후 보통주로 전환할 수 있는 권리가 주주에게 부여된 우선주입니다. 그리고 **상환우선주**는 발행회사가 미래 특정 시점에 약정한 가격으로 상환할 수 있는 우선주로서, 주로 벤처기업이 초기자본을 조달할 목적으로 활용됩니다. K-IFRS에 의하면 상환우선주 중 **주주가 상환청구권을 가진 경우**에는 자본이 아니라 부채로 분류하도록 규정하고 있습니다. 이처럼 상환우선주는 부채요소와 자본요소를 동시에 갖는 금융상품이므로 전환사채, 신주인수권부사채와 함께 **복합금융상품**으로 분류됩니다. 또 일정 기간이 지나면 상환을 받을 수도 있고 보통주로 전환도 가능하여 상환우선주와 전환우선주의 두 가지 성격을 모두 갖는 **상환전환우선주**도 있습니다.

자본금은 주주들이 회사에 실제로 납입한 주식대금 중 **액면금액**에 해당하는 부분입니다. 그러므로 자본금은 발행주식의 액면총액 즉 1주당 액면금액에 발생주식총수를 곱한 금액이며, 상법에 의하여 그 증감이 엄격하게 제한을 받는 법정자본금입니다.

자본금 = 1주당 액면금액 × 발행주식 총수

주식의 발행 : 액면발행 · 할증발행 · 할인발행

주식의 발행금액은 기업이 주식발행을 통해 실제로 조달한 자금을 의미하는데, 발행금액과 액면금액을 비교하여 사채처럼 액면발행, 할증발행, 할인발행으로 구분합니다. 자본금은 실제 발행금액과 상관없이 항상 액면금액으로 기록됩니다.

주식을 할증발행하게 되면 액면금액과의 차액은 **주식발행초과금**으로 처리하고 이를 **자본잉여금**으로 분류합니다. 할인발행할 경우의 차액은 **주식할인발행차금**으로 하여 **자본조정** 항목에 포함시키고, 자본에서 차감하는 형식으로 표시합니다. 주식발행과 관련하여 지출한 주식발행비도 사채발행비와 마찬가지로 발행금액에서 차감하므로 그 금액만큼 주식의 발행금액과 주식발행초과금은 작아지고 주식할인발행차금은 커집니다. 다만 주식의 할인발행은 특별한 사유가 인정되어 법원이 허가하는 때에만 가능하도록 상법에 규정하고 있어서(자본충실의 원칙) 할인발행은 거의 발생하지 않습니다. 다만 액면발행을 하더라도 주식발행비만큼 발행금액이 줄어들기 때문에 회계상으로는 할인발행과 같은 효과가 나타날 수 있습니다.

주식의 발행금액과 회계처리

구 분	과 목	분 류
액면발행	–	–
할증발행	주식발행초과금	자본잉여금
할인발행	주식할인발행차금	자본조정

삼성전자 주식의 액면금액은 100원입니다. 만약 주가가 50,000원일 때 삼성전자가 유상증자를 한다면 새로 발행하는 주식도 50,000원 가까운 금액으로 발행하게 됩니다. 실제로는 주식수 증가로 1주당 몫이 줄어들기 때문에 45,000원에 발행한다고 가정하면 주식발행초과금은 44,900원이 됩니다. 이에 따라 재무상태표에는 자본금 100원과 주식발행초과금 44,900원으로 표시됩니다. 액면금액 100원은 물론 주식발행초과금 44,900원도 주주들이 출자한 돈이므로 이 둘을 합해 **납입자본**이라고도 부릅니다. 또 주식발행초과금은 회사가 경영을 잘 해서 번 돈이 아니라 주주들이 출자한 돈이므로 자본잉여금으로 구분합니다.

우리나라 상법에 의하면 회사가 정관으로 정할 경우 **무액면주식**을 발행할 수도 있습니다. 다만 무액면주식을 발행하는 경우에는 액면주식은 발행할 수 없습니다. 상법에서 무액면주식의 발행을 허용함으로써 까다로운 할인발행 조건을 완화해주는 효과가 있고, 이에 따라 재무구조가 취약한 회사가 할인발행을 해서라도 자기자본을 확충할 수 있는 길이 열린 셈입니다. 무액면주식을 발행할 경우 자본금은 주식 발행가액 중 1/2 이상으로 하되, 이사회가 그 금액을 결정합니다. 예를 들어 무액면주식 1,000주를 발행하고 총 1,000,000원의 주금을 납입 받았다면 그 중 500,000원 이상의 금액을 자본금으로 하고 나머지는 주식발행초과금으로 처리하면 됩니다. 따라서 무액면주식을 발행하면 주식할인발행차금은 생길 여지가 없습니다.

3. 증자와 감자 : 유상과 무상

유상증자 : 순자산의 증가

기업은 필요에 따라 자본금을 늘리거나 줄일 경우가 있는데, 이를 증자와 감자라고 합니다. 그리고 증자는 다시 유상증자와 무상증자로 구분합니다. **유상증자**는 기업에 실질적으로 자금이 유입되고 자본금과 자본총액이 함께 증가하므로 **실질적 증자**라고도 합니다. 전환사채권자가 전환권을 행사하거나 신주인수권부사채권자가 신주인수권을 행사하는 경우에도 자본금과 자본총액이 증가하므로 유상증자에 해당합니다. 신주인수권부사채는 현금이 유입되므로 보통의 유상증자와 다를 바 없고, 전환사채의 경우 새로 현금이 유입되지는 않지만 그 대신 부채가 감소하여 자본금과 자본총액이 증가하게 됩니다. 유상증자는 실권을 막기 위해 현재 주가보다 약간 낮은 금액으로 발행가가 결정되지만 주식시장에서 호재로 작용하는 경우는 그다지 많지 않습니다. 특히 코스닥기업이 유상증자를 결정하면 시장에서는 회사가 자금이 부족하다는 시그널로 받아들이는 경향이 있어

주가가 하락하는 경우도 많습니다.

그럼 자본금 1,000,000원(1주당 액면금액 500원, 발행주식수 2,000주), 자본잉여금 500,000원인 회사가 주당 1,000원에 100% 유상증자를 실시할 경우 회사의 자본은 어떻게 달라질까요?

100% 유상증자란 구주 1주에 대하여 신주 1주를 발행한다는 의미로, 기존 발행주식수와 같은 2,000주를 추가로 발행하므로 자본금이 배로 늘어납니다. 자본총액은 2,000,000원(2,000주×1,000원) 늘어나고, 그 중 자본금과 주식발행초과금은 각각 1,000,000원(2,000주×500원)씩 증가합니다.

유상증자 전	
자본금 자본잉여금	1,000,000원 500,000원
자본총액	1,500,000원

➔

유상증자 후	
자본금 자본잉여금	2,000,000원 1,500,000원
자본총액	3,500,000원

회계뉴스

- 위기의 코스닥… 유상증자 나선 상장사 17개사 주가하락 (세계일보, 2019.12.08)
- 지난해 유상증자 코스피 8.2%, 코스닥 13.1% 감소, 2019년 발행회사 유상증자・무상증자 모두 감소 (뉴시스, 2020.01.21)

무상증자 : 공짜로 나눠주는 주식

무상증자는 자본잉여금이나 이익잉여금을 자본금으로 전입하면서 주주들에게 주식을 무상으로 나누어주는 것을 말합니다. 무상증자는 회사에 현금이 유입되지 않고, 잉여금이 감소하는 만큼 자본금이 증가하여 자본총액에는 변화가 없으므로 **형식적 증자**라고도 합니다. 무상증자의 재원인 자본잉여금이나 이익잉여금은 원래부터 주주의 몫이어서 무상증자는 왼쪽 호주머니에 있던 돈을 오른쪽 호주머니로 옮기는 것과 같습니다. 따라서 투자자는 무상증자를 받더라도 아무런 회계처리도 하지 않습니다. 다만 장부상으로 주식수만 늘려줍니다. 또 투자자 입장에서는 시황이 좋을 때는 권리락 시세가 금세 회복되어 무상증자가 호재로 작용할 수 있지만 하락장세에서는 주식수만 늘어날 뿐 전체 주식평가금액은 오히려 줄어드는 경우도 있습니다.

또 유상증자와 무상증자를 동시에 실시하는 경우도 있는데, 이를 **포괄증자**라고 부릅니다.

자본금 1,000,000원(1주당 액면금액 500원, 발행주식수 2,000주), 자본잉여금 4,000,000원인 회사가 신주 4,000주를 발행하여 200%의 무상증자를 실시할 경우 자본구조의 변화를 알아봅니다. 200% 무상증자이므로 구주 1주에 대하여 신주 2주를 교부하게 됩니다.

무상증자 전	
자본금 자본잉여금	1,000,000원 4,000,000원
자본총액	5,000,000원

➔

무상증자 후	
자본금 자본잉여금	3,000,000원 2,000,000원
자본총액	5,000,000원

회계뉴스

- 2019년 유상증자 전년대비 30.2% 감소 … 무상증자 47.4% 감소 (한국정경신문, 2020.01.21)
- '새해 선물' 무상증자 나선 상장사들 (이투데이, 2020.01.03)

유상감자 : 순자산의 감소

감자에도 유상감자와 무상감자가 있습니다. **유상감자**는 감자를 통하여 자본금이 감소하고 회사의 순자산 즉 자본총액도 실질적으로 감소하므로 **실질적 감자**라고도 하며, 주주들로부터 주식을 유상으로 취득하여 소각하는 경우가 이에 해당합니다. 이때 자본금 감소금액(액면금액)과 감자에 따른 대가 지급액이 차이나면, 그 차액을 감자차익 또는 감자차손으로 처리합니다. **감자차익**은 자본잉여금으로 구분하고, **감자차손**은 자본조정 항목으로 자본에서 차감해줍니다. 감자는 주주의 권리가 줄어들게 되므로 주주총회의 특별결의를 거치도록 상법에서 규정하고 있습니다.

자본금 2,000,000원(1주당 액면금액 500원, 발행주식수 4,000주), 자본잉여금 1,500,000원인 회사가 자사주 2,000주를 주당 700원에 매입하여 바로 소각했다면 자본의 구성은 어떻게 달라질까요?

자본이 감소하는 금액은 주주들에게 돌려준 금액 즉 자사주 매입대금 1,400,000원(2,000주×700원)입니다. 이 중 자본금은 액면금액인 1,000,000원(2,000주×500원)이 감소하고, 나머지 400,000원은 감자차손(자본조정)으로 자본에서 차감합니다.

유상감자 전	
자본금 자본잉여금	2,000,000원 1,500,000원
자본총액	3,500,000원

➔

유상감자 후	
자본금 자본잉여금 감자차손	1,000,000원 1,500,000원 (400,000원)
자본총액	2,100,000원

무상감자 : 대가 없는 주식수 감소

무상감자는 주식을 소각하면서 주주들에게 대가를 지급하지 않기 때문에 회사의 자본총액은 변동되지 않고 명목상으로만 자본금이 감소하므로 **형식적 감자**라고도 합니다. 무상감자는 보통 기업의 누적 결손이 많은 경우 이를 보전하기 위하여 실시합니다. 누적 결손이 있을 경우 이 결손을 모두 메꾸기 전에는 이익이 나더라도 배당을 할 수가 없으므로 무상감자를 통해서 결손금을 없애주는 것이 주주들에게 유리할 수도 있습니다. 그러므로 무상감자는 일종의 **자본의 구조조정**이라고 할 수 있습니다. IMF 외환위기 때 많은 금융기관들이 무상감자를 실시했는데, 5주를 1주로 주식을 병합하는 경우(80% 무상감자)도 있었고, 심지어 100% 무상감자 사례까지 있었습니다. 모든 주식이 휴지조각으로 바뀐 거지요.

자본금 2,000,000원(1주당 액면금액 500원, 발행주식수 4,000주), 미처리결손금 800,000원(40% 자본잠식)인 회사에서 결손을 보전하기 위하여 현재의 발행주식을 2주당 1주의 비율로 무상감자를 할 경우 자본의 구성이 어떻게 달라지는지 알아봅니다.

2주당 1주 비율의 무상감자는 곧 50% 감자에 해당하므로 자본금 2,000,000원이 절반으로 줄어들게 됩니다. 즉 1,000,000원의 자본금이 감소되고 미처리결손금 800,000원도 없어지면서 차액 200,000원은 감자차익이 됩니다. 이 감자차익은 진정한 의미의 이익이 아니라 결손금보다 더 많은 금액의 감자가 이루어진 탓이며, 주주들의 희생이 바탕이 된 것이므로 자본잉여금으로 분류합니다.

무상감자 전	
자본금 미처리결손금	2,000,000원 (800,000원)
자본총계	1,200,000원

➔

무상감자 후	
자본금 감자차익	1,000,000원 200,000원
자본총계	1,200,000원

기업의 결손이 누적되어 자본총액이 자본금보다 작은 상태를 **자본잠식**이라고 합니다. 자본이 잠식되었지만 일부 자본금이 남아있으면 부분 자본잠식, 자본금이 전혀 남아있지 않은 경우를 완전 자본잠식이라고 합니다. 완전 자본잠식은 부채가 자산보다 큰 회사 즉 깡통회사라는 뜻입니다.

부분 자본잠식	
자본금 결손금	1,000,000 (500,000)
자본총액	500,000

완전 자본잠식	
자본금 결손금	1,000,000 (1,300,000)
자본총액	(300,000)

유가증권시장 상장규정에 의하면 **기말** 현재 자본금이 **50% 이상** 잠식되면 관리종목으로 지정되고, 자본금 전액이 잠식되거나 관리종목 지정 후 다음 기말까지도 자본잠식률이 50% 이상이면 상장이 폐지됩니다. 코스닥시장에서는 **반기말** 또는 **기말** 현재 자본잠식률이 **50% 이상**이거나 자기자본이 **10억원 미만**인 경우 관리종목으로 지정되고, 관리종목 지정 후 다음 반기말 또는 기말까지도 같은 상황이 지속되면 상장이 폐지됩니다. 또 기말 현재 자본금이 **전액 잠식**된 경우에는 바로 상장폐지 됩니다.

회계뉴스

- 자본잠식 우려 상장사, 사업보고서 제출 앞두고 감자 등 정상화 안간힘 (서울경제TV, 2020.01.16)
- 증시도 감자 풍년 … 소액주주 '울상' (이투데이, 2020.04.21)
- "퇴출 피하자" … 한계기업 연말 유상증자 '봇물' (한국경제TV, 2019.12.26)

다음은 2014년에 상장폐지된 STX조선해양의 2013년말 연결재무상태표의 자본 부분입니다. 누적 결손금이 약 3.8조원이고, 자본총계가 약 마이너스 2.7조원으로 완전 자본잠식 상태를 보여주고 있습니다.

STX조선해양 부분 재무상태표

(단위 : 백만원)

	2013.12.31	2012.12.31	2011.12.31
자 본 금	126,671	214,365	199,075
자본잉여금	667,884	301,237	285,534
자 기 주 식		(6,736)	(6,736)
기 타 자 본	203,546	214,048	224,191
이익잉여금	(3,845,023)	11,872	683,028
비지배지분	180,037	580,039	791,565
자 본 총 계	(2,666,885)	1,314,825	2,176,657

지금까지 설명한 증자와 감자에 대한 내용을 요약하면 다음과 같습니다.

유 형		재무상태표 변화	사 례
증자 (자본금 증가)	유상증자	현금유입 ○ 자본총액 증가	주금납입
	무상증자	현금유입 × 자본총액 불변	자본전입 · 주식배당
감자 (자본금 감소)	유상감자	현금유출 ○ 자본총액 감소	매입소각 · 자사주매입
	무상감자	현금유출 × 자본총액 불변	결손보전

액면분할

액면분할은 주식의 액면금액을 일정 비율로 분할하여 주식수를 늘리는 것을 말합니다. 그래서 액면분할을 **주식분할**이라고도 부릅니다. 삼성전자가 2018년에 액면금액 5,000원의 주식을 주당 100원짜리로 1/50의 액면분할을 실시하여 주식수가 50배로 늘어난 것이 대표적인 사례입니다. 액면금액이 줄어든 대신 주식수가 늘어나므로 자본금 총액에는 아무런 변동이 없습니다. 따라서 액면분할은 기업의 재무상태표에 전혀 영향을 미치지 않습니다. 액면분할의 반대되는 개념으로 **액면병합**이 있습니다. 액면병합은 액면금액이 늘어나는 대신 주식수가 줄어들기 때문에 역시 자본금 총액에 아무런 변동도 없습니다. 참고로 2019년 1년 동안 유가증권시장과 코스닥시장에서 액면변경을 한 회사는 모두 41개 기업으로 그 중 액면분할이 32개사, 액면병합이 9개사였습니다.

삼성전자의 주가는 액면분할 전 250만원 대에서 분할 후에는 5만원 대로 낮아졌습니다. 이론상으로 액면분할은 기업에도 주주에게도 아무런 영향을 미치지 않습니다. 그럼에도 액면분할을 실시하는 이유는 유통주식수가 늘어나 소액투자자들의 접근성을 개선함으로써 주식 거래를 활성화시키는 긍정적인 효과가 있기 때문입니다. 실제로 총투자금액이 100만원인 투자자는 종전에는 삼성전자 주식을 1주도 살 수 없었지만, 분할 후에는 20주 내외의 주식을 살 수 있게 됐습니다. 그래서 액면분할이 되면 거래가 활성화되고 주가도 상승할 것으로 기대하지만 실제 효과는 그리 크지 않습니다. 주가는 결국 재료와 수급 그리고 실적에 의해 결정되기 때문입니다.

액면분할을 하면 주식수는 늘어도 자본총액이나 주주지분에 변화가 없다는 점에서 무상증자와 비슷한 점이 있지만 자본금과 잉여금에 미치는 영향은 서로 다릅니다.

다음에서 보는 바와 같이 액면 5,000원을 500원으로 분할하더라도(구주 1주를 신주 10주로 분할) 자본금은 물론 자본총액에도 아무런 변화가 없습니다.

액면분할 전	
자본금(5,000×1,000주) 잉여금	1,000,000 2,000,000
자본총액	3,000,000

➔

액면분할 후	
자본금(500×10,000주) 잉여금	1,000,000 2,000,000
자본총액	3,000,000

회계뉴스

- 액면분할의 저주? … 작년 주가 역주행 종목 87% (아시아경제, 2020.01.19)
- '액면분할=주가상승' 옛말 … 작년 상장사 65% 주가 '뚝' (헤럴드경제, 2020.01.08)

4. 자본잉여금 : 주주와의 거래에서 발생한 잉여금

자본잉여금은 자본거래에서 발생한 순자산의 증가금액을 말합니다. **자본거래**란 주주와의 거래 즉 증자와 감자를 의미합니다. 자본잉여금은 주주와의 거래에서 발생한 잉여금이므로 자본금과 함께 묶어 **납입자본**이라고 부른다고 했지요. 자본잉여금은 결손보전과 자본전입에만 사용할 수 있으며, 배당이나 상여금 지급 등으로 처분해서는 안 됩니다.

자본잉여금에는 주식발행초과금, 감자차익, 자기주식처분이익이 있습니다. 주식발행초과금과 감자차익이 증자 또는 감자로 발생한다는 설명은 앞에서 했으므로 여기서는 자기주식처분이익에 대해서 알아봅니다.

회사가 자신이 발행한 주식을 취득하는 경우 그 주식을 **자기주식**(treasury stock, 금고주) 또는 **자사주**라고 하며, 취득원가로 기록합니다. 자기주식의 취득은 곧 주주들에게 주식대금을 환급한 것이므로 유상감자에 해당합니다. 자기주식에 대해서는 의결권이 주어지지 않고 배당금도 지급되지 않습니다. 그러나 자기주식을 취득하더라도 그 주식을 소각하기 전까지는 자본금이 감소하는 것은 아니므로 보유하는 동안 **자본조정**에 차감항목으로 기재했다가 나중에 소각하거나 재매각하면서 제거해줍니다.

자기주식을 매각하면 현금이 유입되고 유통주식수가 다시 늘어나므로 유상증자(주식의 재발행)를 한 것과 같습니다. 그래서 **자기주식처분이익**이 발생하면 주식발행초과금처럼 자본잉여금으로 구분하고, **자기주식처분손실**은 주식할인발행차금과 같이 자본조정의 차감항목으로 처리합니다.

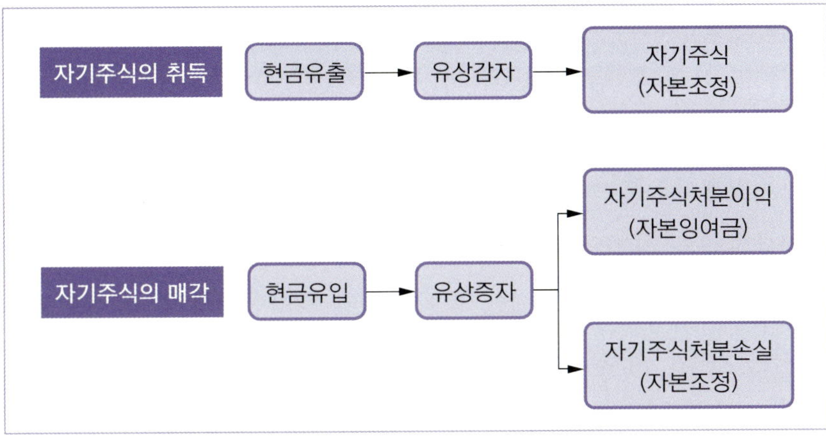

자기주식의 소각은 **주주총회 특별결의**로 감자절차를 밟아 자본금을 감소시키는 방법과 **이사회 결의**를 통해 잉여금을 처분하는 것처럼 이익잉여금과 상계하는 방법이 있습니다. 실무적으로는 대부분 후자의 방법을 사용하는데 이를 **이익소각**이라고 부릅니다. 이 방법에 따르면 자기주식의 장부금액과 동일한 금액의 이익잉여금이 감소하기 때문에 감자차익이나 감자차손은 발생하지 않습니다. 또 이익소각을 하게 되면 주식수가 감소함에도 불구하고 법정자본금은 그대로여서 발행주식의 액면총액과 납입자본금이 일치하지 않는 예외 사례가 됩니다.

주식발행초과금과 주식할인발행차금, 감자차익과 감자차손, 자기주식처분이익과 자기주식처분손실은 각각 서로 상계하고 남는 잔액만 재무상태표에 나타납니다. 상계 후에 주식발행초과금, 감자차익, 자기주식처분이익이 남게 되면 이미 설명한대로 자본잉여금에 포함시키고, 주식할인발행차금이 남게 되면 자본조정에 포함시켰다가 일정 기간(실무적으로 보통 3년)에 걸쳐 이익잉여금 처분을 통해 상각합니다. 또 상계 후 감자차손과 자기주식처분손실이 남는 경우에도 주주총회에서 결손금처리순서에 준하여 바로 상각처리합니다. 결국 주식할인발행차금은 늦어도 3년 이내에 상각되고, 감자차손과 자기주식처분손실은 차기초 주주총회에서 이익처분과 동시에 바로 소멸되므로 당기말 재무상태표에만 일시적으로 나타납니다.

자본잉여금 항목과 자본조정 항목의 상대 과목을 함께 비교하면 다음과 같습니다. 위에서 설명한 것처럼 상대 과목끼리 상계하므로 재무상태표에는 둘 중 하나만 나타납니다.

자본잉여금	자본조정
주식발행초과금	주식할인발행차금
감 자 차 익	감 자 차 손
자기주식처분이익	자기주식처분손실

5. 자본조정과 기타포괄손익누계액 : 기타자본구성요소

K-IFRS에 의하면 자본조정과 기타포괄손익누계액을 묶어 **기타자본구성요소**로 분류합니다. 그러나 이 둘의 성격은 전혀 다릅니다. 자본조정은 자본거래에서 발생하고, 기타포괄손익누계액은 손익거래에서 발생하기 때문입니다. 그래서 일반기업회계기준에서는 이 둘을 따로 구분합니다.

자본조정은 당해 항목의 성격상 주주와의 거래에 해당하지만 자본금 또는 자본잉여금으로 바로 분류할 수 없어 일시적으로 나타나는 **자본의 가감항목**입니다. 구체적으로 자본조정에는 다음과 같이 자본에 가산할 항목과 차감할 항목으로 구분됩니다. 이 중에서 주식할인발행차금, 감자차손, 자기주식처분손실은 이미 설명했고, 미교부주식배당금은 이익잉여금에서 따로 다루므로 여기서는 자기주식과 주식선택권에 대해서 알아봅니다.

종 류	가감	개 념
자 기 주 식	차감	자기주식을 매입했을 때 취득원가로 기록한 금액
주식할인발행차금	차감	주식을 액면금액 이하로 발행한 경우의 차액
감 자 차 손	차감	취득원가가 액면금액을 초과하는 자기주식을 소각할 경우의 차액
자기주식처분손실	차감	자기주식을 취득원가 이하로 매각하는 경우의 차액
주 식 선 택 권	가산	회사 임직원 등에게 주식선택권(stock option)을 부여한 금액
미교부주식배당금	가산	주주총회에서 주식배당을 결의하였으나 아직 주권을 교부하지 않은 금액

자기주식(자사주)

우리나라 상법에 의하면 합병으로 인한 경우 또는 회사의 권리실행을 위한 경우 등을 제외하고는 자기주식의 취득을 금하고 있으며, 예외적으로 취득하더라도 곧바로 소각하거나 매각하도록 하고 있습니다. 그러나 특별법인 자본시장법에서는 상장법인에 대해서 경영권 보호나 주가유지를 위한 목적 또는 임직원 등에게 상여금을 지급하기 위한 목적으로 자기주식의 취득을 폭넓게 허용하고 있습니다.

자기주식은 주가관리 목적으로 취득하는 경우가 대부분입니다. 자기주식 매입으로 유통주식수가 감소되면 주가상승을 기대할 수 있으므로 주가가 하락할 경우 소액주주들이 자사주 매입을 회사측에 요구하기도 합니다. 자기주식은 주가하락 시에 매입했다가 주가가 상승하면 매각함으로써 차익(자기주식처분이익)을 기대할 수도 있습니다.

자기주식을 취득하면 주당이익과 부채비율에도 영향을 미칩니다. 즉 자기주식에 대해서는 배당금을 지급하지 않으므로 주당이익을 계산할 때 분모의 주식수에서 제외시킵니다. 발행주식수에서 자기주식수를 차감한 주식을 **유통주식수**라고 합니다. 또 자기주식을 취득하면 유상으로 감자하는 효과가 있으므로 부채비율이 높아지고, 반대로 매각을 하면 유상증자 효과가 있어서 부채비율이 낮아집니다. 주당이익과 부채비율의 계산에 대해서는 나중에 따로 다룹니다.

다음은 2018년 삼성전자의 재무제표 주석(별도)에 나타난 기타자본항목의 내역입니다. 앞에서 본 것처럼 삼성전자는 자본을 자본금, 주식발행초과금, 이익잉여금과 기타자본항목의 넷으로 구분하고 있습니다. 따라서 삼성전자의 기타자본항목에는 자기주식과 기타포괄손익누계액이 포함됩니다. 우선 자기주식은 2017년말에 보유하고 있던 6,228,187백만원과 2018년에 추가로 취득한 875,111백만원의 합계금액 7,103,298백만원을 2018년 중에 전액 이익소각하였기 때문에(뒤에 나오는 삼성전자 이익잉여금처분계산서 참조) 당기말 현재 보유중인 금액은 없습니다. 그 밖의 4과목은 다음에 설명할 기타포괄손익누계액 항목들입니다.

23. **기타자본항목**

가. 보고기간종료일 현재 기타자본항목의 내역은 다음과 같습니다.

(단위 : 백만원)

구 분	당기말	전기말
자기주식	–	(6,228,187)
매도가능금융자산평가손익	–	169,423
기타포괄손익-공정가치금융자산평가손익	22,759	–
순확정급여부채 재측정요소	(651,981)	(362,000)
기 타	1,760,408	1,760,408
계	1,131,186	(4,660,356)

나. 회사는 주가안정 및 주주가치 증대를 위하여 기명식보통주식 및 무의결권우선주식을 취득하여 기타자본항목으로 계상하고 있습니다. 보고기간종료일 현재 자기주식의 내역은 다음과 같습니다.

(단위 : 주, 백만원)

	당기말		전기말	
	보통주	우선주	보통주	우선주
주식수	–	–	9,410,125	1,720,171
취득가액	–	–	5,560,506	667,681

회계뉴스

- 자사주 매입·배당확대로 주가 방어나선 상장사들 (머니투데이, 2020.03.04)
- '자사주 매입' 안 먹힌다… 주가방어 미미, 기관·外人 매도 기회로 활용 (한국경제, 2019.10.04)

주식선택권

주식선택권(stock option)은 **주식매수선택권**이라고도 부르며, 회사가 임직원들에게 동기부여를 위해 특별히 유리한 가격(행사가격)으로 회사의 주식을 구매할 수 있는 권리를 부여한 증서를 말합니다. 주식선택권을 가진 임직원들은 일정기간의 근무요건이나 또는 특정한 성과를 달성을 했을 때 권리를 행사할 수 있습니다. 임직원이 주식선택권을 행사하면 회사는 신주를 발행하거나 자사주를 매입하여 주식을 교부하게 됩니다. 이와 관련하여 회사는 임직원들이 미래에 행사할 권리의 대가를 추정하여 근무기간 동안의 비용으로 인식합니다. 이 비용을 **주식보상비용**이라 하고 급여의 한 형태가 됩니다. 참고로 임직원이 권리를 행사할 때 주식을 주지 않는 대신 주가와 행사가격의 차액을 현금으로 지급하는 방법도 있는데, 이때는 자본이 아니라 부채로 인식합니다.

주식선택권은 권리행사 여부가 임직원들의 의사에 달렸으므로 옵션이라는 용어를 사용합니다. 주식선택권은 주로 대기업에서 경영자나 핵심기술을 가진 직원을 대상으로 하지만, 자금사정이 어려워 급여를 많이 줄 수 없는 벤처기업에서 우수한 인재를 영입할 때도 활용됩니다.

주식선택권은 나중에 임직원들이 권리를 행사하면 늘어날 자본입니다. 그러므로 권리행사 전까지 자본조정의 가산항목에 포함시킵니다.

기타포괄손익누계액

자본잉여금이나 자본조정 또는 이익잉여금에도 포함되지 않는 자본항목으로 기타포괄손익누계액이 있습니다.

기타포괄손익누계액은 특정 자산이나 부채항목을 평가하는 과정에서 발생하는 **장기미실현손익**의 누계액입니다. 앞에서 공장부지의 시세가 오르면 이익은 생겼어도 그 돈을 바로 쓸 수는 없다던 예시를 기억하시나요? 즉 기타포괄손익은 손익거래 즉 경영활동의 결과로 발생한 이익이지만 단기간 내에 실현될 가능성이 없는 항목입니다. 따라서 장기미실현이익을 이익처분의 대상이 되는 이익잉여금에 포함시키지 않고 실현될 때까지 이연시키기 위해 기타포괄손익누계액이라는 별도의 자본항목으로 구분하여 표시합니다. 즉 당기 중 유무형자산에 대한 재평가이익이 발생하면 포괄손익계산서에 **기타포괄이익**으로 계상하는 한편, 이를 재무상태표의 기타포괄손익누계액에 **재평가잉여금** 과목으로 표시합니다. 재평가잉여금은 과거로부터 이월되어온 재평가이익의 누적금액을 나타내줍니다.

기타포괄손익누계액에 포함되는 항목으로는 유무형자산에 대한 재평가잉여금 외에도 기타포괄손익-공정가치측정금융자산의 평가손익, 확정급여제도의 재측정요소, 해외사업환산손익 등이 있습니다.

6. 이익잉여금 : 경영활동에서 발생한 잉여금

이익잉여금은 **손익거래** 즉 기업의 경영활동으로 발생한 순자산의 증가금액입니다. 이익잉여금은 매년 발생한 당기순이익 중 기업내부에 누적된 금액으로 **유보이익**이라고도 하며, 경영활동으로 얻은 잉여금이므로 원칙적으로 자유롭게 처분할 수 있습니다. 이익잉여금의 원천인 당기순이익은 수익과 비용의 차액으로서 손익계산서에서 산출된 금액입니다.

만일 경영활동의 결과 손실이 누적되면 **결손금**으로 처리합니다. 즉 당기순이익이나 당기순손실은 당해 연도에 발생한 금액이지만 이익잉여금 또는 결손금은 누적금액입니다.

이익잉여금은 다시 법정적립금, 임의적립금, 미처분이익잉여금으로 구분합니다.

법정적립금은 상법 등 각종 법령에 의하여 적립이 강제되는 적립금으로 이익준비금이 대표적인 예입니다. **이익준비금**은 상법에 의하여 기업이 매 결산기에 현금배당액의 1/10 이상을 자본금의 1/2에 달할 때까지 적립합니다. 이익준비금은 이익잉여금이지만 재무구조의 건전성과 채권자 보호를 위하여 강제로 적립하는 잉여금이므로 자본잉여금과 마찬가지로 결손보전과 자본전입 이외에는 사용할 수 없습니다.

임의적립금은 주주총회 결의로 특정한 목적을 위하여 임의로 적립하는 잉여금입니다. 임의적립금에는 신축적립금, 감채적립금, 사업확장적립금, 재무구조개선적립금, 배당평균적립금 등이 있습니다. 임의적립금은 기업이 임의로 적립한 것이기 때문에 나중에 해당 목적에 사용할 수 있는 것은 물론, 주주총회 결의로 다른 용도로 전용하거나 배당금 지급 자원으로 활용할 수도 있습니다.

직장에서 받는 급여는 자신이 번 돈이므로 자유롭게 사용할 수 있지만 일부 금액은 사용에 제한을 받기도 합니다. 법률에 의하여 급여 중 일정 금액을 국민연금에 강제로 가입하는 것이 그 예입니다.

그밖에 저축수단으로 적금이나 펀드에 가입하고, 위험에 대비하여 보험에 가입하면 그만큼 사용할 수 있는 금액이 줄어들게 됩니다. 여기서 국민연금이 법정적립금이라면 적금이나 보험에 가입하는 것은 자신이 결정한 것이므로 임의적립금에 해당합니다.

가끔 잉여금은 잔뜩 쌓아놓고 투자를 하지 않는다고 대기업들을 닦달하는 기사들을 볼 수 있습니다. 과연 잉여금으로 투자여력을 판단하는 것이 옳을까요? 아무리 많이 벌었어도 그 돈으로 벌써 공장을 지었거나 기계를 구입했다면 잉여금은 쌓였어도 쓸 돈은 없을 수도 있습니다. 쓸 돈이 많고 적음은 잉여금이 아니라 유동자산 중 현금및현금성자산과 단기투자자산 금액을 보고 판단해야 합니다.

아래 표는 삼성전자의 2018년 재무상태표(별도)에 계상된 유동자산과 이익잉여금의 일부 과목입니다. 이익잉여금 총액은 166조원이지만, 유동자산 총액은 80조원입니다. 그리고 유동자산 중에서도 당장 쓸 수 있는 돈은 현금및현금성자산과 단기금융상품을 합한 약 37조원 정도입니다.

삼성전자 재무상태표

(단위 : 백만원)

	2018.12.31	2017.12.31
유동자산	80,039,455	70,155,189
현금및현금성자산	2,607,957	2,763,768
단기금융상품	34,113,871	25,510,064
:		
자 본		
이익잉여금	166,555,532	150,928,724

7. 이익잉여금처분계산서와 자본변동표

이익잉여금의 처분은 전기로부터 이월된 미처분이익잉여금에 당기순이익을 가산한 금액 즉 **당기말 미처분이익잉여금**을 주주총회(12월 결산법인의 경우 3월 하순경 개최)에서 처분하는 절차입니다. 그러나 상법상 이익처분이 최종 확정되는 것은 주주총회이지만 실질적인 이익처분 내용은 그 이전에 이사회에서 결정됩니다. 이익처분은 구체적으로 ① 주식할인발행차금, 자기주식처분손실, 감자차손 등 자본조정 항목의 상각 ② 이익준비금과 임의적립금의 적립 ③ 배당 등으로 이루어집니다. 이 중 자본조정 항목의 상각과 이익준비금 등의 적립은 앞에서 설명했으므로 여기서는 배당에 대해서 알아봅니다.

배당 : 현금배당과 주식배당

상법에 의하면 이익배당의 형태로 현금배당, 주식배당과 현물배당의 3가지가 있습니다. 실제로는 현금배당이 가장 흔한 형태이고 주식배당을 하는 경우도 가끔 있습니다. 현금배당은 주주총회 결의일로부터 1개월 이내에 지급하므로 3월말 분기 재무상태표에 **미지급배당금**이라는 유동부채로 잠시 나타났다가 4월 중에 배당금을 지급하면서 소멸됩니다.

주식배당은 이익배당 총액의 1/2을 초과하지 못합니다. 주주총회에서 주식배당을 결의하면 **미교부주식배당금** 과목으로 처리하고, 주식을 발행하여 주주들에게 교부할 때 자본금 과목으로 대체됩니다.

그래서 미교부주식배당금 과목 역시 3월말 분기 재무상태표의 자본조정에 가산항목으로 잠시 나타났다가 주권을 교부하면서 소멸됩니다. 주식배당은 이익잉여금이 감소하는 대신 자본금이 늘어나므로 무상증자를 한 것과 같습니다. 또 주주들에게 배당을 하면서도 현금이 유출되지 않기 때문에 기업 입장에서는 그만큼 여유자금을 확보할 수 있습니다.

주주총회가 차기 초에 개최되므로 결산일 현재의 재무상태표 상 이익잉여금은 아직 이익처분 내용이 반영되지 않은 금액입니다. 구체적인 이익잉여금 처분과 결손금 처리내역은 **이익잉여금처분계산서** 또는 **결손금처리계산서**를 통해 확인할 수 있습니다. 이익잉여금처분계산서 또는 결손금처리계산서는 K-IFRS에서 요구하는 재무제표는 아니지만 금융감독원 전자공시시스템의 별도재무제표 마지막 부분에 공시하고 있고, 동일한 내용을 주석에서도 찾아볼 수 있습니다. 이익처분은 개별기업별로 이루어지기 때문에 연결재무제표에는 그 내용이 포함되지 않습니다.

다음은 2018년도 삼성전자의 이익잉여금처분계산서입니다. 우선 전기 배당금(주당 21,000원)은 액면분할을 하기 전이므로 주당배당금이 당기(주당 1,062원)와 차이가 큽니다. 또 잉여금 처분내역에 이익준비금이 보이지 않는 것은 법정한도인 자본금의 1/2을 이미 적립했기 때문이며, 이와 함께 앞에서 언급했던 자기주식의 이익소각 내역도 확인할 수 있습니다.

삼성전자 이익잉여금처분계산서

(단위 : 백만원)

과 목	2018년	
Ⅰ. 미처분이익잉여금		18,556,368
1. 전기이월이익잉여금	30	
2. 회계정책변경누적효과 등	58,324	
3. 분기배당금 당기 – 주당배당금(률) : 1,062원(1062%) 전기 – 주당배당금(률) : 21,000원(420%)	(7,213,815)	
4. 자기주식 소각	(7,103,298)	
5. 당기순이익	32,815,127	
Ⅱ. 임의적립금 등의 이입액		–
Ⅲ. 이익잉여금처분액		18,556,338
1. 기업합리화적립금	5,000,000	
2. 배당금 주당배당금(률) 당기 – 보통주 : 354원(354%) 우선주 : 355원(355%) 전기 – 보통주 : 21,500원(430%) 우선주 : 21,550원(431%)	2,405,428	
3. 연구및인력개발준비금	10,000,000	
4. 시설적립금	1,150,910	
Ⅳ. 차기이월미처분이익잉여금		30

회계뉴스

- 바이오株 잇단 주식배당 … 주주 달래고 재원도 확보 '일석이조' (이데일리, 2019.12.19)
- 실적 안 좋은데 주식배당 … 이런 기업은 조심해야 (한국경제, 2020.01.06)

배당성향 · 배당률 · 배당수익률

기업이 이익배당을 얼마나 하는지를 보여주는 지표로 배당성향, 배당률 그리고 배당수익률이 있습니다.

배당성향은 당기순이익 중에서 배당금이 차지하는 비율을 나타냅니다. 그래서 배당금을 당기순이익으로 나누거나 또는 주당배당금을 주당이익으로 나누어 계산합니다. 보통 우리나라 기업들이 배당 인심이 박하다고 얘기하는 것은 바로 이 배당수익률이 상대적으로 낮다는 의미입니다. Fn가이드(아래 첫째 뉴스 참조)에 따르면 2018년 결산 기준으로 1,000억원 이상 배당금을 지급하는 상장사 20곳의 배당성향은 22%라고 합니다. 또 한국투자증권 보고서(아래 둘째 뉴스 참조)에 의하면 2002년부터 2019년 7월까지 미국 S&P500의 평균 배당성향은 47.7%인데 반해, 코스피의 경우 19.2%에 그쳤다고 합니다.

그렇다고 배당성향 만으로 배당금을 많이 주는 회사라고 판단할 수는 없습니다. 배당수익률 70.7%로 위에 언급한 20개 기업 중 1위를 차지한 현대자동차는 전년도 대비 배당수익률이 2.6배나 높아졌지만 4,000원의 주당배당금은 전년도와 동일합니다. 그럼에도 배당수익률이 급등한 이유는 바로 분모(주당이익)가 줄어든 때문이지요. 현대자동차의 2018년도 이익은 전년 대비 약 40% 감소했습니다.

회계뉴스

- 불확실한 대내외 환경에 주목받는 '미국 배당주', (시사저널e, 2019.08.22)
- 국내 기업 배당성향 평균 16.75% … 주요 51개국 중 꼴찌 (브릿지경제, 2015.06.02)
- 저금리시대 '두자릿수 배당수익률' 기업은, 지난해 한기평 14.3%로 1위 웅진씽크빅 11.9%로 2위 (헤럴드경제, 2020.02.12)

배당률은 주당배당금을 액면금액으로 나눈 비율로 이익잉여금처분계산서에 표시됩니다. 그럼 삼성전자의 배당률은 얼마나 될까요? 바로 앞에서 제시했던 삼성전자의 2018년도 이익잉여금처분계산서에 나타나는 보통주의 기말 배당률은 354%에 중간배당 1,062%까지 합하면 무려 1,416%에 이릅니다. 액면금액은 100원인데 주당 1,416원의 배당금을 지급했기 때문입니다. 배당률이 1,416%나 됐으니 그럼 주주들은 떼돈을 번 걸까요?

배당을 받을 목적으로 2017년 12월에 삼성전자 주식을 50,000원에 샀다고 가정하면 이 금액이 바로 투자금액이 됩니다. 즉 50,000원을 투자해서 1년간 배당금으로 1,416원을 받았기 때문에 투자이익률은 2.83%로 계산됩니다. 금리수준과 비교해서 결코 낮지 않지만 그렇다고 떼돈까지는 아닌 셈입니다. 실제로는 현재 시점의 투자금액에 해당하는 **현재 주가**와 **지난 1년간의 주당배당금**을 비교하여 배당으로 인한 투자이익률을 산출하는데, 이를 **배당수익률** 또는 **시가배당률**이라고 합니다.

$$\text{배당성향(\%)} = \frac{\text{주당배당금(배당금총액)}}{\text{주당이익(당기순이익)}} \times 100$$

$$\text{배당률(\%)} = \frac{\text{주당배당금}}{\text{주당액면금액}} \times 100$$

$$\text{배당수익률(\%)} = \frac{\text{주당배당금}}{\text{주가}} \times 100$$

중간배당

최근에는 결산배당 외에 중간배당을 실시하는 상장기업이 늘어나고 있습니다. 중간배당은 주주 중심의 경영문화 정착에 기여하고, 투자자들의 단기투자 관행을 배당위주 투자로 개선하는 효과가 있는 것으로 알려지고 있습니다. 중간배당은 연 1회 실시하는 경우가 대부분이지만 삼성전자, 포스코, 쌍용양회 등은 분기배당도 실시하고 있습니다. 참고로 앞에서 언급했던 한국투자증권 보고서에 따르면 코스피 상장기업 중 2018년에 분기배당을 한 회사는 1.3%에 그쳤지만, 미국 S&P500의 경우에는 80.1%에 이르고 매월 배당을 실시한 기업도 44개나 되었다고 합니다.

결산배당은 주주총회 결의사항이고 현금배당 이외에 주식배당도 가능하지만, 중간배당은 이사회 결의로 가능하며 현금배당만 할 수 있습니다.

회계뉴스

- 연 최고 6.3% … 9월 중간배당하는 기업 어디? 초저금리 시대엔 배당주가 '최애' (머니투데이, 2019.09.25)

결손금의 처리

미처리결손금이 있는 경우에는 이익잉여금처분계산서 대신에 **결손금처리계산서**를 작성합니다. 결손금은 주주총회의 결의를 통해 임의적립금, 법정적립금, 자본잉여금의 순서로 보전하며, 이들 잉여금으로 보전하고도 남는 금액은 당기말 미처리결손금으로 차기 이월됩니다.

미처리결손금이 계속 누적되어 자본을 잠식할 정도로 커지면 감자를 통해 자본을 구조조정하거나 영구채 발행 등을 통해 자본을 보강하게 됩니다.

다음은 대우조선해양의 2018년 재무제표 주석에서 설명하는 미처리결손금계산서인데, 지면 관계상 당기분만 표시하였습니다. 전기로부터 이월된 약 4조원의 미처리결손금이 당기순이익의 발생 등으로 약 1조원이 감소되어 당기말 미처리결손금은 약 3조원입니다. 참고로 **임의적립금이입액**은 임의적립금을 헐어서 결손보전에 사용했다는 의미입니다.

대우조선해양 결손금처리계산서

(단위 : 백만원)

과 목	2018년	
Ⅰ. 미처리결손금		(3,079,566)
1. 전기이월미처리결손금	(4,057,257)	
2. 회계정책변경의 효과	63,923	
3. 순확정급여제도재측정요소	(31,192)	
4. 재평가잉여금 재분류	705	
5. 기타포괄손익-공정가치금융자산평가손익	(1,854)	
6. 신종자본증권 이자	-	
7. 당기순이익	946,109	
Ⅱ. 결손금처리액		20,000
1. 임의적립금 이입액	20,000	
(1) 연구및인력개발준비금	20,000	
2. 자본잉여금 이입액	-	
(1) 주식발행초과금	-	
Ⅲ. 차기이월미처리결손금		(3,059,566)

자본변동표

자본변동표(statement of changes in equity)는 재무상태표, 손익계산서, 현금흐름표와 함께 기본 재무제표의 하나로서 한 회계기간 동안 자본의 변동에 관한 정보를 제공합니다. 구체적으로 자본을 구성하는 자본금, 자본잉여금, 자본조정, 기타포괄손익누계액, 이익잉여금(또는 결손금)의 변동에 대한 포괄적인 정보를 제공해줍니다.

자본변동표는 특히 다른 재무제표와의 연계성이 높아서 정보이용자들로 하여금 재무제표 간의 상호관계를 이해하는데 유용한 정보를 제공합니다. 자본의 기초잔액과 기말잔액을 모두 표시함으로써 기초와 기말의 재무상태표와 연결되고, 포괄손익계산서 상의 당기순이익과 기타포괄손익의 증감이 서로 연결되는 것은 물론 현금흐름표에 나타나는 당기순이익 그리고 증자나 감자 금액과도 상호 관련이 있습니다. 앞에서 삼성전자를 예로 들어 설명했던 자기주식의 소각금액도 자본변동표와 이익잉여금처분계산서에서 함께 확인할 수 있습니다.

다음은 삼성전자의 2018년 자본변동표(별도)입니다. 삼성전자는 3년 비교재무제표를 작성하고 있지만 지면관계상 2년분만 제시합니다.

삼성전자 자본변동표

제50기 2018.01.01부터 2018.12.31까지
제49기 2017.01.01부터 2017.12.31까지

(단위 : 백만원)

		자 본				
		자본금	주식발행초과금	이익잉여금	기타 자본항목	자본 합계
2017.01.01 (기초자본)		897,514	4,403,893	140,747,574	(8,502,219)	137,546,762
회계정책변경누적효과						
수정후 기초자본		897,514	4,403,893	140,747,574	(8,502,219)	137,546,762
자본의 변동	당기순이익(손실)			28,800,837		28,800,837
	매도가능금융자산평가손익				(30,226)	(30,226)
	기타포괄손익 －공정가치금융자산 평가손익					
	순확정급여자산 재측정요소				349,950	349,950
	배당			(6,747,124)		(6,747,124)
	자기주식의 취득				(8,350,424)	(8,350,424)
	자기주식의 소각			(11,872,563)	11,872,563	
2017.12.31 (기말자본)		897,514	4,403,893	150,928,724	(4,660,356)	151,569,775
2018.01.01 (기초자본)		897,514	4,403,893	150,928,724	(4,660,356)	151,569,775
회계정책변경누적효과				61,021	(61,021)	
수정후 기초자본		897,514	4,403,893	150,989,745	(4,721,377)	151,569,775
자본의 변동	당기순이익(손실)			32,815,127		32,815,127
	매도가능금융자산 평가손익					
	기타포괄손익 －공정가치금융자산 평가손익			(2,697)	(85,643)	(88,340)
	순확정급여자산 재측정요소				(289,981)	(289,981)
	배당			(10,143,345)		(10,143,345)
	자기주식의 취득				(875,111)	(875,111)
	자기주식의 소각			(7,103,298)	7,103,298	
2018.12.31 (기말자본)		897,514	4,403,893	166,555,532	1,131,186	172,988,125

07

CHAPTER

손익계산서
: 재무성과표

1. 매출수익은 왜 중요한가

매출액은 기업이 일정 기간 동안에 고객에게 상품이나 제품을 판매하거나 용역을 제공하고 그 대가로 받은 금액을 말합니다. 기업에서 영업활동의 궁극적인 목표는 이익의 획득이지만, 이를 달성하기 위해서는 매출의 증대가 일차적인 과제가 됩니다. 매출액을 흔히 **외형**이라고 부르는데 일반기업의 경우 제품이나 상품의 매출액이 이에 해당되며, 은행과 같은 금융업의 경우에는 대출금에 대한 이자수익이나 수수료수익이 외형이 됩니다. 또 건설업의 공사수익, 회계법인이나 법무법인의 수수료수익, 학원의 수강료수익, 공연장의 입장료수익이 모두 외형에 해당됩니다. 매출액 비중에 따라 업종의 구분도 달라지는데 일반적으로 상품매출액 비중이 50%를 넘으면 도소매업, 제품매출액이 50% 이상이면 제조업, 용역매출이 절반 이상이면 서비스업으로 분류합니다.

매출액은 기업의 규모를 파악하는 대표적인 지표로 사용됩니다. 우리나라 100대 기업이나 500대 기업은 물론 세계 기업 순위도 매출액을 기준으로 선정합니다. 또 대기업과 중견기업 또는 중소기업을 구분하는 기준이 되고, 외부감사 대상기업(직전연도 매출액이 500억원 이상)의 판단기준으로 사용되기도 합니다. 매출액이 일정액에 미달할 경우(유가증권시장 50억원, 코스닥시장 30억원) 증권시장에서 관리종목으로 지정되거나 퇴출기준이 되기도 합니다. 또한 매출액증가율은 기업의 성장성을 판단하는 가장 중요한 지표로 이용됩니다.

다음은 우리나라 주요기업들의 2018년도 연결재무제표 기준 외형과 영업이익을 비교한 자료입니다. 업종이 다르면 외형과 영업이익을 단순 비교하는 것은 의미가 없음을 알 수 있습니다. 금융업인 KB금융의 외형은 이자수익과 수수료수익의 합계금액이고, 서비스업종인 네이버는 손익계산서 상의 영업수익입니다. 참고로 기업의 총투자액이라고 할 수 있는 자산총액도 함께 비교해보았습니다. KB금융은 고객과의 거래로 발생하는 예금과 대출금이 자산과 부채에 포함되므로 자산총액 규모가 상대적으로 큽니다.

주요기업 외형과 영업이익 비교

(단위 : 조원)

	포스코	삼성물산	KB금융	네이버
매 출 액	65.0	31.1	11.1	5.6
영업이익	5.5	1.1	4.3	0.9
자산총액	78.2	42.4	479.6	9.9

매출액은 부가가치세, 이연수익, 반품, 판매장려금 및 가격할인액을 차감한 후의 순액으로 인식합니다. 부가가치세는 세무서에 납부해야 할 세금이므로 예수금이라는 부채로 처리해야 한다고 배웠지요. 특히 주류나 담배의 경우 매출액의 대부분을 차지하는 주세나 담배세도 모두 예수금으로 처리됩니다. 보너스포인트와 같은 이연수

익도 향후 재화나 용역을 제공해야 할 부채이므로 매출액에서 차감합니다. 또 반품금액은 물론이고 판매실적에 따라 부여하는 장려금 지급이나 가격할인 혜택도 매출액을 감소시키는 항목입니다.

2. 수익의 인식기준 : 인도기준과 진행기준

수익과 비용은 발생주의에 따라 인식하되, 수익과 관련된 비용을 대응시켜야 합니다. 즉 특정 거래와 관련하여 발생한 수익과 비용은 동일한 회계기간에 함께 인식합니다. 따라서 관련 비용을 신뢰성 있게 측정할 수 없을 경우에는 수익으로 인식해서는 안 되고, 대신 재화판매나 용역의 대가로 미리 받은 부채(계약부채, 선수금)로 인식합니다.

2018년부터 시행되고 있는 K-IFRS '고객과의 계약에서 생기는 수익' 기준서는 종전에 일반매출과 건설계약에 대해 서로 다른 기준을 적용하던 것과 달리 모든 유형의 수익인식에 공통으로 적용됩니다. 이 기준서에 따르면 수익을 계약의 식별, 수행의무의 식별, 거래가격의 산정, 거래가격의 배분, 수익의 인식 등 5단계로 나누어 인식하도록 정하고 있습니다.

전통적인 수익의 인식기준으로 인도기준과 진행기준이 있습니다. 상품이나 제품을 판매하는 회사는 일반적으로 재화를 인도하는 시점에 수익을 인식하는데, 이를 **인도기준** 또는 판매기준이라고 합니다. 판매가 이루어지는 시점에 수익금액이 확정되고, 수익과 관련된 비용 즉 매출원가도 확정시킬 수 있기 때문입니다. 즉 대부분의 재화는 인도시점에 위에서 설명한 수익인식의 5단계가 동시에 마무리됩니다.

공사를 수주한 건설회사의 공사수익이나 학원의 수강료 또는 공연장의 입장료수익처럼 용역의 제공이 점진적, 연속적으로 이루어질 경우에는 용역을 얼마나 제공했는지 그 진행 정도에 따라 수익을 인식하는데 이를 **진행기준**이라고 합니다. 진행기준은 수익 획득과정의 진행 정도 즉 거래의 진행률에 따라 기간별로 수익을 인식함으로써 발생주의 회계에 보다 충실하고 거래형식보다 경제적 실질을 반영하는 방법입니다. 건설업이나 조선업에서의 진행률은 보통 현재까지 발생한 누적원가와 투입될 총추정원가를 비교하여 산출합니다.

결합상품판매

재화의 판매와 용역을 함께 제공하는 **결합상품판매**의 경우에는 수행의무별로 따로 구분하여 수익을 인식합니다. 예를 들면, 휴대폰을 판매하면서 2년간 통신서비스를 제공하거나 정수기를 판매하고 3년간 정기적으로 필터 교환과 청소를 해주는 조건 등이 이에 해당합니다. 일례로 월 60원씩 24개월 약정으로 1,440원(60원×24)의 통신서비스를 제공하기로 하고 고객에게 1,000원짜리 휴대폰을 240원 할인하여 판매했다고 가정해봅니다. 이 계약은 휴대폰의 인도와 통신서비스 제공이라는 두 가지 수행의무가 포함된 결합상품판매에 해당합니다. 거래가격 2,200원(1,440원+760원)을 수행의무별로 배분하면 휴대폰 판매금액은 902원(2,200원×1,000원/2,440원)이 되고, 2년 간 통신서비스 대금은 나머지 금액 1,298원이 됩니다. 따라서 휴대폰 판매금액은 인도시점에 902원을 수익으로 인식하고, 통신서비스 대가 1,298원은 진행기준으로 매월 54원씩 수익을 인식합니다.

반품조건부판매

반품조건부판매는 구매자에게 일정 기한을 정하여 반품할 수 있는 권리를 부여하고 판매하는 형태입니다. 과거의 경험에 의하여 반품률을 합리적으로 추정할 수 있는 경우에는 전액을 매출채권으로 인식하되, 반품예상액을 제외한 부분에 대해서만 매출수익으로 인식하고 반품이 예상되는 금액은 **환불부채** 또는 **계약부채**로 처리합니다. 반면에 반품률을 합리적으로 추정할 수 없는 경우에는 재화를 인도한 시점이 아니라 반품기간이 만료된 시점에 가서 매출수익을 인식합니다.

할부판매

재화를 할부조건으로 매출한 경우의 매출수익 인식은 일반매출과 동일합니다. 즉 인도기준으로 수익을 인식하면 됩니다. 다만 1년을 초과하는 장기할부매출을 하면 그 채권금액에 포함된 이자를 현재가치할인차금으로 인식하고, 매년 유효이자율법으로 상각합니다.

위탁판매

서점에 진열된 책들은 누구의 소유일까요? 서점이 직접 구입한 책도 일부 있지만 대부분은 출판사가 팔아달라고 맡겨놓은 책입니다.

따라서 진열장에 놓인 대부분의 책은 서점의 재고가 아니라 출판사 재고입니다. 이러한 판매형태를 **위탁판매**라고 하는데 출판사를 위탁자라 하고 서점을 수탁자라고 합니다. 그럼 출판사는 언제 수익으로 인식할까요? 서점에 책을 출고한 날이 아니라 서점 즉 수탁자가 고객에게 판매한 날에 수익으로 인식합니다. 서점에서 아직 팔리지 않고 남아있는 책은 당연히 출판사 재고(제3자 보관 재고)입니다. 그리고 수탁자는 자신의 재화를 판매한 것이 아니므로 서적판매 대금 총액이 아니라 판매수수료만을 자신의 수익으로 인식합니다. 이처럼 수수료만을 수익으로 인식하는 예로는 매장임대 형태로 영업이 이루어지는 백화점이나 수출업무를 대행하는 종합상사 그리고 인터넷 쇼핑몰 운영회사 등이 있습니다.

부문별매출

K-IFRS에 의하면 부문별 매출액, 이익, 자산 중 어느 하나라도 회사 전체 합계금액의 10% 이상을 차지하는 영업부문은 부문별 정보를 주석으로 공시하여야 합니다. 정보이용자 입장에서는 기업의 **부문별 보고**를 활용함으로써 기업의 수익성 판단과 미래예측에 필요한 정보를 얻을 수 있습니다.

다음은 다양한 부문을 보유하고 있는 삼성물산의 정보입니다. 2018년 연결재무제표 주석에서 설명하고 있는 부문별·지역별 매출액 자료를 바탕으로 각 부문이 차지하는 비중도 함께 계산해보았습니다. 매출은 상사 부문이 가장 높은 45.3%를 차지하지만 영업이익은 70%가 건설부문에서 발생하고 있음을 알 수 있습니다.

삼성물산 부문별 보고

(단위 : 백만원)

부문별	건설	상사	패션	리조트	식음	바이오	합계
매 출 (%)	12,119 (38.9)	14,113 (45.3)	1,759 (5.6)	690 (2.2)	1,934 (6.2)	541 (1.7)	31,156 (100.0)
영업이익 (%)	773 (70.0)	146 (13.2)	25 (2.3)	41 (3.7)	106 (9.6)	13 (1.2)	1,104 (100.0)
영업이익률(%)	6.4	1.0	1.4	5.9	5.5	2.4	3.5

지역별	국내	아시아	유럽	미주	계
매 출 (%)	21,273 (68.3)	7,206 (23.1)	941 (3.0)	1,736 (5.6)	31,156 (100.0)

참고로 호텔신라(연결)의 부문별 보고에 의하면 호텔과 레저부문 매출액은 10% 정도에 그치고, 90% 가까운 대부분의 매출은 면세점 사업에서 창출되고 있음을 알 수 있습니다. 또 삼성전자(연결)의 2019년 반기 매출액이 전반기 대비 약 9% 감소했는데, 그 중 가장 큰 이유가 반도체 부문 매출액이 28% 넘게 감소한데 따른 결과임을 부문별 정보를 통해 확인할 수 있습니다.

3. 매출원가와 매출총이익

재고자산에서 다룬 바 있는 **매출원가**는 매출수익에 직접 대응되는 비용으로서, 일정 기간 동안 **판매한 상품의 원가**를 말합니다. 구체적으로 매출원가는 다음과 같이 당기 상품매입액 또는 당기제품제조원가에 기초와 기말재고를 가감하여 계산합니다.

판매업의 매출원가 = 기초상품 재고액 + **당기상품매입액** − 기말상품 재고액
제조업의 매출원가 = 기초제품 재고액 + **당기제품제조원가** − 기말제품 재고액

당기제품제조원가는 당기에 생산한 제품의 제조원가를 의미합니다. 제품 생산을 위하여 소비한 재료비, 노무비, 제조간접비의 금액 그리고 완성된 제품의 제조원가에 관한 정보는 **제조원가명세서**를 통해 확인할 수 있습니다. 그러나 K-IFRS가 도입되면서 예전과 달리 제조원가명세서가 공시 범위에서 제외됨으로써 상세한 제조원가 내역을 알 수 없는 점이 아쉽습니다.

매출원가의 구체적인 내역은 '비용의 성격별 분류'와 '판매관리비' 주석을 통해 확인할 수 있습니다. 삼성전자를 예로 들면, 2018년 손익계산서(별도) 상의 매출원가는 101.7조원입니다. 이 매출원가는 주석24의 비용의 성격별 분류에 나타나는 비용의 합계금액 126.7조원에서 주석25의 판매관리비 합계금액 25.0조원을 차감한 금액입니다. 또 매출원가를 구성하는 급여나 감가상각비 등 구체적인 비용항목도 마찬가지로 성격별 분류의 비용 합계금액에서 판매관리비를 차감하면 계산할 수 있습니다. 다만 성격별 분류에 나타나는 비용과목과 판매관리비에 포함되는 비용과목의 명칭이 일치하지 않을 경우에는 분해할 수 없습니다.

원가와 비용

원가와 비용은 언뜻 비슷해 보이지만 서로 다른 개념입니다. 원가가 자산을 **취득**하면서 지출한 대가라면 비용은 그 자산을 **소비**함으로써 발생합니다. 사용기간에 걸쳐 유형자산의 원가를 감가상각비로 인식하고, 재고자산 중 팔린 금액을 매출원가로 처리하는 것이 그 예입니다. 즉 상품 1,000원어치를 매입하고 그 중 700원어치를 판매하였다면 원가(재고자산)는 1,000원이고, 팔린 상품의 원가 700원만 비용(매출원가)이 됩니다.

제조회사가 매입한 재료는 생산과정이 추가되므로 상품과 차이가 있습니다. 매입한 재료는 먼저 재고자산으로 처리했다가 공정에 투입되면서 재료비로 바뀌고 재공품(가공 중인 자산)에 포함됩니다. 그리고 제품이 완성되고 판매가 이루어진 다음에 매출원가로 대체됩니다. 즉 재료는 소비가 되더라도 판매되기 전까지는 재공품과 제품을 구성하는 원가이므로 비용이 아닙니다. 그래서 재료비 대신 **재료원가**로 부르기도 합니다.

재료의 매입 (재료)	재료비 ➔	원가의 변형 (재공품)	➔	원가의 변형 (제품)	➔	원가의 소비 (매출원가)
(자산)		(자산)		(자산)		(비용)

그럼 감가상각비는 어떻게 다를까요? 감가상각비는 공장과 본사에서 동시에 발생하는 비용이므로 발생장소별로 따로 집계하여야 합니다. 즉 공장에서 발생하는 감가상각비는 재료비와 마찬가지로 원가에 포함시켰다가 제품의 판매시점에 매출원가로 대체하면 됩니다. 이에 반해 본사의 감가상각비는 제품 생산과 무관하므로 바로 판매관리비로 처리하는데, 이처럼 원가와 비용의 인식이 동시에 이루어지는 비용으로는 본사 임직원에 대한 급여나 광고선전비 등이 있습니다.

위 내용을 구체적인 수치로 설명해보지요. 만약 공장과 본사의 감가상각비가 각각 10,000원과 2,000원이고, 공장 감가상각비 중 재공품과 제품으로 남아있는 금액이 2,500원이라면 비용으로 처리된 감가상각비의 합계금액은 9,500원(7,500원+2,000원)입니다. 이 9,500원은 비용의 성격별 분류 주석에 나타나는 감가상각비이고, 판매관리비 주석에 나타나는 감가상각비는 2,000원입니다. 그래서 이 둘의 차이가 매출원가에 포함된 금액(7,500원)이라고 설명했지요. 다시 요약하면 이 회사의 감가상각비 총액 12,000원 중 7,500원은 매출원가로, 2,000원은 판매관리비로 처리되고 나머지 2,500원은 재고자산으로 남아있습니다.

매출총이익

매출액에서 매출원가를 차감하여 매출총이익을 산출합니다. 이 **매출총이익**은 도소매업의 경우에는 판매마진이고, 제조업의 경우에는 생산마진에 해당합니다. 반면에 용역을 제공하는 서비스업이나 금융업의 경우에는 재화를 판매하지 않기 때문에 매출총이익을 따로 표시하지 않습니다.

매출총이익은 기업의 영업활동 중 가장 중요한 판매활동의 결과이며, 이익개념의 출발점이 됩니다. 어떤 기업의 '사업성이 좋다', '훌륭한 사업 아이템이다'라고 평가하는 것은 매출액 대비 매출총이익의 비율(매출총이익률)이 높아 수익성이 상대적으로 양호하다는 의미입니다. 흔히 술이나 커피, 음료 등 속칭 '물장사'가 많이 남는 장사라고 하는 말도 매출총이익률이 높다는 뜻이지요. 이 매출총이익률은 매출원가율의 상대개념이 됩니다.

4. 판매관리비와 영업이익

매출원가가 공장에서 발생한 영업비용이라면 판매관리비는 본사에서 발생한 영업비용에 해당합니다. 그래서 앞의 삼성전자 예에서 본 것처럼 전체 영업비용 합계에서 매출원가를 차감한 금액이 곧 판매관리비가 됩니다.

판매관리비 중 **판매비**는 광고선전비나 판매촉진비처럼 주로 영업부서에서 발생하는 비용이고, **관리비**는 기획실이나 인사부 등 경영활동 전반을 지원하는 부서에서 발생하는 비용입니다. 그러나 실무적으로 판매활동과 관리활동을 명확하게 구분하기가 쉽지 않으므로 '**판매비와관리비**'로 함께 묶는 것이 보통이고, 이 책에서는 판매관리비로 줄여 사용하고 있습니다.

K-IFRS에서는 영업비용을 기능별 또는 성격별로 분류하되, 기업이 손익계산서에서 기능별 분류를 선택한 경우에는 주석에서 성격별 분류 결과를 함께 공시하도록 하고 있습니다. **기능별 분류**가 제조활동, 판매활동 등으로 구분하는 활동별 분류라면 **성격별 분류**는 비용의 요소별(항목별) 분류에 해당합니다. 매출원가는 판매활동과 관련된 비용이므로 손익계산서에 매출원가와 매출총이익이 나타나면 곧 기능별로 분류하는 회사로 판단할 수 있습니다. 실제로 대부분의 회사들이 비용을 기능별로 분류하고 있어서 주석을 통해 성격별 분류 내역을 설명하고 있습니다.

구체적인 판매관리비 항목으로는 급여, 퇴직급여, 복리후생비, 여비교통비, 접대비, 세금과공과, 지급임차료, 지급수수료, 유형자산감가상각비, 무형자산상각비, 광고선전비, 판매촉진비, 대손상각비, 보험료, 경상개발연구비, 교육훈련비, 잡비 등이 있습니다.

영업이익

영업이익은 매출총이익에서 판매관리비를 차감하여 계산합니다. 금융비용이나 예외적인 손익항목까지 포함하는 당기순이익과 달리 영업이익은 경상적이고 반복적인 영업활동의 결과 발생하는 이익이므로 기업의 수익성을 평가할 때 자주 사용되는 중요한 이익개념입니다. 그래서 기업의 수익성을 판단하는 대표적인 지표로 영업이익률이 사용됩니다. 영업이익률은 매출액 대비 영업이익의 크기를 비율로 산출한 것으로, 비교손익계산서를 이용하여 기간별 영업이익률의 추세를 구하면 중요한 투자지표로 활용할 수 있습니다. 또 기업의 수익성과 재무구조를 동시에 평가할 때 자주 사용되는 이자보상배율도 영업이익의 크기와 이자비용을 비교하여 산출합니다.

코스닥기업이 4년 연속 영업손실이 발생하면 관리종목으로 지정되고, 관리종목으로 지정된 후에도 영업손실이 발생하면(즉 5년 연속 영업손실 발생) 상장이 폐지됩니다. 영업손실이 반복되면 계속기업으로 존속할 가능성이 그만큼 낮아지기 때문입니다.

회계뉴스

- 애플, 스마트폰 영업이익 66% 쓸어 담아 … 삼성은 17% (아시아경제, 2019.12.21)
- 삼성전자, 2019년 영업이익 27.7조 … 위기 속 '선방' (뉴스1, 2020.01.08)

5. 영업외손익과 법인세비용차감전순이익

영업외손익 항목은 영업활동 이외의 활동 즉 투자활동과 재무활동으로 발생하는 손익항목입니다. 실무에서는 대부분 금융수익과 금융비용, 그리고 기타수익과 기타비용의 넷으로 구분합니다. 이 중 금융수익과 금융비용은 재무활동에서 발생하고, 기타수익과 기타비용 항목은 주로 투자활동으로 인한 손익항목입니다. 영업외수익과 영업외비용은 다음과 같이 상대되는 과목을 함께 묶어서 이해하면 쉽습니다.

영업외손익 항목에 거액의 유형자산처분손익과 같은 비경상항목이 포함되었는지 확인할 필요가 있습니다. 유형자산처분손익은 매년 반복적으로 발생하는 손익항목이 아니기 때문에 차기 이익을 추정할 경우에는 이를 제외시켜야 하고, 주당이익이나 PER에 얼마나 영향을 미쳤는지도 판단해보아야 합니다.

영업외비용	영업외수익
[금융비용]	[금융수익]
이자비용	이자수익
-	배당금수익
외화환산손실	외화환산이익
외환차손	외환차익
사채상환손실	사채상환이익
파생상품관련손실	파생상품관련이익
당기손익-공정가치금융자산평가손실	당기손익-공정가치금융자산평가이익
당기손익-공정가치금융자산처분손실	당기손익-공정가치금융자산처분이익
[기타비용]	[기타수익]
-	임대료수익
기부금	-
기타의대손상각비	-
유무형자산처분손실	유무형자산처분이익
투자자산처분손실	투자자산처분이익
유무형자산손상차손	유무형자산손상차손환입
매출채권처분손실	-
법인세추납액	법인세환급액
재고감모손실(원가성이 없는 경우)	-
잡손실	잡이익

사채상환이익과 사채상환손실은 사채를 만기 이전에 중도상환할 때 발생하는 손익으로 사채의 장부금액과 상환금액과의 차액입니다.

배당금수익은 배당을 받을 권리가 확정되는 시점 즉 주주총회에서 배당을 결의한 때 수익을 인식합니다. 부채를 다루면서 설명했지만 외화환산손익은 환율변동으로 인한 평가손익이고, 외환차손익은 외화채권·채무를 회수하거나 상환하면서 발생하는 실현손익입니다.

참고로 판매관리비와 영업외비용(기타비용)을 구분하면서 혼동하기 쉬운 항목들을 몇 가지 예로 들면 다음과 같습니다.

판매관리비	영업외비용
대손상각비	기타의대손상각비
접 대 비	기 부 금
세금과공과	법인세추납액
잡 비	잡 손 실

대손상각비는 매출채권과 관련되므로 판매관리비에, 기타의대손상각비는 대여금과 같은 기타채권에 대한 비용이므로 영업외비용에 포함시킵니다. 실무에서 흔히 기부접대비로 묶어 부르지만 접대비는 수익을 얻기 위해 지출하는 비용인데 반해, 기부금은 반대급부 없이 지출하는 비용이므로 영업외비용이 됩니다. 판매관리비로 분류하는 세금과공과에는 재산세, 자동차세, 상공회의소회비 등이 포함됩니다. 세무조사 등을 통해 과거의 법인세를 추가로 납부하거나 돌려받는 경우에는 법인세추납액과 법인세환급액으로 처리하고 각각 영업외비용과 영업외수익에 포함시킵니다. 이들 법인세는 당기 부담분에 해당하는 법인세비용 또는 미지급법인세와는 전혀 관련이 없습니다. 그밖에 잡비는 잡비용을 줄인 말로 판매관리비에 속하지만, 잡손실

은 잡이익과 함께 영업외손익으로 분류됩니다. 비용이 수익획득에 공헌한 지출이라면, 손실은 수익획득과 무관한 지출입니다.

법인세비용차감전순이익

법인세비용차감전순이익은 줄여서 **세전이익**이라고도 부르며, 영업이익에 영업외손익 항목을 가감하여 산출합니다. 즉 영업이익이 반복적인 영업활동에서 얻은 이익이라면, 법인세비용차감전순이익은 투자활동 및 재무활동을 모두 반영한 이익으로 비반복적인 손익항목까지 포함합니다.

코스닥시장 상장규정에 의하면 코스닥기업이 자기자본의 50% 이상(10억원 이상인 경우에 한함)의 법인세비용차감전순손실이 최근 3년간 2회 이상 발생하면 관리종목으로 지정되고, 관리종목으로 지정된 다음해에도 같은 상황이 지속될 경우 상장이 폐지됩니다.

6. 중단영업손익은 왜 따로 구분할까

기업의 주요 영업부문이나 공장을 폐쇄함으로써 발생하는 손익을 **중단영업손익**이라고 합니다. 롯데쇼핑이 중국 시장에서 철수한 것이나 한국GM의 군산공장 폐쇄 등이 그 예가 될 수 있습니다. 상대적으로 비중이 높은 영업부문을 폐쇄한 경우 중단 이전과 이후의 손익계산서를 단순 비교하는 것은 의미가 없습니다. 따라서 중단영업에 대한 손익계산을 따로 하고 이에 따른 법인세비용까지 반영한 후의 순액을 중단영업손익으로 하여 계속영업손익과 구분하여 별도로 표시합니다. 또한 중단영업손익의 효과는 소급하여 수정하고 비교목적으로 제시되는 전기 재무제표도 재작성함으로써 계속영업손익의 비교가능성을 유지하도록 하고 있습니다. **계속영업손익**은 앞으로도 계속해서 영업을 수행할 나머지 부문의 손익을 의미합니다. 소급수정효과와 전기 재무제표 재작성에 대한 이해를 돕기 위해 롯데쇼핑의 사례를 들어보겠습니다.

롯데쇼핑은 2017년 투자사업 부문을 떼내어 롯데제과의 투자부문에 흡수합병시켰고, 2018년에는 중국할인점을 매각하고 청산하였습니다. 다음은 롯데쇼핑의 2018년 연결재무제표 주석에서 설명하고 있는 이들 중단영업에 대한 정보입니다.

43. **중단영업**

(1) 기업분할

당사는 2017년 4월 26일 이사회 결의에 따라 당사와 롯데칠성음료주식회사, 롯데푸드주식회사가 영위하는 사업 중 투자사업 부문을 각각 분할하여 롯데제과 투자부문에 흡수합병하였습니다. 투자사업 부문에서 발생한 손익을 중단영업손익으로 구분하여 표시하였습니다.

(2) 중국할인점 매각

연결실체는 당기 중 중국할인점을 매각 및 청산하고 있습니다. 중국할인점 부문에서 발생한 손익을 중단영업손익으로 구분하여 표시하였고, 전기 연결포괄손익계산서를 재작성하였습니다.

기업분할과 중국할인점 매각으로 인해 각 연도별 손익계산서에 나타난 중단영업손익은 다음과 같습니다. 2016년까지는 중단영업이 없었으므로 손익계산서에 중단영업손익이 나타나지 않습니다. 그러나 그 후의 중단영업으로 인한 소급수정 효과로 2016년에 미치는 영향이 2017년과 2018년도 비교손익계산서에는 반영됩니다. 즉 2017년에 있었던 기업분할로 인하여 중단영업손익을 소급 반영한 결과 2016년 122,315백만원과 2017년 422,909백만원의 이익이 발생하였습니다. 이어서 2018년에 중국할인점 폐쇄에 따른 중단영업손실의 누적 효과를 소급수정한 결과 큰 폭의 중단영업이익을 인식했던 2017년까지도 손실로 전환된 것은 중국할인점 철수가 그만큼 영향이 컸다는 의미입니다. 결과적으로 기업분할로 인식했던 2016년과 2017년의 중단영업이익은 그 후 중국할인점 청산으로 발생한 더 큰 손실과 상계되어 결국 2018년도 손익계산서에는 3년 모두 중단영업손실로 바뀌었습니다.

롯데쇼핑 연도별 중단영업손익

(단위 : 백만원)

	2018년	2017년	2016년
2016년 비교손익계산서	–	–	–
2017년 비교손익계산서	–	422,909	122,315
2018년 비교손익계산서	(210,718)	(1,261)	(115,746)

중단영업손익이 반영된 롯데쇼핑의 2018년 연결손익계산서(부분요약)는 다음과 같습니다. 당기순이익, 총포괄이익, 주당이익에 대해서도 계속영업과 중단영업을 각각 구분하여 표시하고 있음을 알 수 있습니다.

롯데쇼핑 연결손익계산서

(단위 : 백만원)

	2018년	2017년	2016년
매 출	17,820,781	17,926,063	22,976,035
매출원가	10,313,111	10,299,185	15,358,429
매출총이익	7,507,670	7,626,877	7,617,605
판매비와관리비	6,910,666	6,825,839	6,713,020
영업이익	597,004	801,038	904,585
기타수익	60,480	104,821	125,420
기타비용	707,224	599,059	384,142
금융수익	278,915	361,803	194,140
금융비용	411,620	482,943	343,836
관계기업투자 손익에 대한 지분	88,583	68,366	60,890
법인세비용차감전이익(손실)	(93,862)	254,027	557,057
법인세비용	160,417	273,402	194,435
계속영업당기순이익(손실)	(254,278)	(19,375)	362,621
중단영업당기순손실	(210,718)	(1,261)	(115,746)
당기순이익(손실)	(464,997)	(20,637)	246,875
기타포괄손익	(51,843)	(63,275)	(5,035)
총포괄이익(손실)	(516,840)	(83,912)	241,839
당기순손익의 귀속			
지배기업 소유주지분	(544,874)	(136,395)	168,195
계속영업당기순이익(손실)	(334,156)	(123,862)	294,966
중단영업당기순이익(손실)	(210,718)	(12,533)	(126,771)
비지배지분	79,878	115,758	78,680
계속영업당기순이익	79,878	104,487	67,655
중단영업당기순이익		11,272	11,025
총포괄손익의 귀속			
지배기업 소유주지분	(589,275)	(182,927)	166,352
비지배지분	72,435	99,015	75,488
주당이익			
계속영업기본주당이익(손실) (단위 : 원)	(12,307)	(4,673)	9,546
계속영업희석주당이익(손실) (단위 : 원)	(12,584)	(4,690)	9,546
중단영업기본주당이익(손실) (단위 : 원)	(7,479)	(429)	(4,289)
중단영업희석주당이익(손실) (단위 : 원)	(7,479)	(436)	(4,299)

7. 주당이익은 어떻게 계산하는가

2018년도 삼성전자(연결)의 당기순이익은 21.7조원이고 SK하이닉스(연결)의 당기순이익은 15.5조원이었습니다. 그런데 주가는 SK하이닉스가 더 높습니다. 또 삼성전자와는 비교도 되지 않을 작은 규모의 코스닥기업 주식이 삼성전자보다 훨씬 비싼 경우도 많습니다. 왜 그럴까요? 바로 회사마다 발행주식수가 서로 다르기 때문입니다. 그래서 1주당의 실질적인 가치는 당기순이익과 주식수를 함께 고려한 1주당의 몫 즉 주당이익으로 판단하게 됩니다.

주당이익(earnings per share, EPS)은 당기순이익을 주식수로 나누어 계산합니다. 구체적으로 주당이익은 **보통주 1주당 이익**을 의미하므로 다음 산식에서 보는 것처럼 분자의 당기순이익에서 우선주 몫에 해당하는 우선주배당금은 차감해줍니다.

분모의 **유통주식수**는 보통주식수에서 회사가 보유하고 있는 자기주식수를 차감하여 구합니다. 자기주식에 대해서는 배당금을 지급하지 않기 때문입니다. 또 기중에 증자나 감자로 주식수에 변동이 있었을 경우 분모의 주식수를 가중평균하여 계산합니다. 당기순이익이 1년 동안 얻은 금액이므로 주식수도 특정 시점이 아닌 연간 평균주식수를 적용하기 위함입니다. 예를 들어 기초의 주식수가 100,000주이고, 10월 1일에 40,000주의 유상증자를 했다고 가정합니다. 이 경우 유통주식수가 증자 전에는 100,000주이지만, 10월 1일부터 기말까지 3개월 간은 140,000주가 됩니다. 따라서 이 둘을 가중평균하면 110,000주[(100,000×9+140,000×3)/12]가 됩니다.

$$\text{기본주당이익} = \frac{\text{당기순이익} - \text{우선주배당금}}{\text{가중평균유통보통주식수}}$$

다만 주식수는 늘어나도 실질적인 주주지분의 변화가 없는 **무상증자**와 **주식배당** 그리고 **액면분할**과 **액면병합**을 한 경우에는 실제 날짜와 상관없이 기초에 발생한 것으로 가정하여 소급하여 주식수를 계산합니다. 전기 또는 전전기와 비교표시되는 주당이익도 마찬가지로 소급하여 수정합니다.

지금까지 설명한 주당이익은 이미 발행된 보통주식수를 기준으로 계산하였는데, 이를 **기본주당이익**이라고 합니다. 이에 반해 미래에 발행될 수 있는 **잠재적 보통주**를 미리 감안하여 계산하기도 합니다. 앞에서 배웠던 전환사채와 신주인수권부사채 또는 스톡옵션 소지자가 권리행사를 하게 되면 주식수가 늘어나고 이에 따라 주당이익이 감소되겠지요. 이처럼 권리행사에 따라 주당이익이 감소하는 효과를 **희석효과**라 하고, 이를 미리 반영한 주당이익을 **희석주당이익**이라고 합니다. 따라서 희석주당이익은 현재보다 주당이익이 더 낮아질 가능성을 보여주는 보수적 관점의 수치입니다. K-IFRS는 손익계산서에 기본주당이익과 희석주당이익을 구분하여 각각 표시하도록 요구하고 있습니다. 주가 측면에서는 기본주당이익 대비 희석주당이익이 낮을수록 잠재적 보통주주들의 권리행사에 따라 주가가 하락할 가능성이 큽니다.

주당이익은 총포괄이익이 아니라 당기순이익에 대하여 계산하고,

중단영업이 있는 경우 주당이익은 계속영업이익과 중단영업이익에 대해서 각각 계산합니다. 따라서 중단영업이 있는 경우에는 앞의 롯데쇼핑 손익계산서에서 본 것처럼 4개의 주당이익을 따로 보고하게 됩니다.

연결손익계산서 상의 주당이익은 분자의 당기순이익에서 비지배지분에 귀속되는 순이익을 제외한 금액 즉 **지배기업에 귀속되는 당기순이익**만을 대상으로 계산합니다.

주당이익은 규모가 다른 기업 간의 1주당 수익성을 비교할 수 있는 것은 물론 주가를 주당이익으로 나누어 PER을 산출할 수 있고, 또 주당배당금을 주당이익으로 나누면 배당성향을 구할 수도 있어서 매우 유용한 지표입니다.

08
CHAPTER

현금흐름표 : 발생주의의 보완

1. 현금흐름표는 왜 작성하는가

발생주의 회계는 기간별 손익을 합리적으로 배분해주지만 현금흐름을 제대로 반영해주지 못한다는 한계가 있습니다. 그래서 재무상태표와 손익계산서 외에 기업의 자금사정을 알려주는 **현금흐름표**(cash flow statement)를 기본재무제표에 포함시키고 있습니다. 현금흐름표는 영업활동, 투자활동, 재무활동으로 나누어 각각 현금의 유입과 유출 내역을 상세하게 보여줌으로써 기업의 미래현금흐름을 예측할 수 있고 그 결과로 기업의 부채 상환능력과 배당금 지급능력을 아울러 판단할 수 있습니다.

현금은 인체에 비유하면 혈액이라고 할 수 있습니다. 혈액이 부족하면 사람이 생존할 수 없는 것처럼 충분한 현금이 확보되지 않으면 기업도 도산하게 됩니다. 현금흐름표에서의 현금은 우리가 일상에서 말하는 현금보다 그 범위가 넓은 **현금및현금성자산**을 의미합니다. 현금및현금성자산은 유동자산에서 설명했던 것처럼 금고에 보관하고 있는 현금은 물론 당좌예금이나 보통예금 같은 요구불예금 그리고 만기일이 취득일로부터 3개월 이내에 도래하는 금융상품까지 포함합니다.

재무상태표와 손익계산서는 인위적인 기간 배분과 주관적인 판단이 개입되어 산출된 이익에 신뢰성 문제가 제기될 수 있지만, 현금흐름표는 실제 현금흐름을 기반으로 하므로 객관적 정보라는 장점이 있습니다. 또 재고자산 평가방법이나 유형자산의 감가상각방법에 따라 회사 이익이 다르게 산출될 수 있지만, 현금흐름표를 작성함으로써 이러한 회계처리방법의 차이까지 해소할 수 있습니다. 그리고 적자기업이 손익을 분식하기 위하여 재고자산을 과대평가하거나 감가상각비를 과소계상하더라도 영업활동현금흐름에는 영향을 미치지 않으므로 현금흐름표의 의미가 더욱 강조됩니다.

회계뉴스

- [공알못 탈출기] 흑자도산은 어떻게 발생하는 걸까? (아시아경제, 2019.08.17)

2. 영업활동현금흐름은 왜 중요한가

기업은 물론 정보이용자들에게도 가장 중요한 현금흐름은 **영업활동현금흐름**입니다. 현금흐름표뿐만 아니라 재무상태표와 손익계산서를 포함한 모든 재무제표 항목 중에서도 가장 중요한 단 한 가지 지표를 고른다면 단연 현금흐름표 상의 영업활동으로 인한 현금흐름이라고 할 수 있습니다.

영업활동은 기업 본연의 목적인 재화나 서비스를 생산하고 판매하는 활동을 말합니다. 영업활동에는 구체적으로 상품이나 원재료를 구입하는 구매활동, 공장에서 제품을 생산하는 제조활동, 재화나 서비스의 판매활동, 대금의 회수활동 등이 포함됩니다. 이와 같은 영업활동현금흐름은 주주나 채권자에 의존하지 않고 정상적인 영업활동으로 창출되는 반복적인 현금흐름이므로 기업의 가장 중요한 자금원천이 됩니다. 또 영업활동현금흐름에는 투자활동과 재무활동에 속하지 아니하는 모든 현금흐름을 포함하기 때문에 그 범위 또한 넓습니다.

영업활동현금흐름은 손익계산서 상의 당기순이익을 현금주의로 전환하기 위하여 우선 현금을 수반하지 않는 비용과 수익을 가감해줍니다. 그리고 다시 영업활동으로 인한 자산·부채의 변동금액을 가감해주면 **영업에서 창출된 현금흐름**이 산출됩니다. 이 과정은 회계실무자들도 어려워하는 부분이지만 정보이용자 입장에서는 계산의 결과만 해석할 수 있으면 됩니다.

영업에서 창출된 현금흐름 = 당기순이익 ± 비현금 비용·수익
± 영업자산·영업부채의 변동

현금지출을 수반하지 않아 당기순이익에 가산하는 비용항목으로는 감가상각비, 퇴직급여, 외화환산손실 등이 있고, 현금수입이 이루어지지 않아 차감하는 수익항목으로 지분법이익, 투자자산평가이익, 외화환산이익 등이 있습니다. 또 영업활동과 무관하게 발생한 유형자산처분손실과 사채상환손실 등은 가산해주고 유형자산처분이익과 사채상환이익 등은 차감해줍니다. 당기순이익에 가감하는 항목은 이처럼 다양하지만 그 중 감가상각비 비중이 워낙 크기 때문에 이들 가감항목을 조정한 후의 금액은 당기순이익보다 커야 정상입니다.

이처럼 당기순이익에서 출발하여 영업활동현금흐름을 계산하는 방법을 **간접법**이라고 하는데, 실무에서 주로 사용하는 방법입니다.

이와 달리 영업활동현금흐름을 발생원천별로 구분하여 매출로 인한 현금유입액에서 시작하여 매출원가·판매관리비·이자비용·이자수익·배당금수익·법인세비용으로 인한 현금유출입액을 차례로 가감하여 산출하는 **직접법**이 있습니다. 직접법을 적용하면 결과적으로 **현금기준 손익계산서**를 작성하는 것과 같습니다. 그렇지만 직접법과 간접법은 작성방법의 차이일 뿐 결과는 동일하므로 정보이용자 입장에서는 중요한 문제가 아닙니다.

매출채권 잔액이 기초보다 증가하면 그만큼 현금 회수가 덜 된 것이고, 매출채권이 기초보다 감소하였다면 현금 회수가 더 많았다는 뜻이므로 현금유입액이 증가합니다. 또 매입채무 잔액이 증가하였다면 현금유출이 그만큼 덜 된 것이고, 반대의 경우에는 현금유출이 더 됐다는 의미입니다. 이처럼 영업활동으로 인한 자산과 부채의 변동금액을 당기순이익에 가감하면 영업에서 창출된 현금흐름이 산출됩니다. 구체적으로 영업활동으로 인한 자산과 부채(영업자산과 영업부채)로는 재고자산, 매출채권과 매입채무, 선급금과 선수금, 선급비용과 미지급비용, 충당부채 등이 있습니다.

영업에서 창출된 현금흐름에 다시 이자수입액과 배당금수입액을 가산하고, 이자지급액과 법인세납부액을 차감하면 **영업활동으로 인한 현금흐름**이 산출됩니다. 성격상으로는 이자수입과 배당금수입은 투자활동에 해당하고, 이자지급은 재무활동과 관련됩니다. 그러나 실무적으로는 대부분 이들 항목 모두를 영업활동현금흐름에 포함시키고 있습니다. 일반기업회계기준에서도 이들 항목을 모두 영업활동으로 구분합니다. 다만 K-IFRS에서는 이자수입과 배당금수입은 영업활동 또는 투자활동으로 구분하고 이자지급은 영업활동 또는 재무활동 중에서 선택하되, 한번 선택하면 그 방법을 계속하여 적용하도록 규정하고 있습니다. 따라서 K-IFRS에 따라 회사별로 구분기준이 다를 수 있으므로 기업 간 비교를 위해서는 가감항목의 내역을 함께 살펴보는 것이 좋습니다.

[영업활동현금흐름]
영업에서 창출된 현금흐름+이자수입+배당금수입-이자지급-법인세납부액

회계뉴스

- 10대 그룹 상장사 현금보유액 242조원 … 전년 比 8.2% 증가 (쿠키뉴스, 2019.08.25)
- 외상매출·재고 급증 '직격탄' … 기업, 이익내도 손에 쥐는 돈이 없다, 1분기 '영업현금흐름' 54% 급감 (한국경제, 2019.05.30)

다음은 간접법으로 작성하고 있는 삼성전자의 2018년 현금흐름표(연결) 중 영업활동현금흐름 부분입니다.

삼성전자 영업현금흐름

(단위 : 백만원)

	2018	2017	2016
영업활동 현금흐름	67,031,863	62,162,041	47,385,644
영업에서 창출된 현금흐름	78,025,064	67,777,432	52,299,610
당기순이익	44,344,857	42,186,747	22,726,092
조정	43,604,573	36,211,232	30,754,471
영업활동으로 인한 자산부채의 변동	(9,924,366)	(10,620,547)	(1,180,953)
이자의 수취	1,788,520	1,581,117	1,405,085
이자의 지급	(548,272)	(542,715)	(443,838)
배당금 수입	215,992	173,305	256,851
법인세 납부액	(12,449,441)	(6,827,098)	(6,132,064)

삼성전자처럼 영업활동현금흐름이 매년 순유입(+)상태가 지속되고, 그 금액 또한 증가추세인 경우가 가장 바람직한 현금흐름이라고 할 수 있습니다. 이에 반해 영업활동현금흐름이 +라 하더라도 매년 감소하는 추세라면 위험신호가 될 수 있으므로 그 원인이 일시적인 것인지 아니면 구조적인 사정이 있는지 알아봐야 합니다. 또 비록 매년의 영업활동현금흐름이 순유출(−)상황이 지속되고 있더라도 점차 개선되는 추세에 있고 곧 +로 전환될 것으로 전망이 된다면 주가 역시 턴어라운드의 가능성이 매우 높습니다. 위에서 강조한 것처럼 영업활동현금흐름의 추세는 투자자 입장에서 매출액이나 이익보다 더 중요한 지표로 사용될 수 있습니다.

다음은 수주실적의 호전과 계약해지되었던 선박의 매각 등으로 현금흐름이 개선되고 있는 대우조선해양(연결)의 영업활동현금흐름입니다. 이어서 심각한 자금난으로 2014년 상장폐지되었던 STX조선해양(연결)의 2010년부터 2014년까지 5년 간 영업활동현금흐름의 추세도 함께 보세요.

대우조선해양 영업현금흐름

(단위 : 백만원)

	2019(반기)	2018	2017	2016	2015
영업현금흐름	1,375,260	725,141	(1,019,899)	(531,007)	(843,000)
당기순이익	340,506	320,052	645,758	(2,789,488)	(2,209,244)

STX조선해양 영업현금흐름

(단위 : 백만원)

	2014	2013	2012	2011	2010
영업현금흐름	(1,396,552)	(1,413,323)	38,480	120,893	1,261,721
당기순이익	716,374	(3,336,295)	(822,472)	168,613	(139,854)

회계뉴스

- 대우조선, 영업활동 현금흐름 1조 돌파한 배경은, 현금흐름 2011년 호시절로 회귀 … 조선3사 중 개선속도 '톱' (더벨, 2019.10.24)
- CJ그룹, 재무 악화에 비상경영 … 연내 정기인사도 불발 (연합뉴스, 2019.12.22)
- 주가 급등한 국일제지, 4년간 영업활동현금흐름 '마이너스' 상태 … 90년대 '부도회사' 현금흐름표 따라가나? (뉴스워커, 2019.09.05)

3. 투자활동현금흐름 : 어디에 얼마나 투자했나

투자활동은 영업활동의 기반을 구축하기 위한 활동입니다. 예를 들면 건물이나 토지의 구입 또는 매각, 공장 신축과 생산설비의 구입, 기업의 여유자금을 운용하기 위하여 다른 회사의 주식이나 채권을 취득하고 매각하는 활동이 이에 포함됩니다.

장기적으로 기업이 성장하기 위해서는 지속적인 투자가 이루어져야 합니다. 만약 **투자활동현금흐름**이 매년 유입액보다 유출액이 더 커서 순유출이 유지되면 투자가 활발하게 이루어지고 있다는 의미이며, 반대로 +인 경우에는 유형자산이나 투자자산의 매각을 통해 현금이 회수된다는 뜻이므로 사업규모가 축소되고 있음을 알 수 있습니다. 그리고 유무형자산의 상각액만큼 투자금액이 회수되는 셈이므로 실질적인 투자금액은 매년 투자활동현금흐름의 순유출액에서 감가상각비를 차감하여 산출하여야 합니다. 예를 들어 투자활동으로 인한 현금의 순유출액이 10억원이고, 연간 감가상각비가 7억원이라면 실질적인 투자금액은 3억원이 됩니다. 만약 연간 투자액과 감가상각비가 비슷한 수준이라면 기업의 생산능력은 현상유지 수준에 그치는 셈입니다.

영업활동으로 순유입된 현금이 투자활동으로 인한 유출액보다 크다면 성장에 필요한 투자자금을 영업활동으로 충분히 조달하는 회사입니다. 반대의 경우에는 부족자금을 외부 차입이나 유상증자 등 재무활동을 통해 조달해야 한다는 의미가 됩니다.

다음은 삼성전자(연결)의 2018년도 투자활동현금흐름을 요약한 결과입니다. 우선 투자활동현금흐름이 매년 순유출로 유지되고, 그 금액 또한 매년 증가하고 있어서 투자가 지속적으로 활발하게 이루어지고 있음을 나타내줍니다. 투자활동 중 가장 큰 비중을 차지하는 것은 유형자산의 취득이고, 그 중 대부분은 기계장치의 추가 취득임을 주석(유형자산의 변동내역)을 통해 확인할 수 있습니다. 그리고 유형자산 취득금액이 2018년과 2017년의 감가상각비 25.2조원과 20.6조원(비용의 성격별 분류 주석 자료)을 각각 초과하므로 매년 순투자가 이루어지고 있음도 알 수 있습니다.

삼성전자 투자현금흐름

(단위 : 백만원)

	2018	2017	2016
투자활동 현금흐름	(52,240,453)	(49,385,216)	(29,658,675)
단기금융상품의 순감소(증가)	(12,368,298)	387,627	(6,780,610)
장기금융상품의 취득	(7,678,654)	(1,079,355)	(1,741,547)
유형자산의 취득	(29,556,406)	(42,792,234)	(24,142,973)
무형자산의 취득	(1,020,517)	(983,740)	(1,047,668)
사업결합으로 인한 현금유출액	(99,108)	(8,754,268)	(622,050)
기타의 투자활동	(1,517,470)	3,836,754	4,676,173

또 앞에서 본 삼성전자의 2018년도 영업활동현금의 순유입액과 위의 투자활동현금의 순유출액을 비교해보면 최근 3년 동안 영업활동으로 벌어들인 현금으로 투자활동에 사용하고도 매년 12~17조원의 여유자금이 발생하고 있습니다.

삼성전자 영업현금과 투자현금 흐름

(단위 : 백만원)

	2018	2017	2016
영업활동 현금흐름	67,031,863	62,162,041	47,385,644
투자활동 현금흐름	(52,240,453)	(49,385,216)	(29,658,675)
차 이	14,791,410	12,776,825	17,726,969

4. 재무활동현금흐름 : 자금의 조달과 상환내역

재무활동은 기업의 영업활동에 필요한 운영자금과 투자활동에 필요한 시설자금을 조달하고 상환하는 활동입니다. 구체적으로 금융기관으로부터 대출을 받거나 상환하기도 하고, 회사채나 주식의 발행을 통해 자금을 조달하기도 합니다.

영업활동으로부터의 현금 순유입액이 투자활동으로 인한 순유출액보다 큰 경우 남는 돈으로 차입금을 상환하여 재무구조를 개선하거나 주주들에 대한 배당금 지급자원으로 사용할 수 있습니다. 반대의 경우에는 외부에서 추가로 차입하거나 유상증자를 통해 부족한 자금을 메꿔야 합니다.

다음은 삼성전자(연결)의 2018년도 재무활동현금흐름을 요약한 내용입니다. 대부분 배당금을 지급하는데 사용되었고, 전기와 전전기에는 특히 자사주 매입에도 상당한 금액이 지출되었음을 알 수 있습니다. 배당금 지급과 자사주 매입 둘 다 주주에 대한 환원이므로 주주가치 제고라는 관점에서 매우 바람직한 결과라고 판단할 수 있습니다. 또 위에서 언급한 것처럼 영업활동현금의 순유입액에서 투자활동현금의 순유출액을 차감하고 남는 연간 12~17조원 규모의 금액은 재무활동의 순유출액보다 크거나 비슷합니다. 따라서 삼성전자는 영업활동에서 벌어들인 돈으로 투자활동과 재무활동에 소요되는 자금을 대부분 충당하고 있음을 알 수 있습니다.

삼성전자 재무현금흐름

(단위 : 백만원)

	2018	2017	2016
재무활동 현금흐름	(15,090,222)	(12,560,867)	(8,669,514)
단기차입금의 순증가(감소)	(2,046,470)	2,730,676	1,351,037
자기주식의 취득	(875,111)	(8,350,424)	(7,707,938)
사채 및 장기차입금의 상환	(1,986,597)	(1,140,803)	(252,846)
배당금 지급	(10,193,695)	(6,804,297)	(3,114,742)
기타 재무활동 현금흐름	11,651	1,003,981	1,054,975

지금까지 위에서 설명한 기업의 3가지 경영활동 및 이와 관련된 주요 현금유출입 항목을 요약하면 다음과 같습니다.

주요 현금유출입 항목

현금흐름	현금유입	현금유출
영업활동	• 재화와 용역의 매출 수입 • 수수료 · 로열티 수입 • **이자수입** • **배당금수입**	• 상품 및 원재료 매입 • 노무비와 경비 지출 • 판매관리비 지출 • **이자 지급** • **법인세 납부**
투자활동	• 유무형자산의 매각 • 투자자산의 매각 • 대여금 회수 • 종속기업 등에 대한 투자	• 유무형자산의 취득 • 투자자산의 취득 • 자금 대여 • 종속기업 등에 대한 투자 회수
재무활동	• 자금 차입 • 사채 발행 • 유상증자 • 자기주식의 처분	• 차입금 상환 • 사채 상환 • **배당금 지급** • 자기주식의 취득

5. 환율변동효과와 현금의 증감

현금및현금성자산의 환율변동효과

환율변동으로 인한 현금및현금성자산의 증감은 실제의 현금흐름과는 상관이 없습니다. 그러나 현금및현금성자산에 포함된 외화를 기말환율로 환산함으로써 발생하는 차액은 3가지 경영활동과 무관하게 발생하므로 이를 따로 보고합니다. 아래 삼성전자의 현금흐름표에서는 '외화환산으로 인한 현금의 변동'으로 표시하고 있습니다.

현금의 증감

영업활동 · 투자활동 · 재무활동 현금흐름의 합계금액에 현금및현금성자산의 환율변동효과까지 모두 합한 금액이 한 회계기간 동안의 현금 증감액입니다. 이 현금의 증감액은 재무상태표에 표시되는 기초와 기말의 현금및현금성자산의 차액과 같은 금액입니다.

다음은 앞에서 설명했던 삼성전자의 현금흐름표를 요약한 것입니다. 2018년에 영업활동에서 유입된 현금 67.0조원으로 투자활동에 52.2조원, 재무활동으로 15.1조원을 사용함으로써 현금의 감소액은 0.2조원이었음을 나타내주고 있습니다. 특히 2016년에는 영업활동에서 47.4조원을 벌어들여 투자활동에 29.7조원, 재무활동에 8.7조원을 사용하고도 연간 현금이 9.5조원이나 증가하였습니다. 그럼 반도체 가격 하락으로 전기 대비 이익이 대폭 감소한 2019년의 현금흐름표는 어떻게 달라졌을까요? 우선 영업활동으로 인한 현금유입액이 크게 감소되고, 이에 따라 신규투자 규모도 당연히 줄었겠지요. 여러분이 직접 2019년 현금흐름표를 참고하여 아래 표처럼 작성해보세요.

삼성전자 현금흐름표 (요약)

(단위 : 백만원)

	2018	2017	2016
영업활동현금흐름	67,031,863	62,162,041	47,385,644
투자활동현금흐름	(52,240,453)	(49,385,216)	(29,658,675)
재무활동현금흐름	(15,090,222)	(12,560,867)	(8,669,514)
외화환산으로 인한 현금의 변동	94,187	(1,782,270)	417,243
현금및현금성자산의 증가(감소)	(204,625)	(1,566,312)	9,474,698
기초 현금및현금성자산	30,545,130	32,111,442	22,636,744
기말 현금및현금성자산	30,340,505	30,545,130	32,111,442

삼성전자 부분 재무상태표

(단위 : 백만원)

	2018.12.31	2017.12.31	2016.12.31
유동자산	80,039,455	70,155,189	69,981,128
현금및현금성자산	30,340,505	30,545,130	32,111,442

6. 현금흐름의 기본 유형

현금흐름의 기본 유형을 이해하면 기업의 상황을 개략적으로 판단하는데 도움이 됩니다. 대체로 기업의 수명주기(life cycle)는 도입기, 성장기, 성숙기, 쇠퇴기를 거치게 되는데, 그 단계에 따라 기업의 현금흐름도 일정한 유형을 나타내줍니다. 물론 절대적인 분류기준은 아니며, + 또는 −금액의 크기에 따라 해석이 달라질 수도 있습니다.

도입기에는 생산설비를 확충하기 위하여 자금 수요가 큰데 반해 영업활동은 아직 본궤도에 오르지 못해 대부분의 소요자금을 차입이나 증자를 통해 조달하게 됩니다. 따라서 도입기의 현금흐름은 대부분 아래의 6유형에 해당합니다.

성장기에는 업종에 따라 차이가 있지만 영업활동현금흐름은 +일 수도 있고 −인 경우도 있습니다. 또 영업활동현금흐름이 당기순이익보다 작은 것이 보통인데 그 이유는 재고자산 비중이 점차 커지고 매출액 증대보다 매출채권의 회수속도가 느려지기 때문입니다. 도입기만큼은 아니지만 성장기에도 투자활동이 활발하게 이루어지므로 부족한 소요자금은 차입이나 증자 등 재무활동을 통해 조달하게 됩니다. 성장기의 현금흐름은 보통 아래의 4유형이나 6유형을 나타내게 됩니다.

성숙기에는 영업활동현금흐름이 투자활동에 필요한 자금수요를 충족하는 것은 물론 차입금을 상환하거나 배당금 지급 또는 자사주 매입 등 주주가치 제고를 위한 자금 유출의 비중이 커지게 됩니다. 또 영업활동현금흐름은 당기순이익보다 큰 것이 보통입니다. 성숙기의 현금흐름은 아래의 2유형에 해당하며, 보통 우량기업으로 평가받습니다. 위의 삼성전자 예가 이에 해당합니다.

쇠퇴기에는 영업활동현금흐름이 성숙기보다 줄어들어 +값이 점차 감소하거나 −로 전환되는 단계로서 조업수준이 축소되면서 과잉시설 매각을 통해 투자활동현금흐름은 +가 되며, 부채를 상환하거나 배당금 지급 또는 자사주 매입으로 재무활동현금흐름은 −가 됩니다. 아래의 3유형이나 7유형이 이에 해당합니다.

현금흐름의 유형과 특징

유형	영업 현금	투자 현금	재무 현금	기업 상황
1	+	+	+	영업활동으로 현금유입이 활발한 상황에서도 자산 매각과 함께 차입이나 증자를 통해 자금을 비축하여 유동성이 풍부한 회사. 신규 사업에 진출하거나 다른 회사를 인수하는 등 사업확장 가능성이 높음
2	+	−	−	성숙기의 안정된 기업. 영업활동으로 현금유입이 활발하여 그 자금으로 지속적인 투자를 하면서도 부채 상환은 물론 배당금 지급이나 자사주 매입이 가능한 우량기업
3	+	+	−	영업활동에서 유입된 자금과 자산의 매각대금으로 부채를 상환하고 배당금을 지급하는 회사. 성장을 위해서는 지속적인 투자가 이루어져야 하는데 사업 규모가 축소되고 있음
4	+	−	+	성장기업의 대표적인 유형. 영업활동으로 유입된 자금만으로는 지속적인 투자활동에 필요한 자금수요를 충족하지 못하여 외부차입이나 증자를 통해 자금을 조달하는 회사
5	−	+	+	영업활동에서 발생하는 부족 현금을 보충하기 위하여 자산을 매각하거나 외부차입 또는 증자를 통해 자금을 조달함. 재무구조의 악화 가능성이 높은 회사
6	−	−	+	영업활동에서 발생하는 부족 현금과 투자활동에 필요한 자금을 차입이나 증자를 통해 조달하는 회사. 신설기업이나 성장기업이라면 괜찮지만 성숙기나 쇠퇴기에 접어든 회사라면 위험 신호
7	−	+	−	영업활동에서 발생하는 부족자금과 차입금 상환을 위해 자산을 매각하는 회사. 부채의존도가 높을 경우 기업의 규모가 축소되고 신용위험이 급증하여 유동성이 악화될 가능성이 큼
8	−	−	−	영업활동에서 부족자금이 발생하는데도 시설투자가 이어지고, 차입금 상환 부담도 있어서 자금압박이 큰 회사. 유동성 문제 해결을 위해 전반적인 구조조정 필요

재무제표 학습을 마치면서

현금흐름표를 마침으로써 그 동안 회계의 기초개념에서 출발하여 재무상태표와 손익계산서를 비롯한 재무제표의 모든 과정을 마무리하고, 이제 감사보고서 활용방법과 재무제표분석만 남겨두고 있습니다. 앞에서 다뤘던 내용들보다는 다소 편한 마음으로 읽을 수 있는 내용들이니 마지막까지 힘내시기 바랍니다.

다음 글을 읽으면서 지금까지 학습했던 내용에 대한 정리와 함께 재무제표의 성격과 한계에 대해서 잠깐 생각해봅시다.

정확한 당기순이익?

회계를 잘 모르는 사람들은 재무제표에 담긴 수치를 움직일 수 없는 절대 불변의 금액으로 잘못 생각하기 쉽습니다. 그러나 재무제표에 나타나는 모든 과목이 그렇지만 특히 당기순이익이 정확하다는 단정적인 표현을 사용해서는 안 됩니다. 아무리 기업회계기준을 제대로 준수하여 산출된 당기순이익이라 하더라도 그 과정에서 보수적인 회계처리가 적용되고 수많은 추정이 개입되는 것은 물론, 둘 이상의 대체적인 회계처리방법 중 어느 한 가지를 선택한 결과인데다 중요성의 원칙이 적용됨으로써 보고내용이 달라질 수도 있기 때문입니다. 지금까지 우리가 공부했던 내용을 중심으로 그 이유를 알아보겠습니다.

우선 보수주의 입장을 강조하다 보면 실제보다 이익이 과소 계상될 소지가 있습니다. 구체적으로 수익의 인식을 비용의 인식기준보다 엄격하게 적용하는 것이 그 예입니다. 또 따른 예로 재고자산에 저가기준을 적용하여 평가손실은 인식하지만 평가이익은 인식하지 않습니다. 유무형자산도 마찬가지이지요. 그래서 손상차손이라는 용어는 있어도 손상차익이라는 말은 사용되지 않습니다.

매출채권에 대한 대손비용, 종업원에 대한 퇴직급여 그리고 충당부채 또한 미래에 대한 추정의 결과 산출된 금액이므로 추정의 전제조건에 따라 순이익도 달라집니다. 유무형자산의 상각에 필요한 계산요소로서 내용연수와 잔존가치 역시 추정에 의해 결정된다고 했습니다.

감가상각방법으로 정액법 · 정률법 · 비례법 등이 있고, 재고자산 평가방법으로 개별법 · 선입선출법 · 평균법이 있지요. 또 유형자산의 평가방법으로 원가모형과 재평가모형이 있습니다. 이처럼 둘 이상의 대체적 회계처리 방법 중 어느 하나를 선택한 결과 산출되는 당기순이익은 다른 방법을 적용했을 경우와 차이 나게 마련이지요. 그 밖에도 중요성의 개념에 따라 중요하지 않은 많은 사건이나 금액이 재무보고에서 제외될 수도 있어서 그만큼 당기순이익의 크기에 영향을 미치게 됩니다.

그래서 당기순이익을 '정확하게 표시하고 있다'라는 표현 대신에 회계기준에 따라 '공정하게 표시하고 있다(fairy stated)'라고 하게 됩니다. 다음 장에서 다루겠지만 감사보고서의 감사의견에도 적정의견의 마지막 문단을 보면 '**중요성의 관점에서 공정하게 표시하고 있습니다**'라고 표현합니다. 즉 감사인도 재무제표가 절대적으로 정확하다는 것을 보증하지는 않습니다.

09
CHAPTER

감사보고서 활용하기

1. 회계감사는 왜 필요한가

재무제표는 기업의 재무상태와 재무성과 및 현금흐름을 파악하기 위한 결산보고서입니다. 앞에서 여러 번 설명했지만 재무제표는 재고자산 평가, 유무형자산의 감가상각과 평가를 위한 둘 이상의 선택 가능한 방법 중 회사가 타당하다고 판단한 회계처리방법을 적용한 결과입니다. 또한 재무제표에 나타나는 금액들은 수많은 추정의 결과이기도 합니다. 결국 재무제표는 회계정보를 제공하는 **경영자의 주장**을 담아내는 그릇이자 자신의 **경영성적표**라고 할 수 있습니다. 그런데 경영자들은 은연중 자신의 성과를 사실보다 좋게 평가받고 싶어하는 경향이 있습니다. 실제로 경영자 자신의 임기 연장이나 성과보수에 영향을 미치는 가장 큰 요소는 바로 매년의 재무성과이기 때문입니다.

회계감사는 이와 같은 경영자의 주장에 대한 타당성을 검증하는 과정입니다. 구체적으로 경영자가 전제하고 있는 계속기업의 가정은 타당한지, 재무제표를 회계기준에 따라 작성했는지, 많은 추정의 근거와 방법은 합리적인지를 검증합니다. 그래서 재무제표가 정보이용자들에게 공정한 정보를 제공하고 있는지 판단함으로써 재무제표의 신뢰성을 제고하는 것이 회계감사의 기본적인 역할입니다.

회계감사는 경영자의 주장에 대한 타당성을 검증하여야 하므로 회사와 독립된 외부의 전문가에 의하여 수행됩니다. 따라서 감사인이 갖추어야 할 가장 큰 요건은 바로 **독립성**과 **전문성**입니다. 여기서 말하는 독립된 제3자로서의 전문가는 곧 **공인회계사**로 구성된 **회계법인**이 되며, 회사 내부의 상법상 감사나 감사위원회가 수행하는 내부감사와는 확연하게 구분됩니다. 구체적으로 감사인의 독립성과 전문성을 확보하기 위하여 '주식회사 등의 외부감사에 관한 법률(외감법)'과 '회계감사기준'을 통해 많은 요건을 규정하고 있습니다. 이처럼 감사인의 독립성이 강조되기 때문에 감사보고서의 공식 명칭도 '**독립된 감사인의 감사보고서**'입니다.

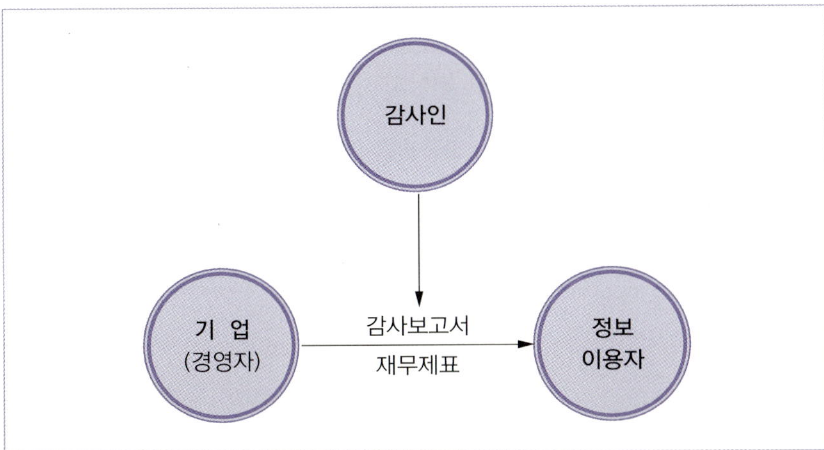

회계감사 대상기업

외감법에서 정하고 있는 외부 회계감사 대상 회사는 다음과 같습니다. 회사의 규모가 크고 이해관계자가 많을수록 외부감사의 필요성이 증대됩니다.

① 상장회사

② 상장예정회사

③ 직전 사업연도 말 자산총액이 500억원 이상인 회사

④ 직전 사업연도의 매출액이 500억원 이상인 회사

⑤ 다음 중 3개 이상에 해당하지 않는 회사

- 직전 사업연도 말 자산총액이 120억원 미만
- 직전 사업연도 말 부채총액이 70억원 미만
- 직전 사업연도의 매출액이 100억원 미만
- 직전 사업연도 말의 종업원이 100명 미만

회계뉴스

• '기업 외부감사기준' 주요국가 비해 크게 '후퇴', '외감 면제 기업 확대' 자산 기준 120억 미만, 유럽은 20억~70억대 미만에 적용 … 회계개혁에 역행 (내일신문, 2018.09.07)

회계기준과 감사기준

회계감사는 회계기준과 감사기준에 따라 수행됩니다. **회계기준**이 경영자가 제공하는 회계정보의 타당성을 검증하기 위한 감사인의 판단기준이라면, **감사기준**은 회계감사를 실시하고 감사의견을 표명함에 있어 감사인이 준수해야 할 절차에 관한 기준입니다.

이것은 마치 모든 운동경기에 경기규칙이 있고, 선수들이 그 규칙을 잘 지켜 공정한 경기가 이루어지도록 중립적인 입장의 심판이 필요한 것과 같습니다. 또한 운전자들이 자동차를 운전할 때도 지켜야 할 교통법규가 있고, 교통법규를 잘 지키는지 감독하기 위하여 교통경찰관이 현장에서 근무하거나 단속카메라를 설치하는 것도 같은 비유가 될 수 있습니다.

회계기준이 경기규칙이나 교통법규와 같이 재무제표 작성과 공시를 위한 기준이라면, 경기 심판이나 교통경찰관에게 요구되는 윤리기준과 업무지침이 있는 것처럼 회계감사 업무를 수행함에 있어서 감사인이 갖추어야 할 자세나 준수해야 할 행동지침을 정한 것이 감사기준입니다.

따라서 회계기준은 기업이 회계정보를 제공하는 과정에서 지켜야 할 기준이자 동시에 감사인의 회계감사에 필요한 판단기준인데 반하여, 감사기준은 감사인이 감사업무를 수행할 때 준수해야 할 기준이 됩니다.

우리나라 **회계감사기준**은 공인회계사회에 설치된 회계감사기준위원회가 제정하고, 금융위원회의 승인을 거쳐 확정됩니다. 현재의 회계감사기준은 **국제감사기준**(international standard on auditing, ISA)을 전면 도입하여 2018년부터 시행되고 있습니다.

회계뉴스

- 감사인 지정 받은 기업 '급증', 영업손실 · 관리종목 증가 여파, 작년 75% 늘어 1224사 (매일경제, 2020.01.22)

2. 감사보고서의 형식

감사보고서는 재무제표가 회계기준을 준수하여 공정하게 작성되었는지 여부에 대한 감사인의 의견을 보고서 형식으로 작성한 것입니다. 감사보고서는 금융감독원 전자공시시스템(dart.fss.or.kr)에서 확인할 수 있습니다. 12월 결산 상장법인은 통상 3월말(사업연도 경과 후 90일 이내)까지 사업보고서를 제출하여야 하고, 사업보고서 제출시에 감사보고서를 첨부하도록 되어 있습니다. 상장법인이 사업보고서를 기한 내에 제출하지 않을 경우 관리종목으로 지정되고, 아예 제출하지 않을 경우에는 상장폐지가 됩니다.

2018년부터 새로운 회계감사기준이 도입되면서 감사보고서 형식도 많은 변화가 있었습니다. 종전의 감사보고서에 비해 본문에서 제공하는 정보의 양이 크게 늘어나면서 재무제표 이용자들이 확인해야 할 내용도 많아졌습니다. 우선 감사보고서의 첫 문단에서 감사의견을 먼저 제시하도록 하고 있습니다. 감사보고서 분량이 늘면서 우선 결론부터 언급해야 할 필요성이 커진 탓입니다. 또 핵심감사사항과 강조사항 및 기타사항을 따로 구분하여 기재하도록 함으로써 회사의 회계와 관련된 주요 이슈들을 감사보고서 이용자들이 한눈에 파악할 수 있도록 하고 있습니다. 특히 회사의 핵심감사사항이 무엇인지 이에 대해 감사인은 어떤 감사절차를 수행했는지 구체적으로 설명합니다. 또 감사보고서 마지막 문단으로 실무책임을 맡은 업무담당이사의 이름까지 명기하여 책임성을 더욱 강조하고 있습니다.

감사보고서 본문 기재사항을 종전과 비교하면 다음과 같습니다.

괄호로 표시한 것은 해당사항이 있는 경우에만 기재합니다.

감사보고서 기재사항 비교

종 전	개 정
• 감사대상 재무제표 • 재무제표에 대한 경영진의 책임 • 감사인의 책임 • 감사의견 • (강조사항) • (기타사항) • 감사인 주소와 대표자 이름	• **감사의견** : 감사대상 재무제표 포함 • **감사의견근거** • (계속기업 관련 중요한 불확실성) • **핵심감사사항** • (강조사항) • (기타사항) • 재무제표에 대한 경영진과 회사지배기구의 책임 • 재무제표에 대한 감사인의 책임 • **업무담당이사 이름** • 감사인 주소와 대표자 이름

3. 감사의견의 종류

감사의견은 감사과정에서 감사범위의 제한 없이 감사절차를 적절히 수행했는지 여부, 재무제표의 회계기준 준수 여부 및 계속기업으로서의 존속가능성 등에 따라 적정의견, 한정의견, 부적정의견과 의견거절의 4가지로 구분됩니다. 실무적으로는 적정의견을 제외한 나머지 3가지 감사의견을 모두 묶어서 **비적정의견**으로 부르는데, 회계감사기준에서는 이를 **변형의견**이라고 합니다.

다음에서 4가지 감사의견에 대해 알아보고, 각각의 감사보고서 형식(감사의견과 감사의견근거 부분 발췌)을 소개합니다.

적정의견

적정의견은 감사인이 회사의 재무제표가 회계기준에 따라 중요성의 관점에서 공정하게 표시되고 있다고 판단할 때 표명되는 의견입니다. 이와 함께 별도 단락으로 적정의견을 표명하게 된 근거를 설명합니다.

> **감사의견**
>
> 우리의 의견으로는 별첨된 회사의 재무제표는 회사의 20×1년 12월 31일 현재의 재무상태와 동일로 종료되는 보고기간의 재무성과 및 현금흐름을 한국채택국제회계기준에 따라, **중요성의 관점에서 공정하게 표시하고 있습니다.**
>
> **감사의견근거**
>
> 우리는 감사기준에 따라 감사를 수행하였습니다. 이 기준에 따른 우리의 책임은 이 감사보고서의 재무제표감사에 대한 감사인의 책임 단락에 기술되어 있습니다. 우리는 재무제표감사와 관련된 대한민국의 윤리적 요구사항에 따라 회사로부터 독립적이며 그러한 요구사항에 따른 기타의 윤리적 책임들을 이행하였습니다. 우리가 입수한 감사증거가 감사의견을 위한 근거로서 충분하고 적합하다고 우리는 믿습니다.

적정의견에 대해 정보이용자들이 흔히 잘못 판단하는 경우가 있습니다. 즉 적정의견을 받은 기업은 재무상태가 좋아서 부도가 나지 않을 것이라고 오해하는 것입니다. 그렇지만 적정의견은 기업의 **재무제표가 회계기준을 제대로 준수하여 작성되었다**는 의미이지, 그 회사의 재무건전성이 양호하다는 뜻이 아닙니다. 따라서 자본이 완전 잠식된 회사라도 회계기준을 제대로 준수하였다면 적정의견을 받고, 아무리 이익이 많이 난 회사라도 회계기준을 준수하지 않았다면 적정의견을 받을 수 없습니다. 실제로 금융감독원이 분석한 자료에 의하면 2013년과 2014년도 재무제표에 대하여 적정의견을 받았던 상장법인 중에서도 2년 이내에 상장폐지된 회사의 비율은 각각 2.6%와 2.7%에 달했습니다.

또 적정의견을 받은 회사라고 해서 재무제표의 정확성을 보증해주는 것이 아니며, 회계분식이나 부정이 전혀 없음을 증명해주는 것도 아니라는 점에 유의하여야 합니다. 기업의 방대한 회계자료에 대해서 전수조사를 실시하는 것은 물리적으로 불가능하므로 회사의 내부통제시스템이 신뢰할 수 있는지 먼저 판단한 다음, 이를 기반으로 샘플링에 의한 표본감사를 실시하기 때문입니다.

적정의견 받은 회사 중 상장폐지 회사 수

(단위 : 사)

구 분	2013 회계연도	2014 회계연도
전체 상장법인	1,761	1,848
적정의견	1,745	1,832
2년 이내 상장폐지	45	50
(비 율)	(2.6%)	(2.7%)

(자료 : 금융감독원)

회계뉴스

- 주식투자 전 감사보고서 활용 꿀팁! … '적정의견'만 믿다간 큰코 다쳐, '강조사항' 주의 깊게 확인해야 (영남일보, 2020.02.22)

한정의견

한정의견은 회계기준 위반에 따른 영향이 중요하거나 **감사범위의 제한**으로 적정의견을 표명할 수 없지만 부적정의견 또는 의견거절을 표명할 정도로는 중요하지 않거나 전반적이지 않은 경우에 표명되는 의견입니다.

> **감사의견**
>
> 우리의 의견으로는 별첨된 회사의 재무제표는 **이 감사보고서의 한정의견근거 단락에 기술된 사항이 미치는 영향을 제외하고는**, 20×1년 12월 31일 현재의 재무상태와 동일로 종료되는 보고기간의 재무성과 및 현금흐름을 한국채택국제회계기준에 따라, **중요성의 관점에서 공정하게 표시하고 있습니다.**

한정의견을 표명할 경우에도 재무제표의 중요한 왜곡표시나 감사범위의 제한과 같은 한정의견의 근거를 감사의견에 이어 별도 문단에서 다음 예와 같이 설명하여야 합니다.

> **한정의견근거** (회계기준 위반 사례)
>
> ABC 주식회사의 재무상태표에는 재고자산이 ×××원으로 계상되어 있습니다. 경영진은 재고자산을 취득원가와 순실현가능가치 중 낮은 금액으로 표시하지 아니하고 취득원가로만 계상하였습니다. 이러한 회계처리는 한국채택국제회계기준에 위배된 것입니다. 회사의 기록에 따르면 만약 경영진이 취득원가와 순실현가능가치 중 낮은 금액으로 재고자산을 계상하였을 경우, 재고자산은 ×××원 만큼 감액되어 순실현가능가치로 계상되었어야 합니다. 따라서, 매출원가는 ×××원 만큼 증가되고 법인세 비용과 당기순이익 그리고 자본은 각각 ×××원, ×××원 및 ×××원 만큼씩 감소되었을 것입니다.

한정의견근거 (감사범위 제한 사례)

우리는 20×1년 6월 30일에 회사의 감사인으로 선임되었기 때문에, 보고기간 개시일 현재의 재고자산 실사에 입회하지 못하였습니다. 대체적인 방법으로도 해당 20×0년 12월 31일 현재 보유 중인 재고자산 수량에 대하여 만족할만한 결과를 얻지 못하였습니다. 기초 재고자산이 재무성과와 현금흐름의 결정에 영향을 미치기 때문에, 우리는 손익계산서에 보고된 연간 손익과 현금흐름표에 보고된 영업활동으로부터의 순현금흐름에 수정을 요하는 사항이 있는지 여부에 대하여 결정할 수 없었습니다.

유가증권시장 상장규정에 의하면 감사보고서 상 감사범위 제한으로 한정의견을 받게 되면 관리종목으로 지정이 되고, 관리종목으로 지정된 후 다음해에도 감사범위 제한으로 한정의견을 받으면 상장폐지가 됩니다. 코스닥기업은 반기보고서 상 감사범위 제한으로 한정의견을 받으면 관리종목으로 지정되고, 기말 감사보고서 상 감사범위 제한으로 한정의견을 받으면 상장이 폐지됩니다.

2018년도 회계감사와 관련해서 가장 큰 이슈가 됐던 회사 중 하나는 아시아나항공이었습니다. 아시아나항공은 2019년 3월 21일자 감사보고서에서 한정의견을 받아 2일간 거래정지를 당했습니다. 이에 회사가 감사인의 지적사항을 반영하여 재무제표를 수정한 후 재감사 신청을 하였고, 3월 26일자로 재발행된 감사보고서를 통해 적정의견을 받는 우여곡절이 있었지요. 당초 한정의견을 받았던 이유는 운용리스항공기의 정비의무와 관련한 충당부채, 마일리지 이연수익의 인식 및 측정, 손상징후가 발생한 유무형자산의 회수가능액, 당기 중 취득한 관계기업주식의 공정가치 평가, 에어부산의 연결 대상 포함 여부 및 연결재무정보 등과 관련해 충분하고 적합한 감사증거를 입수하지 못하였기 때문이라고 밝혔습니다.

회계뉴스

- 아시아나항공, 회계자료 부족으로 감사의견 '한정' 평가 (전자신문, 2019.03.22)
- '알짜' 에어부산, 어떻게 아시아나항공 종속회사 됐나, 감사의견 '한정' 당시 관계사 … 정정 통해 연결 포함 (이데일리, 2019.03.26)

부적정의견

부적정의견은 회계기준 위반으로 인한 영향이 특히 중요하고 전반적이어서 한정의견으로는 재무제표의 오도나 불완전성을 나타내기에 부적절하다고 판단한 경우에 표명하는 의견입니다. 부적정의견을 표명할 경우에도 다음과 같이 그 근거를 별도 단락으로 설명하여야 합니다.

감사의견

우리의 의견으로는 별첨된 회사의 재무제표는 이 감사보고서의 부적정의견근거 단락에 언급된 정보의 누락 때문에 회사의 20×1년 12월 31일 현재의 재무상태와 동일로 종료되는 보고기간의 재무성과 및 현금흐름을 한국채택국제회계기준에 따라 **중요성의 관점에서 공정하게 표시하고 있지 아니합니다.**

부적정의견근거

주석 ×에서 설명된 바와 같이, 연결회사는 20×1년 중에 취득한 종속기업 XYZ의 중요한 자산과 부채에 대하여 취득일 현재의 공정가치를 아직 결정하지 못하여 종속기업 XYZ의 재무제표를 연결하지 않았습니다. 따라서 회사는 이 종속기업에 대한 투자를 취득원가 기준으로 회계처리 하였습니다. 한국채택국제회계기준에 따르면 회사는 종속기업 XYZ를 연결하고 잠정금액에 근거하여 회계처리하여야 합니다. XYZ 종속기업이 연결대상에 포함되었다면 별첨된 연결재무제표의 많은 요소들이 중요하게 영향을 받을 것입니다. 종속기업 XYZ의 재무제표가 연결대상에 포함되지 않았으므로 별첨 연결재무제표에 미치는 영향은 결정되지 아니하였습니다.

유가증권시장이든 코스닥시장이든 모든 상장기업은 **반기 검토보고서 상 검토의견**이 부적정의견일 경우 관리종목으로 지정되고, **기말 감사보고서 상 감사의견**이 부적정의견이면 바로 상장이 폐지됩니다. 검토보고서와 검토의견은 분기 또는 반기재무제표에 대한 의견을 말하는데 뒤에서 구체적으로 설명합니다.

의견거절

감사인은 회사의 내부통제시스템이 미비하거나 감사인 선임이 늦어져 정규의 감사절차를 수행할 수 없어서 감사의견 표명에 필요한 충분하고 적합한 감사증거를 입수할 수 없고, 이로 인하여 발견되지 아니한 왜곡표시가 재무제표에 미치는 영향이 중요하고 동시에 전반적이라고 판단되면 의견을 거절합니다. 또 이와 함께 의견거절의 근거를 별도 문단으로 설명하여야 합니다.

감사의견

우리는 별첨된 회사의 재무제표에 대하여 **의견을 표명하지 않습니다.** 우리는 이 감사보고서의 의견거절근거 단락에서 기술된 사항의 유의성 때문에 재무제표에 대한 감사의견의 근거를 제공하는 충분하고 적합한 감사증거를 입수할 수 없었습니다.

의견거절근거

우리는 20×1년 12월 31일 이후까지 회사의 감사인으로 선임되지 않았으며, 이에 우리는 당 보고기간의 기초와 기말의 재고자산 실사에 입회하지 못하였습니다. 우리는 회사의 재무상태표에 계상된 20×0년과 20×1년 12월 31일 현재의 재고자산 ×××원과 ×××원에 대하여 대체적인 방법으로도 그 수량에 대하여 만족할 수 없었습니다. 뿐만 아니라 회사가 20×1년 9월에 새로 도입한 매출채권전산시스템에 다수의 오류가 발생하였습니다. 경영진은 보고서일 현재 상기 시스템의 미비점을 교정하고 오류를 수정하는 과정에 있습니다. 우리는 회사의 재무상태표에 계상된 20×1년 12월 31일 현재의 매출채권 잔액 ×××에 대하여 대체적인 방법으로도 이를 확인하거나 검증할 수 없었습니다. 이와 같은 사항들의 결과, 우리는 기록되었거나 기록되지 아니한 재고자산과 매출채권, 그리고 손익계산서, 자본변동표, 현금흐름표의 구성요소에 관하여 수정이 필요한 사항이 발견되었을 것인지 여부를 결정할 수 없었습니다.

유가증권시장과 코스닥시장의 모든 상장기업은 **반기 검토보고서 상 검토의견**이 의견거절인 경우 관리종목으로 지정되고, **기말 감사보고서 상 감사의견**이 의견거절인 경우에는 바로 상장폐지됩니다. 그러므로 관리종목 지정과 상장폐지 요건 관점에서는 부적정의견과 의견거절이 동일한 영향을 미칩니다.

지금까지 설명한 감사의견의 구분기준을 요약하면 다음과 같습니다. 회계기준을 위배하여 재무제표가 왜곡표시되었더라도 경미한 경우에는 적정의견, 중요한 경우에는 한정의견, 특히 중요하고 전반적인 경우에는 부적정의견을 표명합니다. 감사범위의 제한 역시 중요하지 않은 경우에는 적정의견, 중요하지만 전반적이지 아니한 경우에는 한정의견을 표명하고, 중요하고 전반적인 경우에는 의견거절을 표명합니다. 여기서 감사의견을 결정하는 중요성의 정도 즉 '경미하다', '중요하다', '특히 중요하다'의 구분은 감사인의 전문적인 판단영역에 속합니다. 뒤에서 설명할 계속기업의 가정과 관련한 감사의견까지 비교목적으로 함께 요약하였습니다.

감사의견의 구분

<table>
<tr><th colspan="3"></th><th>적정의견</th><th>한정의견</th><th>부적정의견</th><th>의견거절</th></tr>
<tr><td rowspan="3">회계기준 위배</td><td colspan="2">중요하지 않음</td><td>✓</td><td></td><td></td><td></td></tr>
<tr><td colspan="2">중요하지만 전반적이지 아니함</td><td></td><td>✓</td><td></td><td></td></tr>
<tr><td colspan="2">중요하고 전반적임</td><td></td><td></td><td>✓</td><td></td></tr>
<tr><td rowspan="3">감사범위 제한</td><td colspan="2">중요하지 않음</td><td>✓</td><td></td><td></td><td></td></tr>
<tr><td colspan="2">중요하지만 전반적이지 아니함</td><td></td><td>✓</td><td></td><td></td></tr>
<tr><td colspan="2">중요하고 전반적임</td><td></td><td></td><td></td><td>✓</td></tr>
<tr><td rowspan="3">계속기업 가정</td><td rowspan="2">가정이 타당하지만 중요한 불확실성 존재</td><td>공 시</td><td>✓</td><td></td><td></td><td></td></tr>
<tr><td>미공시</td><td></td><td>✓</td><td>✓</td><td></td></tr>
<tr><td colspan="2">가정이 타당하지 않음</td><td></td><td></td><td></td><td>✓</td></tr>
</table>

우리나라 상장기업의 감사의견 추이

금융감독원이 2014년부터 2018년까지 상장법인 감사보고서를 분석한 결과 나타난 적정의견과 비적정의견의 비율은 다음과 같습니다. 2018회계연도의 경우 98.1%인 2,187개 회사가 적정의견을 받았고, 나머지 1.9%에 해당하는 43개 회사가 비적정의견을 받은 것으로 나타났습니다. 비적정의견을 받은 회사 중 한정의견은 8개, 나머지 35개는 의견거절을 받았으며 부적정의견은 없었습니다.

최근 5년간 적정의견 비율 및 비적정의견 기업수 추이

(단위 : 기업수, %)

사업연도	2014	2015	2016	2017	2018
적정 (비율)	1,829 (99.0)	1,990 (99.4)	2,060 (99.0)	2,123 (98.5)	2,187 (98.1)
비적정	19	12	21	32	43
합계	1,848	2,002	2,081	2,155	2,230

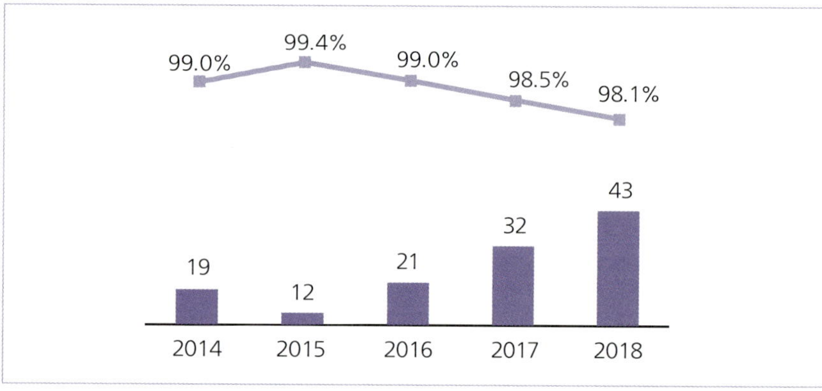

(자료 : 금융감독원)

회계뉴스

- 상장사 43개, 작년 감사의견 '비적정' … 34% 증가, 의견거절 35곳 한정 8곳, "감사인 지정기업 증가 때문", 계속기업 불확실성 85곳 달해 (헤럴드경제, 2019.08.13)
- '비적정'의견에 무더기 하한가, 상장사들 회계감사 '쇼크' (한국일보, 2019.08.16)
- 외부감사 결과 '의견거절' … 法 "성지건설 상장폐지 정당" (파이낸셜뉴스, 2020.02.23)

건강진단과 회계감사

앞에서 설명한 4가지 감사의견을 건강진단 결과와 비교해볼까요? 다만 건강진단은 환자의 건강상태에 대한 판단이지만 감사의견은 회사의 재무상태나 재무성과에 대한 평가가 아니라는 점에서 차이가 있습니다. 즉 감사의견은 재무제표가 회계기준을 준수하여 공정하게 표시되고 있는지 여부를 판단하는 것이라는 점을 다시 한번 강조합니다.

건강진단 결과 혈압이 약간 높은 것을 제외하고는 전반적으로 건강에 문제가 없다는 판정을 받았다면 회계감사에서는 적정의견에 해당합니다. 시력이 다소 좋지 않거나 자주 감기에 걸리는 체질인 경우에도 적정의견을 받을 수 있습니다. 반면에 위암 진단을 받았는데 수술로 완쾌될 확률이 높다면 한정의견을 받습니다. 위암이 위험한(중요한) 병이지만 치료가 가능하고 다른 건강상태는 양호하기 때문입니다. 이에 반해 폐암 말기라는 심각한 판정을 받았다면 회계감사에서는 부적정의견에 해당합니다. 폐암 말기라는 위중한 상태에서 폐암을 빼고는 건강하다는 의견은 있을 수 없지요. 또 당장 위급한 상황은 아니더라도 고도비만으로 당뇨병, 고혈압, 고지혈증, 지방간, 우울증 등 전반적인 건강에 문제가 있어서 '걸어다니는 종합병원'으로 불리울 정도라면 부적정의견을 받습니다. 마지막으로 뇌경색으로 의심되는 환자를 병원으로 급히 데려갔더니 장비가 없다는 이유로 큰 병원으로 가보라는 의사의 권유가 있었다면 이는 의견거절을 받은 것과 다름없습니다. 물론 이 경우는 장비를 갖추지 못한 병원 탓이지만, 회계감사의 의견거절은 감사인이 아니라 회사에 귀책사유가 있다는 점에서 차이는 있습니다.

4. 감사보고서의 특별한 기재사항

감사의견에 직접 영향을 미치지는 않지만 정보이용자들이 알아야 할 중요한 정보는 감사보고서 본문에 특별히 기재합니다. 회계감사기준에서 기재를 요구하는 특별한 기재사항으로는 계속기업 관련 불확실성, 핵심감사사항, 강조사항, 기타사항 등이 있습니다.

계속기업 관련 불확실성

계속기업의 불확실성이 존재하는 경우에도 중요성의 정도에 따라 감사의견은 적정의견, 한정의견, 부적정의견, 의견거절을 표명할 수 있습니다. 즉 계속기업의 불확실성이 중요하지만(불확실성이 아주 경미하다면 감사보고서에 언급할 필요도 없음) 계속기업의 가정이 타당하고 이러한 사실을 회사가 적절하게 공시한 경우에는 적정의견을 표명합니다. 만약 회사가 적절한 공시를 하지 않은 경우에는 중요도에 따라 한정의견 또는 부적정의견을 표명합니다. 또 재무제표 전반에 유의적인 영향을 미치는 여러 중요한 불확실성이 있어서 계속기업의 가정이 타당하지 않은 경우에는 공시여부와 관계없이 의견거절을 표명합니다.

계속기업 관련 중요한 불확실성이 있는 경우 중요도에 따라 감사보고서의 감사의견 바로 다음에 별도 항목으로 구분하여 크게 강조할 수도 있고, '핵심감사사항' 다음에 열거하는 '강조사항'에 포함시켜 설명할 수도 있습니다.

따라서 기업이 적정의견을 받았더라도 감사보고서의 강조사항 문단에서 계속기업 관련 불확실성을 언급하는 경우에는 특별한 주의가 필요합니다. 금융감독원이 2017년에 발표한 자료에 의하면 외부감사인이 강조사항으로 계속기업 불확실성을 언급한 회사는 그렇지 않은 경우보다 상장폐지 비율이 훨씬 높다는 결과를 보여주고 있습니다. 구체적으로 계속기업 불확실성을 강조사항에 기재한 적정의견기업 중 2년 내에 상장폐지된 비율(16.2%)이 강조사항을 기재하지 않은 기업 중 상장폐지된 비율(2.2%)보다 약 8배 가까이 높게 나타났습니다.

적정의견 표명 이후 2년 이내 상장폐지 비율

계속기업 불확실성 강조 여부	2014 회계연도 적정의견기업(a)	상장폐지 기업 수			
		2015년	2016년	합계(b)	비율(b/a)
강조함	74	7	5	12	16.2%
강조하지 않음	1,758	16	16	22	2.2%

(자료 : 금융감독원)

다음은 계속기업 관련 중요한 불확실성은 있지만 적정의견을 받았던 아시아나항공의 2018년도 감사보고서 사례입니다. 앞에서 언급한 대로 재감사를 통해 한정의견을 받았던 사유들이 해소되어 최종적으로는 적정의견을 받았습니다.

계속기업 관련 중요한 불확실성

재무제표에 대한 주석 37번에 주의를 기울여야 할 필요가 있습니다. 재무제표에 대한 주석 37번은 회사가 영위하는 항공운송업은 환율, 유가 등의 대외적 변수에 따라 수익성이 민감하게 변화하고 저가 항공사의 노선 확장으로 인하여 경쟁이 심화되고 있으며, 당기말 현재 유동부채는 유동자산을 17,364억원만큼 초과하고 있다는 사실을 기재하고 있습니다. 또한, 회사는 한국산업은행의 주채무계열 소속기업체 평가에서 심층관리대상기업으로 선정되었으며, 2018년 4월 6일에 한국산업은행 및 최대주주인 금호산업㈜ 등과 재무구조 개선을 위한 양해각서를 체결하였습니다. 회사는 상기 양해각서의 이행을 위하여 자산 매각 등의 재무구조개선계획을 이행중에 있으며, 동 양해각서에는 회사가 양해각서 내용 미이행시 회사에 대한 신규여신 중지, 만기도래 여신 회수, 기취급여신의 기한이익 상실, 경영진 교체 권고 등의 조치 내용이 포함되어 있습니다.

한편, 회사의 재무제표는 자산과 부채가 정상적인 사업활동 과정을 통하여 장부가액으로 회수되거나 상환될 수 있다는 가정하에 회계처리 되었으나, 향후 환율 및 유가 등의 대외적 변수 등으로 인해 재무상태나 경영성과 등이 큰 폭으로 변동될 가능성이 있으며, 재무구조개선 양해각서의 이행의 최종 결과 및 동 양해각서의 재체결 여부에 따라서도 좌우되는 중요한 불확실성을 내포하고 있습니다. 이러한 상황은 계속기업으로서의 존속능력에 유의적 의문을 제기할 만한 중요한 불확실성이 존재함을 나타냅니다. 그러나 이로 인한 회사의 계속기업으로서의 존속능력에 미칠 궁극적인 영향은 현재로서는 측정할 수 없으며, 따라서 불확실성의 최종 결과로 발생할 수도 있는 조정사항은 재무제표에 반영되지 않았습니다. **우리의 의견은 이 사항으로부터 영향을 받지 아니합니다.**

핵심감사사항

감사인이 회계감사를 수행하는 과정에서 가장 중요하다고 판단한 사항 즉 특별히 세심한 주의를 기울인 사항을 **핵심감사사항**이라고 합니다. 예를 들면 건설업이나 조선업 등 수주산업의 진행기준에 의한 수익인식, 영업권의 손상평가, 공정가치 측정과 같이 추정의 불확실성이 높거나 왜곡표시될 위험이 높은 재무제표 항목에 대한 감사가 주로 그 대상이 됩니다.

감사인은 감사위원회 등 기업의 내부감시기구와 협의를 통해 핵심감사사항을 선정하고 감사보고서에 핵심감사사항으로 선정한 이유와 감사인이 수행한 감사절차에 대해 기술하여야 합니다. 이로써 감사보고서가 회사의 주요 재무적 이슈에 대해 구체적인 정보를 제공하고 수행된 감사에 대하여 투명성을 제고하여 궁극적으로 감사품질을 높일 수 있습니다.

감사보고서 상 핵심감사사항의 기재는 2018년 자산총액 2조원 이상 상장회사를 시작으로, 2019년에는 1천억원 이상, 2020년부터는 모든 상장회사에 적용됩니다.

삼일회계법인이 2018년 결산 감사보고서를 대상으로 조사한 결과에 의하면 별도재무제표에 대한 감사보고서 상 154개 기업, 연결재무제표에 대한 감사보고서 상 147개 기업이 핵심감사사항을 공시한 것으로 나타났습니다. 구체적인 유형별로는 수익인식과 자산손상에 대한 내용이 가장 큰 비중을 차지하였고, 다음으로 공정가치 측정 순으로 나타났습니다. 이들 3가지 항목을 핵심감사사항으로 기재한 감사보고서는 전체의 70% 가까이 되었다고 합니다. 재무제표이용자들은 감사보고서에서 핵심감사사항이 무엇인지 그리고 이에 대해 감사인이 수행한 감사절차와 함께 이와 관련되는 과목의 주석사항을 꼼꼼히 챙겨볼 필요가 있습니다.

회계뉴스

- 삼일회계법인 "외부감사인 핵심감사사항 수익인식 · 자산손상 · 공정가치 순", 2018년 재무제표 공시 분석해 밝혀 (일간 NTN, 2019.10.01)
- 기업 내부회계관리제도 첫 감사 … 핵심감사사항 적용 확대 (연합뉴스, 2019.12.30)

강조사항

강조사항 문단은 주석을 통해 공시된 내용이지만 이용자가 재무제표를 이해하는데 중요한 사항이라고 판단되어 특별히 감사보고서 본문에 포함시키는 문단입니다.

강조사항 문단에 기재되는 사항의 예로는 계속기업의 가정이나 소송사건 등 중대한 불확실성이 존재하거나, 특수관계자와의 중요한 거래, 영업환경의 변경에 대한 사항 등입니다. 이러한 강조사항은 회사의 향후 재무상태와 재무성과에 중요한 영향을 미칠 수 있으므로 주의 깊게 해당 내용을 확인할 필요가 있습니다.

앞에서 소개했던 금융감독원의 2018회계연도 감사보고서 분석 결과에 의하면 강조사항으로 기재한 주요 내용은 수주산업 핵심감사사항 223건, 특수관계자 등 중요한 거래 154건, 합병 등 영업환경이나 지배구조 변화 131건, 회계변경 117건, 소송 등 중대한 불확실성 34건 등이었습니다.

다음은 2018 사업연도 한정의견을 받았던 위 아시아나항공이 4가지 수정사항을 반영하여 재무제표를 재작성하였고, 이를 바탕으로 적정의견을 받게 되었다는 사실을 강조사항으로 밝힌 사례입니다.

당기 재무제표 재작성 등에 대한 감사인의 강조사항

이용자는 재무제표에 대한 주석 40에 주의를 기울여야 할 필요가 있습니다. 재무제표에 대한 주석 40에 기술하고 있는 바와 같이 회사는 마일리지이연수익과 관련한 매출액 과대계상 39,056백만원, 운용리스항공기의 정비충당부채 과소계상 42,464백만원, 투자주식손상차손 과소계상 22,278백만원, 관계기업투자주식 관련 자산과 부채의 과소계상 32,426백만원 등을 수정 반영하여 별첨 당기 재무제표를 재작성하였습니다. 이로 인해 당기포괄손익계산서 상 영업손익은 80,975백만원만큼 감소하고 법인세비용차감전순손실은 103,254백만원만큼 증가하여 수정 후 영업손실은 35,072백만원이며 수정 후 법인세비용차감전순손실은 122,329백만원입니다.

기타사항

기타사항 문단에는 재무제표에 표시되거나 공시되지 않은 사항이지만 정보이용자가 감사보고서를 이해하는데 관련성이 있다고 판단하는 내용을 언급합니다.

다음은 위 아시아나항공의 재무제표 수정과 관련하여 감사인이 2019년 3월 21일자로 발행했던 이전 감사보고서는 더 이상 유효하지 않다는 사실을 기타사항으로 강조하고 있습니다.

> **기타사항**
>
> 별첨 당기 재무제표는 상기의 수정사항을 반영하여 재작성된 것이므로 2019년 3월 21일자 회사의 이사회에서 승인된 재무제표와 상이하며, 2019년 3월 26일자 이사회에서 승인된 수정 재무제표에 대하여 본 감사보고서를 재발행하게 되었습니다. 따라서 우리가 2019년 3월 21일자로 발행한 감사보고서는 더 이상 유효하지 않으며 회사의 재무제표와 관련하여 사용될 수 없습니다.

5. 중간재무제표와 검토보고서

상장법인이 작성하는 중간재무제표에 대해서는 회계감사기준에 따른 회계감사가 아니라 '중간재무제표 검토준칙'에 따라 **검토업무**를 수행합니다. 따라서 감사인은 중간재무제표에 대해서 감사보고서가 아닌 **검토보고서**를 작성하게 됩니다. 연차재무제표에 대해서 회계감사를 통해 **적극적 확신**을 표명한다면, 중간재무제표에 대해서는 감사보다는 낮은 수준인 **소극적 확신**을 제공합니다. 즉 검토업무는 주로 질문과 분석적 절차에 의거 수행되고, 회계감사보다 그 범위가 제한적이므로 감사의견 대신 **검토의견**을 표명합니다. 구체적으로 중간재무제표를 검토하는 과정에서는 정규의 감사절차라면 생략할 수 없는 재고자산에 대한 실사 입회나 채권・채무에 대한 거래처 조회 등의 절차를 수행하지 않습니다.

검토업무를 수행하는 과정에서도 중요한 왜곡표시 등이 발견되는 경우에는 중요성의 정도에 따라 한정의견이나 부적정의견 또는 의견거절을 표명합니다.

결산재무제표에 대한 감사보고서는 사업보고서와 함께 결산종료일로부터 90일 이내에 제출하고, 중간재무제표에 대한 검토보고서는 분기 또는 반기보고서와 함께 분・반기 종료일로부터 45일 이내에 제출합니다. 중간재무제표에 비해 결산재무제표는 기업의 결산절차나 감사인의 감사절차가 그만큼 복잡한 탓에 제출기한이 배로 늘어납니다.

감사보고서 상의 감사의견(적정의견)과 검토보고서 상의 검토의견(적정의견) 문구를 비교해보면 위에서 언급했던 적극적 확신과 소극적 확신의 차이를 비교할 수 있습니다. 즉 감사의견은 회사의 재무제표가 회계정보를 공정하게 표시하고 있다고 적극적으로 확인해주는데 반해, 검토의견은 공정하게 표시하지 않은 사항이 발견되지 않았다는 언급을 할 뿐 공정하게 표시된 재무제표라는 적극적인 의견을 표명하지는 않습니다.

감사의견	검토의견
우리의 의견으로는 별첨된 회사의 재무제표는 회사의 20×2년 12월 31일과 20×1년 12월 31일 현재의 재무상태와 동일로 종료되는 양 보고기간의 재무성과 및 현금흐름을 한국채택국제회계기준에 따라, 중요성의 관점에서 **공정하게 표시하고 있습니다.**	본인의 검토 결과 상기 반기재무제표가 한국채택국제회계기준 제1034호(중간재무보고)에 따라 중요성의 관점에서 **공정하게 표시하지 않은 사항이 발견되지 아니하였습니다.**

10

CHAPTER

재무제표분석 : 재무정보의 활용

지금까지 재무제표를 읽고 그 정보를 해석하기 위하여 회계의 기초개념에서 출발하여 재무제표 전반에 관한 내용은 물론 회계정보의 신뢰성 제고를 위한 회계감사까지 공부하였습니다. 그렇지만 막상 금융감독원 전자공시시스템에서 관심기업의 재무제표를 직접 검색해 보면 재무제표가 한 눈에 잘 들어오지 않습니다. 그 이유는 대부분 상장기업들의 재무제표가 수많은 과목들로 구성되어 복잡한데다 금액 또한 매우 크기 때문입니다.

그래서 재무제표를 활용하기 쉽도록 정보를 재가공할 필요가 있습니다. 구체적인 가공 방법으로 형식을 단순화하여 재무제표를 재작성하는 방법과 주요 항목들 간의 관계비율을 구하는 2가지 방법이 있습니다. 전자는 백분율 재무제표 또는 추세형 재무제표를 작성하는 방법이고, 후자는 비율분석을 이용하는 방법입니다. 우선 백분율 재무제표와 추세형 재무제표에 대해서 먼저 알아봅니다.

1. 백분율 재무제표와 추세형 재무제표

재무제표를 단순화하는 방법으로 재무제표의 주요 항목의 구성비율을 한 눈에 볼 수 있도록 **백분율 재무제표**를 작성하는 방법이 있습니다. 백분율 재무제표는 재무상태표의 경우 자산총액을 100으로 하고, 손익계산서는 매출액을 100으로 하여 작성합니다. 그리고 기간별 추세 비교를 위해 기준연도를 100으로 하고 3년 또는 5년 간의 지수를 이용한 **추세형 재무제표**를 작성하기도 합니다. 또 교과서적인 접근은 아니지만 회사 규모에 따라 재무제표 금액 단위를 백억원, 천억원 등으로 대폭 단순화하는 방법도 있습니다. 삼성전자의 경우라면 조 단위도 좋겠지요. 그런 다음에 또 일정금액 이하의 중요하지 않은 과목은 기타항목으로 묶은 후 **요약재무제표**를 다시 작성하면 재무제표가 한 눈에 보일 수 있습니다.

다음은 삼성전자(별도)의 2016년부터 2018년까지의 재무상태표와 포괄손익계산서를 백분율 재무제표와 추세형 재무제표로 재작성한 것입니다. 지면 관계상 구체적인 과목은 생략하였고, 추세형 재무제표는 2016년을 기준연도로 삼아 작성하였습니다.

삼성전자 백분율 재무상태표

(단위 : %)

	2018.12.31	2017.12.31	2016.12.31
자산			
유동자산	37	35	40
비유동자산	63	65	60
자산총계	100	100	100
부채			
유동부채	20	22	19
비유동부채	1	1	2
부채총계	21	24	21
자본총계	79	76	79
자본과부채총계	100	100	100

삼성전자 백분율 포괄손익계산서

(단위 : %)

	2018	2017	2016
수익(매출액)	100	100	100
매출원가	60	63	73
매출총이익	40	37	27
판매비와관리비	15	16	17
영업이익	26	22	10
기타수익	1	2	2
기타비용	0	1	1
금융수익	2	3	4
금융비용	2	3	4
법인세비용차감전순이익	26	23	11
법인세비용	7	5	2
당기순이익	19	18	9
기타포괄손익	0	0	0
총포괄손익	19	18	9

삼성전자 추세형 재무상태표

(단위 : %)

	2018.12.31	2017.12.31	2016.12.31
자산			
유동자산	114	100	100
비유동자산	133	122	100
자산총계	125	113	100
부채			
유동부채	127	131	100
비유동부채	91	68	100
부채총계	124	125	100
자본총계	126	110	100
자본과부채총계	125	113	100

삼성전자 추세형 포괄손익계산서

(단위 : %)

	2018	2017	2016
수익(매출액)	127	121	100
매출원가	104	104	100
매출총이익	187	165	100
판매비와관리비	109	112	100
영업이익	320	255	100
기타수익	44	127	100
기타비용	39	83	100
금융수익	64	70	100
금융비용	62	73	100
법인세비용차감전순이익	302	248	100
법인세비용	368	246	100
당기순이익	283	249	100
기타포괄손익	(123)	104	100
총포괄손익	273	245	100

2. 비율분석 : 재무제표 항목 간의 관계비율

본격적인 재무제표분석은 상호 관련이 있는 재무제표 항목 간의 비율을 산출하여 기업의 재무상태와 재무성과를 판단하는 방법입니다. 예를 들면 유동자산과 유동부채를 비교하여 기업의 지급능력을 판단하고, 부채와 자본을 비교하여 재무구조를 판단합니다. 또 매출액과 이익을 비교하여 기업의 수익성을 판단하고, 전기 매출액과 당기 매출액을 비교하여 성장성을 판단할 수 있습니다. 이처럼 재무제표 항목 간의 관련성을 비율로 나타내어 기업의 유동성, 안정성, 수익성, 활동성, 성장성 등을 판단할 수 있는데, 이러한 분석방법을 **비율분석**이라고 합니다. 비율분석은 재무제표에 나타나는 수치를 바로 이용하기 때문에 자료수집이 용이하고, 분석기법이 단순한 데다 그 결과를 쉽게 해석할 수 있어서 매우 유용합니다.

분석 결과 산출된 비율은 **산업평균비율**이나 **경쟁기업비율** 또는 해당 기업의 **과거 비율**과 비교하여 평가합니다. 산업평균비율로는 한국은행이 매년 발간하는 '**기업경영분석**'의 산업별, 기업규모별 비율이 있고, 경쟁기업비율은 동종 업종의 선도기업이나 경쟁기업의 비율을 사용할 수 있습니다. 또 해당 기업의 과거 3년 내지 5년 간의 비율과 비교함으로써 추세 변화를 쉽게 판단할 수 있습니다.

한국은행 기업경영분석 자료 찾아보기

한국은행 홈페이지 – 조사·연구 – 간행물 – 발간주기별 검색 – 연간 – 기업경영분석 – 연도별 기업경영분석 결과 (해설 및 통계편)

3. 단기 지급능력을 판단하는 유동성 분석

유동성 분석은 기업의 단기 지급능력을 판단하기 위하여 **유동성 비율**을 산정하여 측정합니다. 단기지급능력은 일반적으로 기업이 보유하고 있는 유동자산의 크기에 좌우됩니다. 유동성비율은 기업에 자금을 대출한 금융기관이나 외상으로 상품을 공급한 거래처처럼 단기신용 제공자들이 주로 관심을 갖습니다. 유동성비율에는 유동비율, 당좌비율, 순운전자본비율 등이 있습니다.

유동비율

유동비율은 유동자산을 유동부채로 나누어 구하는 비율로서 기업의 단기지급능력을 판단하는데 유용한 지표입니다. 이론적으로는 유동비율이 200% 이상이어야 안전하다고 하지만 실제로 이 요건을 갖춘 기업은 많지 않습니다. 다만 유동자산 전부가 1년 이내에 현금화된다는 보장이 없으므로, 유동비율이 100% 수준이라면 유동성에 문제가 있다고 판단해야 합니다. 1년 이내에 매출채권이 전액 회수되고, 재고자산이 모두 팔린다고 볼 수 없기 때문이지요. 또 대손충당금은 충분히 설정됐는지, 재고자산의 가격하락이 제대로 반영되었는지 확신할 수 없는 경우도 있습니다. 그래서 기업의 지급능력을 제대로 파악하기 위해서는 유동비율과 다음에 설명하는 당좌비율을 함께 놓고 판단해야 합니다.

$$\text{유동비율(\%)} = \frac{\text{유동자산}}{\text{유동비율}}$$

매년 말 우리나라 제조업 평균 유동비율은 다음과 같습니다.

연도	2018	2017	2016
유동비율(%)	144.7	138.8	137.7

(자료 : 한국은행)

당좌비율

당좌비율은 당좌자산을 유동부채로 나누어 구하는 지표로서 기업의 단기지급능력을 판단하는데 유용한 지표입니다. 당좌자산에는 현금유입이 이루어지지 않는 선급금이나 선급비용은 포함되지 않으며, 당좌비율은 보통 100% 정도면 안전하다고 판단합니다.

$$당좌비율(\%) = \frac{당좌자산}{유동비율}$$

우리나라 전체 제조업의 평균 당좌비율은 다음과 같습니다.

연도	2018	2017	2016
당좌비율(%)	109.2	107.6	108.3

(자료 : 한국은행)

유동비율과 당좌비율이 높을수록 지급능력이 좋은 것은 맞지만, 그렇다고 높을수록 양호한 기업이라고 평가할 수는 없습니다. 이들 비율이 지나치게 높다면 자금이 경영활동에 충분히 투입되지 않았다는 뜻이고 따라서 자금 운용의 효율성이 떨어진다는 의미가 되기 때문입니다.

순운전자본비율

순운전자본비율은 순운전자본을 총자본(부채와 자본의 합계금액 즉 총자산)으로 나눈 비율입니다. **순운전자본**(net working capital, NWC)은 유동자산에서 유동부채를 차감한 금액으로 기업의 지급여력을 나타냅니다. 순운전자본이 음수(−)인 상황이 지속되면 계속기업으로서의 불확실성을 걱정해야 합니다.

$$순운전자본비율(\%) = \frac{순운전자본}{총자본}$$

다음은 우리나라 제조업 평균 순운전자본비율의 추세입니다.

연도	2018	2017	2016
순운전자본비율(%)	12.6	11.5	11.3

(자료 : 한국은행)

4. 재무구조와 자본배분의 안정성 분석

안정성 분석은 기업이 어느 정도 타인자본에 의존하고 있는지 비율로 측정하는 방법입니다. 앞에서 레버리지효과를 언급한 바 있지만, 타인자본의존도가 높을수록 자기자본이익률이 확대되는 반면 기업의 위험도 또한 커집니다. 타인자본의존도를 판단하는 안정성비율로는 부채비율, 차입금의존도, 이자보상배율 등이 있습니다. 안정성을 판단하는 또 다른 방법으로 기업의 자본과 자산이 어떻게 균형을 이루고 있는지 비율을 산출하여 기업위험을 평가하는 방법도 있습니다. 구체적으로 비유동비율과 비유동장기적합률 등이 이에 해당합니다.

부채비율

부채비율은 부채(타인자본)를 자본(자기자본)으로 나누어 구하는 지표로서 기업의 재무구조를 판단하는 가장 대표적인 비율입니다.

$$\text{부채비율(\%)} = \frac{\text{부 채}}{\text{자 본}}$$

1997년말 우리나라 제조기업들의 부채비율은 평균 396%로 부채가 자기자본의 4배 가까울 정도로 높았는데, 이것이 바로 IMF 외환위기의 주된 원인이 되었습니다. 2018년말 현재의 우리나라 제조업 평균 부채비율은 73.6%로 낮은 수준이지만 중소기업은 대기업에 비해서 배 이상 높았습니다. 대기업은 58.7%, 중소기업은 125.7%입니다.

다음은 우리나라 제조업 전체의 평균 부채비율입니다.

연도	2018	2017	2016
부채비율(%)	73.6	77.0	80.2

(자료 : 한국은행)

부채비율은 낮을수록 기업의 안정성이 높지만 다른 한편으로 적정 규모의 부채는 기업의 자기자본이익률(ROE)을 확대시키는 효과(레버리지효과)와 함께 이자비용의 절세효과를 기대할 수도 있어서 긍정적인 측면도 있습니다.

부채비율과 마찬가지로 기업의 재무적 위험을 나타내는 지표로

자기자본비율이 있습니다. 부채비율이 부채와 자기자본을 비교한 상대비율이라면 자기자본비율은 총자본 중 자기자본이 차지하는 구성비율입니다. 따라서 부채비율이 높을수록 자기자본비율은 낮아지고, 부채비율을 알면 자기자본비율도 계산할 수 있습니다. 그럼 2018년 말 우리나라 제조업 평균 부채비율 73.6%를 이용해 자기자본비율을 계산해볼까요? 부채비율 73.6%는 자기자본이 100일 때 부채가 73.6이라는 의미이므로 총자본은 173.6이 됩니다. 따라서 자기자본의 구성비율은 57.6%(100/173.6)로 구해집니다.

$$자기자본비율(\%) = \frac{자기자본}{총자본}$$

차입금의존도

차입금의존도는 기업이 투자한 총자본 중에서 차입금이 차지하는 비율로서 부채비율과 더불어 기업의 안전성을 판단하기 위해 자주 사용되는 지표입니다. 부채비율은 부채총액과 자기자본과의 상대비율인데 반해 차입금의존도는 총자본 중 차입금이 차지하는 구성비율이라는 점에서 차이가 있습니다. 차입금은 이자비용을 부담하는 부채로서 **이자부부채**라고도 하는데, 장단기 차입금과 사채 등이 포함됩니다. 높은 부채비율에 혼쭐이 났던 우리 기업들이 IMF 외환위기 이후 **무차입경영**을 기치로 내세운 경우가 많았는데, 무차입경영은 부채가 없다는 뜻이 아니라 바로 차입금의존도가 0이라는 의미입니다. 투자정보에서 자주 볼 수 있는 **자산대비차입금비중**은 차입금의

존도와 같은 의미입니다. 자산총액이 곧 자본총액이기 때문입니다.

$$\text{차입금의존도(\%)} = \frac{\text{차입금}}{\text{총자본}}$$

다음은 우리나라 제조업의 평균 차입금의존도입니다.

연도	2018	2017	2016
차입금의존도(%)	22.3	22.7	23.7

(자료 : 한국은행)

이자보상배율

경제뉴스에서 가장 자주 보는 재무비율은 아마도 부채비율과 이자보상배율이 아닐까 싶습니다. 흔히 돈 벌어 이자도 못 갚는다는 뉴스가 바로 이자보상배율에 관한 내용입니다. 구체적으로 **이자보상배율**은 영업이익이 이자비용의 몇 배인지를 나타내는 지표입니다. 부채비율과 차입금의존도는 일정 시점에서의 부채의존도만을 알려줄 뿐 일정 기간 동안의 **부채 사용의 효율성** 또는 **부채상환능력**을 판단할 수는 없는데 이자보상배율이 그 역할을 합니다.

$$\text{이자보상배율(배)} = \frac{\text{영업이익}}{\text{이자비용}}$$

이자보상배율은 최소한 3배 정도는 되어야 채권자에게 이자비용을 지급하고 주주에게도 보상할 수 있으며, 원금의 일부를 상환할 수 있다고 봅니다. 일반적으로 이자보상배율이 3년 연속 1미만이면 잠재적인 부실기업을 뜻하는 이른바 '**좀비기업**'으로 불리웁니다. 2018년 우리나라 제조업 평균 이자보상배율은 8.5배이지만 대기업과 중소기업의 차이가 매우 큰 것으로 나타났습니다. 대기업의 이자보상배율은 13.4배인데 반해 중소기업은 2.9배에 그쳤습니다.

다음은 우리나라 제조업의 평균 이자보상배율 추세입니다.

연도	2018	2017	2016
이자보상배율(배)	8.5	9.1	6.4

(자료 : 한국은행)

회계뉴스

- 주요 공기업 평균 이자보상배율 0.8 … 이자비용 > 영업이익 (한겨레 2019.09.02)
- 경기악화에 한계기업 진입 늘었다..한은 "경영여건 더 악화되면 부실위험↑" (매일경제 2019.09.26)
- 올해 상반기 10대 그룹 상장사 15곳 돈 벌어 이자도 못 내 (연합뉴스 2019.10.20)

비유동비율

비유동비율은 **고정비율**이라고도 부르는데, 비유동자산을 자기자본으로 나눈 비율입니다. 비유동비율이 100% 이하라면 위험이 높은 비유동자산 투자가 전액 자기자본에 의존한다는 뜻이므로 안정성이 높다고 판단합니다. 이것은 대출을 받지 않고 전액 내 돈으로 아파트를 구입한 것과 같습니다. 그렇지만 비유동비율이 100% 이하라면 투자가 활발하지 못하다는 의미도 되므로 바람직한 것만은 아닙니다. 레버리지 효과를 기대할 수 없고, 장기적으로 기업의 성장에 필요한 수익성을 확보하지 못할 수도 있기 때문입니다.

$$비유동비율(\%) = \frac{비유동자산}{자기자본}$$

다음은 매년 말 우리나라 제조업 평균 비유동비율 추세입니다.

연도	2018	2017	2016
비유동비율(%)	102.8	104.4	106.0

(자료 : 한국은행)

비유동장기적합률

비유동장기적합률은 **고정장기적합률**이라고도 하며, 비유동자산을 자기자본과 비유동부채의 합계금액 즉 **장기자본**으로 나눈 비율입니다. 전력, 철강산업, 중화학공업처럼 대규모 설비투자가 필요한 경우에도 자기자본과 장기간 안정적으로 사용할 수 있는 장기부채의 합계를 초과하면 위험하다는 의미입니다. 설비투자로부터 기대되는 수익이 장기에 걸쳐 발생하므로 설비투자에 소요되는 자금 또한 장기자본 범위 내에서 이루어져야 합니다. 바꾸어 말하면 비유동자산 투자에 유동부채가 투입되어서는 안 된다는 것으로 비유동장기적합률은 반드시 100% 이하여야 합니다. 2018년말 우리나라 제조업의 평균 비유동장기적합률은 다음 표에서 보는 것처럼 82.5%인데 반해,

사업 성격상 설비투자 비중이 불가피하게 높은 한국전력(별도기준)은 110.6%를 나타내고 있습니다.

$$\text{비유동장기적합률(\%)} = \frac{\text{비유동자산}}{\text{자기자본 + 비유동부채}}$$

다음은 매년 말 우리나라 제조업의 비유동장기적합률 추세입니다.

연도	2018	2017	2016
비유동장기적합률(%)	82.5	83.7	83.9

(자료 : 한국은행)

유형자산구성비율

유형자산구성비율은 총자산 중 유형자산이 차지하는 비율입니다. 유형자산구성비율이 높을수록 기업의 위험은 크고 유동성은 낮아집니다. 구체적으로 유형자산을 많이 보유할수록 높은 수익성을 기대할 수 있는 반면에 감가상각비와 이자비용으로 인해 고정비 부담이 커져서 경기변동에 유연한 대처가 어렵습니다. 2018년 말 우리나라 제조업의 평균 유형자산구성비율은 36.5%이지만, 예외적으로 설비투자 비중이 높은 한국전력의 경우 61.7%에 이릅니다.

$$\text{유형자산구성비율(\%)} = \frac{\text{유형자산}}{\text{총자산}}$$

5. 이익률로 판단하는 수익성 분석

수익성 분석은 일정기간의 경영활동의 결과 나타나는 재무적 성과를 비율로 측정하는 방법입니다. 수익성비율에는 매출액 대비 수익성을 판단하는 **매출수익성비율**과 투하자본 대비 수익성을 판단하는 **자본수익성비율**이 있습니다. 매출수익성비율에는 매출총이익률, 매출액영업이익률, 매출액순이익률 등이 있고, 자본수익성비율로는 총자본이익률과 자기자본이익률이 있습니다.

매출총이익률

매출총이익률은 매출총이익을 매출액으로 나눈 비율로서 제조업의 경우 생산마진을 측정할 수 있고, 도소매업의 경우 판매마진을 나타냅니다. 일반적으로 매출총이익률은 백화점은 높고, 대형할인점은 낮습니다. 매출총이익은 매출액에서 매출원가를 차감하여 산출하므로 매출이익률은 **매출원가율**의 상대비율이 됩니다. 2018년의 우리나라 제조업 평균 매출원가율은 80.4%이고, 매출총이익률은 19.6%입니다.

$$\text{매출총이익률(\%)} = \frac{\text{매출총이익}}{\text{매출액}}$$

$$\text{매출총이익률(\%)} = 1 - \text{매출원가율(\%)}$$

우리나라의 연도별 제조업 매출총이익률은 다음과 같습니다.

연도	2018	2017	2016
매출총이익률(%)	19.6	20.2	19.2

(자료 : 한국은행)

매출액영업이익률

매출액영업이익률은 간단히 영업이익률이라고도 부르는데, 영업이익을 매출액으로 나눈 비율로서 기업의 영업마진을 측정하는 비율입니다. 즉 기업의 가장 중요한 경영활동인 영업활동의 성과를 측정하는 비율로서 영업효율성을 나타내는 지표입니다.

장기적으로 주가에 영향을 미치는 가장 기본적인 요인은 기업의 실적이고, 이를 판단하기 위한 구체적인 지표가 바로 영업이익률입니다. 영업이익은 매년 반복적이고 경상적으로 발생하는 이익으로 기업의 경쟁력을 나타내는 대표적인 척도이기 때문입니다. 따라서 매년 매출성장률이 높고 영업이익률도 함께 지속적으로 상승하는 기업이라면 장기투자의 대상이 될 만한 성장주로 평가할 수 있습니다.

$$\text{매출액영업이익률(\%)} = \frac{\text{영업이익}}{\text{매출액}}$$

다음은 우리나라 제조업의 연도별 매출액영업이익률입니다.

연도	2018	2017	2016
영업이익률(%)	7.3%	7.6%	6.0%

(자료 : 한국은행)

매출액순이익률

매출액순이익률은 당기순이익을 매출액으로 나눈 비율로서 기업의 최종마진을 측정하는 비율입니다. 기업의 영업활동은 물론 투자활동과 재무활동을 총망라한 경영활동의 최종적인 성과를 판단할 수 있습니다.

$$매출액순이익률(\%) = \frac{당기순이익}{매출액}$$

다음은 우리나라 제조업의 연도별 매출액순이익률입니다.

연도	2018	2017	2016
매출액순이익률(%)	5.5	6.3	4.8

(자료 : 한국은행)

회계뉴스

- 주요 기업 10社의 영업이익률이 높은 이유 (포브스코리아, 2020. 02.04)
- 대웅제약, 매출원가율 줄여 영업이익 154%↑ 매출원가율 56.6%, 전년 대비 3.4%p↓ (데이터뉴스, 2019.10.29)

총자본이익률

총자본이익률(return on investment, ROI)은 당기순이익을 총자본으로 나눈 비율로서 기업에 투자한 자본총액에 대한 투자이익률이 됩니다. 총자본은 곧 총자산 금액과 같으므로 **총자산이익률**(return on assets,

ROA)이라고도 부르며, 기업이 보유하고 있는 총자산을 운용한 결과 얻은 이익률에 해당합니다. 산식에서 당기순이익이 1년 동안 얻은 이익이므로 분모의 총자본도 1년 평균금액(평잔)이 되어야 합니다. 평잔은 보통 기초자본과 기말자본의 평균금액으로 계산합니다.

$$\text{총자본이익률}(\%) = \frac{\text{당기순이익}}{\text{총자본(평잔)}}$$

다음은 우리나라 제조업의 평균 총자본이익률입니다.

연도	2018	2017	2016
ROI (%)	5.0	5.8	4.3

(자료 : 한국은행)

자기자본이익률

자기자본이익률(return on equity, ROE)은 당기순이익을 자기자본의 평잔금액으로 나눈 비율로서 주주의 투자이익률이 됩니다. 투자자가 가장 큰 관심을 갖는 궁극적인 이익률은 자신이 투자한 금액이 얼마나 불어났는지를 보여주는 자기자본이익률이라고 할 수 있습니다.

$$\text{자기자본이익률}(\%) = \frac{\text{당기순이익}}{\text{자기자본(평잔)}}$$

자기자본 금액이 총자본보다 작으므로 자기자본이익률은 총자본이익률보다 당연히 높겠지요. 그럼 얼마나 더 높게 산출될까요? 총자본이익률에 레버리지 효과를 반영해주면 계산할 수 있습니다. 산출과정은 생략하고 결과만 소개하면 다음 산식과 같습니다. 결국 부채비율이 높을수록 총자본이익률과 자기자본이익률과의 차이는 커집니다. 앞에서 봤던 2018년의 우리나라 제조업 평균 총자본이익률 5.0%와 부채비율 0.736을 이용하여 계산하면 8.7%로 다음에 보는 자기자본이익률 8.8%와 근접한 값이 산출됩니다.

ROE = ROI × (1 + 부채비율)

다음은 우리나라 제조업의 연도별 평균 총자본이익률입니다.

연도	2018	2017	2016
ROE (%)	8.8	10.4	7.7

(자료 : 한국은행)

회계뉴스

- 상장사 이익 '톱10' 4대 금융지주 장악 … 글로벌 기업도 다 꺾었다 (헤럴드경제, 2020.02.10)
- "은행계 – 산업계 증권사, 위탁매매 중심으로 ROE 낮아" (아시아타임즈, 2020.02.11)

6. 회전율로 판단하는 활동성 분석

활동성 분석을 통해 기업이 보유하고 있는 자산이나 자본 등의 자원을 얼마나 효율적으로 활용하고 있는지를 판단할 수 있습니다. 구체적으로 활동성 분석은 매출액을 평균 투하자원 금액 즉 자산총액, 재고자산, 매출채권 등으로 나눈 **회전율**로 측정합니다.

총자산회전율

총자산회전율은 **총자본회전율**이라고도 하며, 매출액을 총자산(총자본)으로 나눈 비율입니다. 이 비율은 총자산이 1년 동안 몇 회전했는지를 나타내는 비율로서 기업이 투자한 총자산의 활용도를 총괄적으로 나타내는 지표가 됩니다. 또 회전율을 알면 그 **회전율의 역수**로 **회전기간**을 구할 수 있습니다. 예를 들어 총자산회전율이 연간 2회전이라면 1회전기간은 0.5년(1/2)으로 6개월에 1회전 하는 셈입니다. 참고로 2018년 우리나라 제조업의 평균 총자산회전율은 0.9회전으로 연간 1회전에 약간 미치지 못하는 수준이었습니다. 따라서 1회전기간은 1년을 약간 상회한다는 의미가 되고, 역수를 이용하여 계산하면 1.11년으로 이는 곧 405.2일(1.11×365)에 해당합니다. 실제로는 365일을 회전율로 나누어 회전기간을 바로 구할 수도 있습니다(365/0.9=405.6).

$$\text{총자산회전율(회전)} = \frac{\text{매출액}}{\text{총자산(평잔)}}$$

다음은 우리나라 제조업의 연도별 총자산회전율입니다.

연도	2018	2017	2016
총자산회전율(회)	0.90	0.93	0.92

(자료 : 한국은행)

재고자산회전율

재고자산회전율은 연간 매출액을 재고자산 평균금액으로 나눈 비율로서 재고자산의 판매속도를 나타내는 지표입니다. 매출액은 판매가격으로 표시되고 재고자산은 원가로 표시되기 때문에 분자와 분모를 같은 기준으로 비교하기 위하여 분자를 매출액 대신 매출원가로 대신하기도 합니다. 매출액을 기준으로 산정한 2018년 우리나라 제조업의 평균 재고자산회전율은 9.5회전으로 1회전기간을 산출하면 38.4일로 계산됩니다.

$$\text{재고자산회전율(회전)} = \frac{\text{매출액(또는 매출원가)}}{\text{재고자산(평잔)}}$$

재고자산회전율이 산업평균 대비 낮다면 재고자산을 과다보유하고 있거나, 판매가능성이 낮은 진부화된 재고나 변질된 재고를 많이 보유한 것이 그 원인일 수도 있습니다. 또 재고자산회전율이 낮을수록 재고자산에 자금이 오래 묶여 자금압박의 원인이 됩니다.

다음은 우리나라 제조업의 연도별 재고자산회전율입니다.

연도	2018	2017	2016
재고자산회전율(회)	9.5	10.3	10.1

(자료 : 한국은행)

매출채권회전율

매출채권회전율은 매출액을 매출채권 평균금액으로 나눈 비율로서 매출채권의 현금화 속도를 측정하는 지표입니다. 매출채권회전율이 높을수록 매출채권의 회수가 원활하게 이루어진다는 것을 의미합니다. 우리나라 제조업의 2018년 평균 매출채권회전율은 6.3회전이고, 평균 1회전기간은 57.9일입니다.

$$\text{매출채권회전율(회전)} = \frac{\text{매출액}}{\text{매출채권(평잔)}}$$

전기 대비 매출채권 잔액의 변동이 클 경우 손익계산서에 나타나는 매출액의 변화를 함께 살펴보아야 합니다. 매출액이 늘어나서 매출채권도 함께 증가하였다면 자연스러운 결과지만, 반대로 매출액은 감소했음에도 매출채권 잔액이 오히려 증가하여 매출채권회전율이 하락하였다면 회수가 불가능한 부실채권이 늘었을 가능성이 큽니다.

다음은 우리나라 제조업의 연도별 매출채권회전율입니다.

연도	2018	2017	2016
매출채권회전율(회)	6.3	6.1	5.9

(자료 : 한국은행)

회계뉴스

- 금호산업, 재고자산에 무슨일? … 비중 급증 회전율 급락, 상반기 용지 재고자산 전년 대비 226.7% 증가 탓 (데이터뉴스, 2019.10. 24)

매입채무회전율

매입채무회전율은 매출액을 매입채무 평균잔액으로 나눈 비율로서 매입채무의 지급속도를 측정하는 지표입니다. 매입채무회전율이 높을수록 매입채무를 빨리 갚는다는 의미가 됩니다. 2018년 우리나라 제조업의 평균 매입채무회전율은 11.6회전이고, 이를 회전기간으로 환산하면 31.5일이 됩니다.

$$\text{매입채무회전율(회전)} = \frac{\text{매출액}}{\text{매입채무(평잔)}}$$

다음은 우리나라 제조업의 연도별 매입채무회전율입니다.

연도	2018	2017	2016
매입채무회전율(회)	11.6	11.3	11.1

(자료 : 한국은행)

1회전 운전기간과 1회전 운전자본

제조기업은 원재료를 매입하여 이를 생산공정에 투입한 후 가공을 마치면 제품이 생산되고, 그 제품을 판매하여 대금까지 회수함으로써 영업순환과정이 완료됩니다. 이처럼 원재료 매입에서 대금을 회수할 때까지 소요되는 기간을 **1회전 운전기간**이라고 하는데, 그 기간 동안 기업의 운영자금이 묶이게 됩니다.

원재료 매입시점에서 제품이 판매될 때까지는 재고자산 형태로 보유하므로 재고자산회전기간에 해당하고, 제품을 판매하여 대금을 회수하기까지의 기간은 매출채권회전기간이 됩니다. 반면에 매입채무회전기간 동안은 대금을 갚지 않고 자금을 활용할 수 있는 기간입니다. 그러므로 1회전 운전기간은 다음과 같이 자금이 묶이는 기간 즉 재고자산회전기간과 매출채권회수기간을 합한 기간에서 자금을 활용할 수 있는 매입채무회전기간을 차감하여 계산합니다. 1회전 운전기간을 연도별로 비교하면 영업환경의 변화를 쉽게 판단할 수 있습니다.

1회전 운전기간(년) = 재고자산회전기간 + 매출채권회전기간 − 매입채무회전기간

참고로 2018년 우리나라 제조업의 평균 1회전 운전기간을 계산해보면 64.8일(38.4일+57.9일−31.5일)이 됩니다. 즉 운영자금이 처음 지출되었다가 회수되기까지 약 65일이 소요된다는 뜻입니다.

1회전 운전자본은 기업이 1회전 운전기간 동안에 필요한 운영자금 규모를 말합니다. 실제로 은행이 기업에 대한 운영자금 대출한도를 산정할 때에는 이 1회전 운전자본을 기준으로 삼습니다. 구체적으로 1회전 운전자본은 **현금지출을 요하는 영업비용**에 1회전 운전기간(년)을 곱하여 계산합니다. 현금지출을 요하는 영업비용이란 매출

원가와 판매관리비의 합계금액에서 감가상각비를 차감한 금액입니다. 우리나라 제조업의 평균 매출액이 125억원, 매출원가 100억원, 판매관리비 15억원, 감가상각비 5억원이라고 가정하면(한국은행의 기업경영분석 자료를 기초로 개략적으로 계산한 금액임) 현금지출을 요하는 영업비용의 합계금액은 110억원(100억+15억−5억)입니다. 이에 따라 1회전 운전자본을 구하면 110억원에 1회전 운전기간 0.18년(매출채권회전기간 0.16년+재고자산회전기간 0.11년−매입채무회전기간 0.09년)을 곱한 값인 19.8억원으로 산출됩니다. 따라서 2018년 기준 우리나라 제조기업들이 은행에서 받을 수 있는 운영자금 대출한도는 평균 20억원 정도인 셈입니다.

1회전 운전자본 = (매출원가 + 판매관리비 − 감가상각비) × 1회전 운전기간(년)

7. 증가율로 판단하는 성장성 분석

성장성비율은 기업의 규모와 성과가 전년 대비 얼마나 증가했는지를 나타내는 비율입니다. 성장성비율은 기업의 경쟁력이나 미래 수익창출능력을 판단하는 지표로 이용됩니다. 대표적인 성장성비율로 매출액증가율, 총자산증가율, 순이익증가율 등이 있습니다.

매출액증가율

매출액증가율은 매출액이 전년 대비 얼마나 증가했는지 나타내는 비율로서 기업의 외형 성장을 판단하는 비율입니다. 경쟁기업과 비교하여 매출액증가율이 더 높다면 시장점유율이 높아졌다는 의미가 됩니다. 특히 벤처기업의 경우에는 설립 초기에 높은 이익을 기대할 수 없으므로 수익성 판단기준으로 매출액증가율이 많이 사용됩니다.

$$\text{매출액증가율(\%)} = \frac{\text{당기매출액} - \text{전기매출액}}{\text{전기매출액}}$$

다음은 우리나라 제조업의 연도별 평균 매출액증가율입니다.

연도	2018	2017	2016
매출액증가율(%)	4.0	9.0	−0.6

(자료 : 한국은행)

총자산증가율

총자산증가율은 기업의 총자산 규모가 전년 대비 얼마나 증가했는지 나타내는 비율로서 매출액증가율과 더불어 기업의 외형적 성장 규모를 판단하는 지표가 됩니다. 기업의 투자가 활발하게 이루어질수록 총자산증가율이 높게 나타납니다.

$$\text{총자산증가율(\%)} = \frac{\text{당기말 총자산} - \text{전기말 총자산}}{\text{전기말 총자산}}$$

우리나라 제조업의 연도별 총자산증가율은 다음과 같습니다.

연도	2018	2017	2016
총자산증가율(%)	5.1	6.5	5.1

(자료 : 한국은행)

자기자본증가율

자기자본증가율은 자기자본이 전기 대비 얼마나 증가했는지 나타내는 비율로서 실질적인 주주지분의 변동을 파악할 수 있습니다. 즉 자기자본증가율은 장부가치로 측정한 주주의 부가 얼마나 증가했는지를 파악하는 성장지표입니다.

다음은 우리나라 제조업의 연도별 자기자본증가율입니다.

연도	2018	2017	2016
자기자본증가율(%)	7.4	8.9	7.5

(자료 : 한국은행)

순이익증가율

순이익증가율은 경영활동의 최종성과인 당기순이익이 전년 대비 얼마나 증가하였는지 나타내는 지표입니다. 매출액증가율이 기업의 외형적 성장세를 나타낸다면 순이익증가율은 실질적인 주주지분의 증가를 보여주는 비율입니다. 2018년 우리나라 제조업 평균 순이익증가율은 경기침체의 영향으로 −9.0%로 계산되어 전년 대비 실적이 악화되었습니다.

$$순이익증가율(\%) = \frac{당기순이익 - 전기순이익}{전기순이익}$$

8. 주가수준을 판단하는 시장가치 분석

기업의 시장가치는 주가로 평가되고, 주가는 기업의 기대이익·위험·자산가치·성장가능성 등이 반영되어 결정됩니다. 기업의 주가수준을 판단하기 위한 대표적인 지표로 주가이익비율(PER), 주가순자산비율(PBR), 주가매출액비율(PSR), 주가현금흐름비율(PCR) 등이 있습니다. 이들 비율은 주가를 주당이익, 주당순자산, 주당매출액, 주당현금흐름 등의 가치변수로 나누어 **주가배수**를 계산하므로 이들을 **주가배수평가모형**이라고 부릅니다. 이들 주가배수를 과거 추세와의 기간별 비교 또는 경쟁기업과의 상대비교를 통해 현재의 주가수준을 평가할 수 있습니다. 여기서 가치변수로 사용되는 주당이익은 보통주 1주당 이익을 뜻하므로 우선주를 제외하고 계산하는데 반해 주당순자산, 주당매출액, 주당현금흐름은 모두 우선주를 포함한 유통주식수로 계산합니다.

주가이익비율

주가이익비율(price earnings ratio, PER)은 가장 대표적인 시장가치 비율로서 기업간 또는 기간별 주가 수준을 판단하는 지표로 자주 사용됩니다. PER은 주가를 주당이익으로 나누어 계산하므로 주당이익이 없는 회사 즉 손실이 발생한 회사는 PER을 계산할 수 없습니다. 그래서 투자정보에 PER이 0으로 표시된 기업은 손실이 났다는 의미입니다. 다만 손실이 발생한 기업의 PER을 음수(－)로 표시하는 경우도 더러 있습니다.

$$\text{PER(배)} = \frac{\text{주 가}}{\text{주당이익}}$$

PER의 역수는 투자자 입장에서 보면 투자이익률이 됩니다. 만약 PER이 10일 경우 PER의 역수(1/10)를 백분율로 표시하면 10%가 됩니다. 주가가 10,000원일 때 주식을 매수하는 것은 곧 그 회사에 10,000원을 투자하는 것과 같고, 그 결과 1,000원의 이익을 얻는다면 투자이익률은 10%가 됩니다. 따라서 수익성을 판단하는 간단한 지표로 사용할 수도 있습니다.

PER이 높으면 비싼 주식이고 낮으면 싼 주식이라고 직관적으로 판단하지만 비율의 한계를 먼저 이해해야 합니다. 기본적으로 주가는 기업의 미래 기대이익과 성장가능성 등이 반영된 값인데 반해 당기순이익은 전년도 수치입니다. 즉 작년 실적과 현재 주가수준을 비교한 것이므로 수익성의 변화가 클 경우 그 효용성이 낮아집니다. 이러한 PER의 한계를 극복하기 위해 네이버 금융처럼 주당이익을 최근 4개 분기 합산금액(TTM)으로 하거나 또는 당기 추정이익으로 대신하기도 합니다. 전년도 실적을 기준으로 한 원래 의미의 PER을 **실적 PER**이라 하고, 당기의 추정이익을 기준으로 하면 **추정 PER**이라고 합니다. 또 같은 PER도 기관별로 산출방법이 조금씩 달라서 결과값이 차이날 수 있으므로 산정기준을 함께 살펴봐야 합니다. 또 PER을 ROE 등 다른 지표와 함께 비교하거나 동일기업의 PER을 기간별로 비교하여 현재의 주가수준을 판단할 수도 있습니다.

다음은 삼성전자의 매년말 종가를 기준으로 산정한 연도별 PER의 비교입니다.

삼성전자 연도별 PER 비교

	2019년말	2018년말	2017년말	2016년말
전년도 주당이익	6,461	5,997	3,159	2,526
당해연도말 종가	55,800	38,700	50,960	36,040
PER	8.64	6.45	16.13	14.27

주가순자산비율

주가순자산비율(price book-value ratio, PBR)은 주가를 주당순자산으로 나누어 계산합니다. **주당순자산**(book-value per share, BPS)은 전기말 자본총액을 보통주와 우선주를 합한 유통주식수로 나눈 값입니다. 자본총액이 기말 금액이므로 분모의 주식수 역시 기말 현재의 유통주식수로 나눈다는 점에서 연간 가중평균주식수를 적용했던 주당이익 계산과는 차이가 있습니다. 네이버 금융이 제공하는 PBR은 전기말 자본이 아니라 직전 분기말 자본을 기준으로 계산하므로 비교적 최근의 상황을 반영하는 이점이 있습니다. 또 연결재무제표를 이용하여 PBR을 구할 경우의 자본총액은 지배기업귀속 자기자본이 됩니다.

PER이 수익가치 대비 상대적 주가수준을 나타내는 지표라면 PBR은 자산가치 대비 상대적 주가수준을 나타냅니다. 즉 PBR은 자기자본의 시장가치와 장부가치를 비교하는 비율로서 그 비율이 1미만인 경우 시가총액이 기업의 순자산가치에 미치지 못하므로 저평가된 것으로 판단합니다.

$$\text{PBR(배)} = \frac{\text{주 가}}{\text{주당순자산}}$$

PBR은 자기자본의 장부금액을 기준으로 하기 때문에 계산이 간편하며, 순이익이 0보다 작은 기업 즉 순손실이 발생한 기업에도 적용할 수 있습니다. 금융위기 등으로 경제가 어렵고 주식시장이 침체될 때에는 PBR이 낮을수록 안전한 기업으로 평가를 받아 PER이 낮은 기업보다 더 주목을 받기도 합니다.

주가매출액비율

주가매출액비율(price sales ratio, PSR)은 주가를 주당매출액으로 나누어 계산합니다. PSR은 이익이 아니라 매출액을 기준으로 삼기 때문에 재고자산평가방법이나 감가상각방법이 서로 다른 기업간에도 비교가능한 비율이며, 경영자의 주관적인 판단이 개입될 소지가 낮아 상대적으로 신뢰성이 높고 벤처기업처럼 설립초기에 이익이 나지 않거나 자기자본이 아직 축적되지 않은 경우에도 적용할 수 있다는 장점이 있습니다. **주당매출액**(sales per share, SPS)은 연간 매출액을 우선주를 포함한 가중평균유통주식수로 나누어 계산합니다.

주가매출액비율이나 다음의 주가현금흐름비율도 위의 PER이나 PBR처럼 최근 4분기 금액을 기준으로 산출하면 최근 상황을 반영할 수 있습니다.

$$\text{PSR(배)} = \frac{\text{주 가}}{\text{주당매출액}}$$

주가현금흐름비율

주가현금흐름비율(price cash flows ratio, PCR)은 주가와 주당현금흐름을 비교하는 비율입니다. **주당현금흐름**(cash flows per share, CPS)은 연간 현금흐름을 우선주를 포함한 가중평균유통주식수로 나누어 계산합니다. 여기서 현금흐름은 주주현금흐름으로서 당기순이익에 감가상각비를 가산한 금액입니다. 감가상각비로 인하여 주당현금흐름이 주당이익보다 크기 때문에 주가가 일정하다면 PCR은 PER보다 낮게 나타납니다.

$$\text{PCR(배)} = \frac{\text{주 가}}{\text{주당현금흐름}}$$

한국거래소 "코스피 상장기업 PER 전년 대비 대폭 상승"

유가증권시장 투자지표 현황

구 분	'19.5.15('18.4Q 재무제표 반영)			'20.5.15('19.4Q 재무제표 반영)		
	PER	PBR	배당수익률	PER	PBR	배당수익률
코스피	10.8	0.9	2.1	18.6(▲7.8)	0.8(▼0.1)	2.3(▲0.2)
코스피200	9.4	0.9	2.3	16.6(▲7.2)	0.8(▼0.1)	2.4(▲0.1)
KRX300	10.1	1.0	2.2	17.5(▲7.4)	0.9(▼0.1)	2.3(▲0.1)

(자료 : 한국거래소)

한국거래소는 2019년 결산 재무제표를 반영한 유가증권시장(코스피) 상장기업의 주가수익비율(PER)이 전년(10.8배) 대비 크게 상승한 18.6배를 기록했다고 19일 밝혔다. PER은 특정 주식의 주당시가를 주당이익으로 나눈 수치로, 주가가 1주당 수익의 몇 배가 되는가를 나타낸다. 통상적으로 PER이 높은 주식일수록 주가가 고평가 됐다는 평가를 하기도 한다.

코스피 상장기업들의 PER이 상승한 이유는 지난 5월 15일 기준 시가총액이 1301조원으로 전년(1387조원) 대비 약 6.2%가 감소한 반면, 이익규모는 2018년 약 122조원에서 지난해 말 약 66조원으로 45.9% 줄어 이익감소폭이 더 크게 나타났기 때문이다.

같은 기간 코스피시장의 평균 주가순자산비율(PBR)은 전년(0.9배) 대비 소폭 하락한 0.8배를 기록했다. PBR은 주가 대비 주당순자산의 비율로, PBR이 1배 미만이면 시가총액이 장부상 순자산가치(청산가치)에도 못 미칠 정도로 저평가 돼 있다는 것을 의미한다.

코스피시장의 PER과 PBR은 주요국 증시에 비해 낮은 편이었다. 코스피시장의 대표종목들로 구성된 지수인 코스피 200의 PER 및 PBR은 각각 16.6배, 0.8배로 선진국(PER 19.1배, PBR 2.2배) 대비 여전히 낮은 수준을 보였다. (서울파이낸스, 2020.05.19 발췌)

9. 손익분기점분석과 안전한계

여기서 다룰 손익분기점분석과 다음의 레버리지분석은 외부에 공표되는 재무제표 정보만으로는 정확한 분석을 할 수 없습니다. 그렇지만 기업의 원가구조 즉 고정비와 변동비의 구성에 따라 매출액의 변화가 손익에 미치는 영향이 크게 차이가 난다는 사실은 알아둘 필요가 있습니다. 구체적으로 비유동자산 즉 설비투자 금액과 차입금의 비중이 클수록 감가상각비와 이자비용이라는 고정비가 많이 발생하여 손익에 미치는 영향 또한 크게 나타납니다.

손익분기점(break-even point, BEP)은 수익과 비용이 일치하여 이익이 0이 되는 판매량 또는 매출액을 의미합니다. 따라서 손익분기점에서는 이익도 손실도 발생하지 않습니다. 즉 손익분기점에 이르기 전까지는 손실이 발생하고, 손익분기점을 넘어서면서부터 이익이 발생하기 시작합니다. 그래서 새로운 사업을 시작하거나 신제품을 출시하는 경우에 작성하는 사업계획서에는 손익분기점 추정에 관한 사항이 기본적으로 포함됩니다. 새로운 영화가 나올 때면 손익분기점 관객 수가 뉴스거리가 되기도 하지요. 한국은행은 매년 우리나라 기업의 업종별, 규모별 손익분기점분석 결과를 다른 재무제표분석 지표와 함께 발표하고 있고, 또 서울시 자영업지원센터에서도 소상공인들이 간단하게 손익분기점을 계산할 수 있는 프로그램을 마련하고 있습니다.

손익분기점에서 말하는 이익은 영업이익을 의미합니다. 영업이익은 매출액에서 영업비용(매출원가+판매관리비)을 차감하여 계산하기 때문에 결국 손익분기점은 매출액과 영업비용이 같은 매출수준이라고 정의할 수 있습니다. 다만 한국은행은 영업이익이 아니라 법인세차감전순이익을 기준으로 손익분기점을 산출합니다.

고정비와 변동비의 분해

손익분기점을 구하기 위해서는 모든 영업비용을 고정비와 변동비로 분해하여야 합니다. **고정비**는 생산량이나 판매량 즉 조업도의 증감과 상관없이 일정하게 발생하는 원가이며, **변동비**는 조업도에 비례하여 증감하는 원가를 가리킵니다. 대표적인 고정비 항목으로 관리자 급여, 감가상각비, 보험료, 공장임차료, 광고선전비, 세금과공과 등이 있고, 변동비로는 직접재료비, 직접노무비, 변동간접비, 포장비, 판매수수료 등이 있습니다.

고정비는 조업도와 무관하게 일정하게 발생하므로 조업도가 늘어날수록 고정비의 단위당 원가는 낮아지게 됩니다. 흔히 말하는 **규모의 경제**란 바로 고정비로 인한 단위당 원가절감 효과를 뜻합니다. 그렇지만 장기적 관점에서 보면 절대적인 고정비는 없습니다. 현재의 생산규모로 볼 때는 감가상각비가 고정비이지만 회사 규모가 몇 배로 늘어난다면 공장은 물론 기계 대수도 당연히 늘어나야 하기 때문입니다. 따라서 변동비와 고정비의 구분은 현재의 생산규모를 크게 벗어나지 않는 범위 즉 **관련범위** 내를 전제로 합니다.

실제로는 고정비와 변동비를 분해하는 것이 쉽지 않기 때문에 한국은행은 다음과 같은 간편법을 사용합니다.

한국은행의 비용분해 방법

한국은행의 손익분기점분석은 이익개념을 영업이익이 아니라 법인세차감전순이익으로 삼고 있어서 영업비용은 물론 영업외비용까지 비용 분해의 대상에 포함시킵니다. 기본적으로 한국은행은 영업비용은 고정비와 변동비로 구분하지만, 영업외비용은 모두 고정비로 분류합니다.

- 재료비 전부, 노무비의 1/2, 경비 중 외주가공비는 변동비로 분류
- 노무비의 1/2, 외주가공비를 제외한 경비 전부를 고정비로 분류
- 판매관리비 전부, 재고증감분에 포함된 고정비*(가감)와 영업외비용은 전부 고정비로 분류

* 재고증감분에 포함된 고정비 : 기초재고에 포함된 고정비와 기말재고에 재고에 포함된 고정비의 차이를 말함. 기초재고는 매출원가에 포함되는 비용이고 기말재고는 차기로 이월되는 자산이므로 어느 쪽이 큰가에 따라 가산되기도 하고 차감되기도 함. 즉 기초재고에 포함된 고정비가 100원이고 기말재고에 포함된 고정비가 120원이라면 20원을 차감해주고, 반대의 경우에는 가산해줌

손익분기점 산식

치킨 1마리의 판매가격이 10,000원이고, 변동비는 마리당 4,000원이며, 연간 고정비가 9,000,000원 발생하는 치킨집이 있다고 가정하고 손익분기점을 산출해볼까요? 손익분기점 판매량이 X라면 손익분기점 매출액은 10,000X이고, 변동비 합계금액은 4,000X가 됩니다.

그리고 손익분기점에서 수익과 비용은 같은 금액이므로 다음과 같은 산식을 만들 수 있습니다.

$$10{,}000X = 9{,}000{,}000 + 4{,}000X$$

따라서 연간 손익분기점 판매량 X를 구하면 1,500마리가 되고, 손익분기점 매출액은 10,000X 즉 15,000,000원으로 산출됩니다. 따라서 판매량이 1,500마리(매출액 15,000,000원)에 미달하면 손실이 발생하고, 판매량이 1,500마리를 초과해야 이익이 발생합니다.

결론은 같지만 위 산식의 결과를 다른 각도에서 살펴보겠습니다. 단위당 판매가격 10,000원에서 단위당 변동비 4,000원을 차감한 금액 6,000원을 **단위당 공헌이익**이라고 합니다. 따라서 단위당 공헌이익은 치킨 1마리를 팔 때마다 남는 이익으로 회사 이익의 증가에 공헌하는 금액입니다. 또 단위당 공헌이익에 판매수량을 곱한 값을 공헌이익이라고 합니다. 위 사례에서 손익분기점에서의 공헌이익 9,000,000원(6,000원×1,500)은 고정비 금액과 일치합니다. 따라서 손익분기점을 다시 정의하면 **공헌이익과 고정비 금액이 일치하는 판매량(매출액)**인 셈입니다. 따라서 손익분기점 판매량을 다음과 같이 고정비를 단위당 공헌이익으로 나누어 구할 수도 있습니다.

$$\text{손익분기점 판매량} = \frac{\text{고정비}}{\text{단위당 공헌이익}} = \frac{9{,}000{,}000}{6{,}000} = 1{,}500(\text{마리})$$

또 매출액에 대한 공헌이익의 비율을 **공헌이익률**이라고 합니다. 위 사례에서 단위당 공헌이익은 6,000원이고, 단위당 판매가격은 10,000원이므로 공헌이익률은 60%입니다. 또 1에서 공헌이익률을 차감한 나머지 40%를 **변동비율**이라고 합니다. 물론 변동비율은 판매가격 10,000원과 마리당 변동비 4,000원으로 구할 수도 있습니다. 손익분기점매출액은 위에서 산출한 손익분기점 판매량 1,500마리에 판매가격 10,000원을 곱해서 15,000,000원을 구할 수 있지만, 다음과 같이 고정비를 공헌이익률로 나누어 바로 계산할 수도 있습니다.

$$\text{손익분기점 매출액} = \frac{\text{고정비}}{\text{공헌이익률}} = \frac{9{,}000{,}000}{0.6} = 15{,}000{,}000(\text{원})$$

당연한 결론이지만 위 산식으로부터 고정비와 변동비율이 낮을수록, 그리고 단위당 판매가격이 높을수록 손익분기점은 낮아집니다. 손익분기점분석이 여러 가지 한계에도 불구하고 폭넓게 활용되는 것은 단기적으로 기업의 목표를 단순화시킬 수 있고 대안의 선택을 쉽게 해주는 효과가 있기 때문입니다.

영화처럼 고정비는 상대적으로 높지만 변동비율이 낮은 경우 손익분기점을 지나면 대부분의 매출이 이익으로 잡히게 됩니다. 135억원의 제작비가 소요됐다는 영화 '기생충'은 2019년 개봉한지 불과 5일 만에 손익분기점 370만 명을 돌파한데 이어 최종 누적 관객수 1,000만 명을 넘어섰고, 아래 뉴스에 의하면 2020년 2월 초 현재 전세계 205개국에서 거둬들인 글로벌 매출액은 약 1,962억원에 달한다고 합니다. 더구나 오를 수 없는 벽으로 여겼던 아카데미상 4관왕까지 거머쥐었으니 우리의 문화적 자긍심 고양은 물론 제작사와 투자사 그리고 감독과 배우 모두가 대박이 난 셈이지요.

회계뉴스

- 칸 · 골든글로브 트로피 품은 '기생충', 얼마나 벌었나 (뉴스핌, 2020.01.07)
- 14.5배 VS 2.5배 … '기생충', 가성비서도 '1917' 압승 (머니S, 2020.02.10)

손익분기점도표

손익분기점은 다음과 같은 **손익분기점도표**(BEP도표)를 이용하여 구하기도 합니다. 손익분기도표는 BEP 개념을 시각적으로 쉽게 이해할 수 있고, BEP 매출액과 판매량을 동시에 구할 수도 있습니다.

BEP도표에 의한 손익분기점 산출 과정을 요약하면 다음과 같습니다.

① X축에 판매량(조업도)를 표시하고, Y축에 수익과 비용의 금액을 표시합니다.

② 먼저 고정비선은 판매량의 변동과 무관하게 발생하므로 X축과 평행하게 그립니다.

③ Y절편에서 출발하는 변동비선을 그립니다. 고정비 금액에서 출발하기 때문에 이 변동비선은 곧 총비용선이 됩니다. 변동비선의 기울기(a)는 단위당 변동비를 나타냅니다.

④ 수익선(매출액선)을 그립니다. 수익선의 기울기(b)는 단위당 판매가격을 의미합니다.

⑤ 수익선(매출액선)과 총비용선이 만나는 점이 손익분기점이 됩니다. 손익분기점이 X축과 만나는 지점이 BEP판매량이고, Y축과 만나는 지점이 BEP매출액입니다.

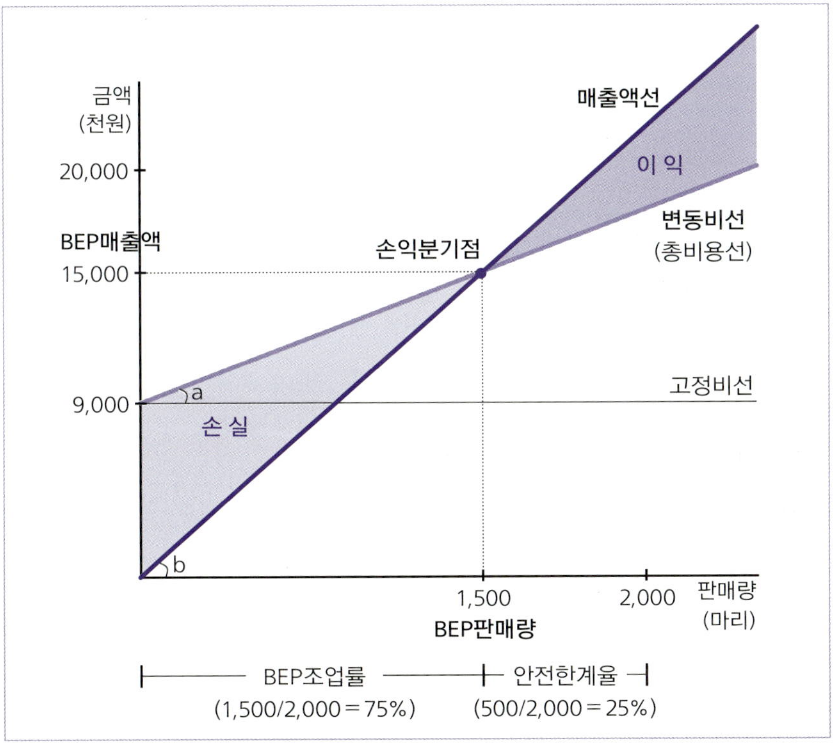

안전한계

안전한계는 실제매출액 또는 예상매출액이 손익분기점매출액을 초과하는 금액으로 경영상의 여유를 나타내는 지표입니다. 손익분기점이 낮은 회사일수록 안전한계가 크고 수익성이 좋은 회사입니다.

$$\text{안전한계} = \text{실제(예상)매출액} - \text{손익분기점매출액}$$

안전한계를 비율로 나타낸 것을 **안전한계율**(margin of safety ratio, M/S비율)이라고 합니다. 즉 안전한계를 매출액으로 나눈 비율로서 이 비율이 클수록 향후 경영환경의 변화에 대응하는 능력이 높아 **경제적 해자**를 갖춘 기업으로 평가받습니다. 또 1에서 안전한계율을 빼면 **손익분기조업률**(BEP조업률)이 되는데, 이는 손익분기점이 현재 또는 예상매출액의 몇 % 수준인지를 판단하는 비율입니다. 따라서 안전한계율은 높을수록, 손익분기조업률은 낮을수록 수익성이 좋은 기업입니다.

$$\text{안전한계율} = \frac{\text{안전한계}}{\text{매출액}} = \frac{\text{매출액} - \text{손익분기점매출액}}{\text{매출액}}$$

$$\text{손익분기조업률} = 1 - \text{안전한계율} = \frac{\text{손익분기점매출액}}{\text{매출액}}$$

앞에서 본 치킨집 사례에서 실제 판매량이 2,000마리라면 M/S비율은 (2,000－1,500)/2,000으로 25%, BEP조업률은 75%가 됩니다.

참고로 우리나라 제조업의 연도별 평균 BEP조업률은 다음과 같습니다.

연도	2018	2017	2016
BEP조업률(%)	80.5	78.7	83.7

(자료 : 한국은행)

다음은 원가, 변동비율 그리고 단위당 공헌이익이라는 용어를 직접 사용하지는 않지만 이들 개념을 바탕으로 한 좋은 글이 있어 소개합니다. 대형마트나 편의점에서 자주 볼 수 있는 '반값 할인'과 '1＋1' 전략을 회계적 관점에서 살펴볼까요?

'반값 할인' 보다 고객을 더 늘려주는 '1+1' 전략

경기가 좋지 않다 보니 자영업 점주 입장에서는 어떻게든 손님들에게 좀 더 퍼주려고 하는 경향이 짙어지고 있다. 이런 방법으로 애용되는 것이 '반값 할인'과 하나 사면 하나를 더 주는 '1＋1' 방법이다. 하지만 무턱대고 이 방법들을 사용하기보다는 좀 더 생각해보고 활용하는 것이 좋다.

먼저 재료비와 같은 변동비는 판매량에 따라 비용이 함께 움직이는데, 이 변동비의 비율이 매출액 대비 절반을 넘으면 이 방식은 자제해야 한다. 팔면 팔수록 손해가 누적되는 구조이기 때문이다. 따라서 변동비의 비율이 50% 미만일 때 활용을 검토해야 한다.

비슷한 느낌이긴 하지만 '반값 할인'과 '1＋1' 방법은 그 효과 면에서 다소 차이가 있다. 소비자가 직접 체감하는 할인 수준은 '반값 할인'이 더 크다. 그렇다고 '반값 할인'이 '1＋1'보다 항상 더 좋은 방법은 아니다. 먼저 수익성에서 다소 차이가 있다. 예컨대 100원짜리를 파는데 변동비가 40원이라면, 50원에 파는 '반값 할인'의 경우는 10원이 남는다. 하지만 '1+1'의 경우는 100원에 팔고 20원이 남아 이익은 더 크게 된다.

두 번째로 추가적인 매출 기회를 만드는 데 있어서도 '반값 할인'과 '1+1' 방식은 차이가 난다. '1+1' 방식이 좀 더 유리하다. 특히 커피전문점이나 테이크아웃 매장처럼 상대적으로 혼자 방문하는 고객의 비중이 높은 외식업인 경우가 그러하다. '1+1'을 실시하면 동일 메뉴를 하나 더 주기 때문에 다른 사람을 한 명 더 데리고 오는 경우가 많다. 손님이 다른 손님을 끌어오는 셈이다.

가령 스타벅스는 신메뉴를 출시하면서 '1+1' 행사를 하는 경우가 많다. 필자는 매장을 혼자 방문했었는데 그 행사 덕분에 동일 메뉴를 하나 더 받아와서 다른 사람에게 건넨 적이 있다. '새로 나온 메뉴라서 서비스로 하나 더 받아왔어'라는 말을 덧붙여서 내 의도와는 상관없이 홍보를 해 준 셈이다.

'1+1' 방식은 '반값 할인'보다 손님을 가려서 받는 효과도 있다. 다시 말해서 '1+1' 행사를 이용하려는 고객은 그 상품을 지속해서 쓰고자 하는 의도를 가지고 있을 가능성이 높다. 한정된 상품으로 행사를 하고자 한다면, 모든 사람에게 혜택을 주는 방법보다는 미래에도 이용할 가능성이 높은 고객을 더 우대하는 방법이 좋은 방법이다.

이와는 달리 '반값 할인'은 단순히 판매 촉진이 목적인 경우에 더 많이 활용된다. 예컨대 자영업자가 가게를 접을 때 하게 되는 점포정리 세일은 '반값 할인'이 '1+1' 행사보다 효과적이다.

어떤 할인 방식이더라도 할인 이벤트는 할인기간이 끝난 후에 매출이 감소하는 부작용을 겪을 수밖에 없다. 또한 할인하지 않는 업체가 갑자기 할인하면 손님은 의심을 하게 된다. 따라서 할인의 부작용과 손님의 의구심을 줄일 수 있는 방법을 고심해야 하는데 그중 한 가지 방법은 할인의 명분을 분명히 하는 것이다. 그렇지 않으면 고객의 의식에는 그 매장과 상품은 세일 기간이 끝난 후에도 계속해서 디스카운트된 상태로 남게 되기 쉽다. (한국경제, 2012.07.29, 허건 행복한가게연구소장)

10. 고정비 부담과 레버리지분석

사회적인 물의를 일으킨 회사 제품에 대해 불매운동이라도 일어나면 당연히 그 회사의 매출이 감소하겠지요. 그럼 이익은 얼마나 줄까요? 매출이 10% 감소하면 이익도 10% 감소할까요? 그렇지 않습니다. 원가구조에 따라 차이가 있지만 이익은 그보다 훨씬 많이 줄어들기 마련입니다.

구체적인 예를 들어 보겠습니다. 다음 두 회사는 현재의 매출액과 영업이익이 각각 1,000,000원과 100,000원으로 동일합니다. 그렇지만 원가구조가 서로 다릅니다. 즉 변동비율은 ㈜우리가 60%(600,000/1,000,000)인데 반해, ㈜나라는 40%(400,000/1,000,000)입니다. 또 ㈜우리의 고정비는 300,000원인데, ㈜나라는 500,000원입니다. 즉 ㈜우리는 ㈜나라에 비해 변동비율이 높은 대신 고정비 부담은 낮은 회사입니다. 그럼 두 회사의 매출이 현재보다 10% 증가하거나 감소할 경우 영업이익은 어떻게 변화하는지 알아보겠습니다.

현재 매출과 영업이익

	㈜우리	㈜나라
매 출 액	₩1,000,000	₩1,000,000
변 동 비	600,000	400,000
공헌이익	400,000	600,000
고 정 비	300,000	500,000
영업이익	₩100,000	₩100,000

매출이 10% 증가할 경우

	㈜우리	㈜나라
매 출 액	₩1,100,000	₩1,100,000
변 동 비	660,000	440,000
공헌이익	440,000	660,000
고 정 비	300,000	500,000
영업이익	₩140,000	₩160,000
	(40% 증가)	(60% 증가)

매출이 10% 감소할 경우

	㈜우리	㈜나라
매 출 액	₩900,000	₩900,000
변 동 비	540,000	360,000
공헌이익	360,000	540,000
고 정 비	300,000	500,000
영업이익	₩60,000	₩40,000
	(40% 감소)	(60% 감소)

위에서 보는 것처럼 매출액과 변동비 그리고 공헌이익은 비례적으로 증감하지만 고정비는 일정합니다. 이와 같이 매출액 증감에 따라 고정비가 지렛대 역할을 함으로써 이익의 크기에 영향을 주는데 이러한 효과를 **레버리지 효과**라고 합니다. 또 이익의 크기에 미치는 영향을 배수로 나타낸 것을 **레버리지도**(degree of leverage, DOL)라고 부릅니다.

레버리지의 유형

기업의 고정비에는 감가상각비, 임직원 급여 등의 **영업고정비**가 있고, 타인자본에 대한 이자비용인 **재무고정비**가 있습니다. 영업고정비는 영업이익에 영향을 주고, 재무고정비는 법인세차감전이익에 영향을 미칩니다.

이에 따라 레버리지는 영업레버리지와 재무레버리지 그리고 이 둘을 합한 결합레버리지로 구분합니다. **영업레버리지**는 영업활동과 관련되는 레버리지로서 영업고정비 부담으로 인하여 매출액 변화율보다 영업이익의 변화율이 커지는 현상을 의미하고, **재무레버리지**는 재무활동과 관련되는 레버리지로서 재무고정비 부담으로 인하여 법인세차감전이익의 변화율이 더 커지는 현상을 의미합니다. 그리고 **결합레버리지**는 영업고정비와 재무고정비 부담으로 인하여 매출액 변화율보다 법인세차감전이익의 변화율이 더 커지는 현상을 뜻합니다.

다음은 이자비용이 50,000원이라고 가정하고 다시 작성한 ㈜우리의 손익계산서입니다. 매출액이 10% 증감할 경우 이익은 어떻게 변화하는지 알아볼까요?

㈜우리 손익계산서

매 출 액	1,000,000
변 동 비	600,000
공헌이익	400,000
고 정 비	300,000
영업이익	100,000
이자비용	50,000
세전이익	50,000

이익 변동성의 확대 효과

	매출감소		현재		매출증가
매 출 액	900,000	10% 감소	1,000,000	10% 증가	1,100,000
변 동 비	540,000		600,000		660,000
공 헌 이 익	360,000	10% 감소	400,000	10% 증가	440,000
고 정 비	300,000		300,000		300,000
영 업 이 익	60,000	40% 감소	100,000	40% 증가	140,000
이 자 비 용	50,000		50,000		50,000
세 전 이 익	10,000	80% 감소	50,000	80% 증가	90,000

영업레버리지 분석

위에서 본 것처럼 매출액이 10% 증감함에 따라 영업이익은 40%가 변화하였습니다. 즉 영업이익변화율은 매출액 변화율의 4배인데, 이와 같은 확대배수를 **영업레버리지도**라고 합니다. 영업레버리지도는 공헌이익(400,000원)을 영업이익(100,000원)으로 나누어 계산합니다.

$$\text{영업레버리지도} = \frac{\text{공헌이익}}{\text{영업이익}}$$

재무레버리지 분석

또 위 손익계산서에서 영업이익이 40% 증감할 때, 법인세차감전이익은 80%가 변화하였습니다. 세전이익의 변화율은 영업이익 변화율의 2배인데, 이와 같은 확대배수를 **재무레버리지도**라고 합니다. 재무레버리지도는 영업이익(100,000원)을 세전이익(50,000원)으로 나누어 계산합니다. 영업이익이 증감하더라도 이자비용은 일정하므로 세전이익의 변화율은 영업이익의 변화율보다 확대됩니다. 재무레버리지도는 이자비용(차입금)이 증가할수록 커집니다. 앞에서 부채비율을 설명하면서 언급했던 레버리지효과는 바로 이 재무레버리지를 의미하는 것이었습니다.

$$\text{재무레버리지도} = \frac{\text{영업이익}}{\text{세전이익}}$$

결합레버리지 분석

위 손익계산서를 보면 매출액이 10% 증감할 때 세전이익은 80%가 증감됩니다. 따라서 세전이익 변화율은 매출액(또는 공헌이익) 변화율의 8배입니다. 이와 같은 확대배수를 **결합레버리지도**라고 합니다. 결합레버리지도는 영업레버리지도(4배)와 재무레버리지도(2배)를 곱하여 구하기도 하고, 공헌이익(400,000원)을 세전이익(50,000원)으로 나누어 계산하기도 합니다.

결국 결합레버리지도는 고정영업비와 이자비용이 증가할수록 커집니다.

$$\text{결합레버리지도} = \text{영업레버리지도} \times \text{재무레버리지도} = \frac{\text{공헌이익}}{\text{세전이익}}$$

위에서 영업레버리지도 4배, 재무레버리지도 2배, 결합레버리지도가 8배로 계산되었지만 레버리지도가 항상 일정한 것은 아니고 다음 표에서 보는 것처럼 매출액 수준에 따라 달라집니다. 즉 레버리지도는 손익분기점 부근의 매출수준에서 가장 크고 매출액이 증가할수록 작아집니다. 참고로 ㈜우리의 손익분기점 매출액은 750,000원(300,000/40%)이므로 매출액이 750,000원에 근접한 지점에서 레버리지도가 가장 높게 나타납니다.

매출수준에 따른 레버리지도의 변화

	매출감소		현재		매출증가
매출액	900,000	10%감소	1,000,000	10%증가	1,100,000
변동비	540,000		600,000		660,000
공헌이익	360,000	10%감소	400,000	10%증가	440,000
고정비	300,000		300,000		300,000
영업이익	60,000	40%감소	100,000	40%증가	140,000
이자비용	50,000		50,000		50,000
세전이익	10,000	80%감소	50,000	80%증가	90,000
영업레버리지도	6.0		4.0		3.1
재무레버리지도	6.0		2.0		1.6
결합레버리지도	36.0		8.0		4.9

레버리지와 위험

레버리지도가 클수록 매출액 증가율보다 이익의 증가율이 커지고, 매출액 감소율보다 이익의 감소율 또한 커집니다. 따라서 레버리지도는 기업이익의 불확실성 또는 위험도를 나타내는 지표로 사용됩니다.

영업레버리지도는 **영업위험**을 나타내고, 재무레버리지도는 **재무위험**을 나타내며, 결합레버리지도는 이 둘을 합한 **기업위험**이 됩니다. 영업고정비의 대부분을 차지하는 것이 감가상각비이므로 철강, 자동차, 조선 등 자본집약적인 산업일수록 영업레버리지도가 높고, 부채의존도가 높은 기업일수록 재무레버리지도가 높게 나타납니다.

따라서 경기가 호황일 때는 레버리지효과가 기회로 작용하지만 불황일 때는 위험요인이 됩니다. 매매가와 전세가의 차이가 크지 않은 아파트를 대상으로 하는 갭투자를 생각하면 쉽게 이해할 수 있겠지요. 1997년의 IMF 외환위기나 2008년의 금융위기처럼 경제위기가 도래하면 헐값에라도 자산을 처분하여 부채를 상환하게 됩니다. 이처럼 빚을 상환하여 레버리지도를 오히려 낮추는 현상을 **디레버리지**(deleverage) 또는 **대차대조표 축소**라고 부릅니다.

EPILOGUE

우량기업과 부실기업 주요 판단지표

지금까지 다룬 내용을 바탕으로 우량기업 판단에 필요한 체크 포인트와 함께 투자 리스크를 최소화하기 위하여 부실기업 확인을 위한 주요 지표를 예시하면 다음과 같습니다. 재무비율은 절대치 보다 경쟁기업과 비교하거나 최소 3년 정도의 기간별 비교를 통한 추세의 변화에 더 관심을 가져야 합니다.

우량기업 판단을 위한 주요 지표

1. 영업현금흐름의 순유입액이 매년 증가하는 회사
2. 설비투자가 지속적으로 이루어지는 회사
3. 매출액증가율이 높은 회사
4. 영업이익률이 높은 회사
5. 이자보상배율이 높은 회사
6. 자기자본이익률(ROE)이 높은 회사
7. 배당수익률이 높은 회사

부실기업 확인을 위한 주요 지표

1. 유동비율이 100% 이하인 회사
2. 자본이 마이너스(자본잠식)인 회사
3. 자본총액이 매년 감소하는 회사
4. 매출액이 매년 감소하는 회사
5. 영업손실이 지속적으로 발생하는 회사
6. 이자보상배율이 3 미만인 회사
7. 영업활동현금흐름이 지속적으로 마이너스인 회사
8. 감사보고서에 계속기업의 불확실성이 언급된 회사
9. 감사의견이 비적정의견인 회사

그밖의 기본적인 확인사항

1. 최고경영자의 경영마인드(CEO 리스크)
2. 사업보고서상의 사업내용
3. 주석에서 설명하는 우발부채의 내용
4. 감사보고서의 특별기재사항
5. 신종자본증권(영구채) 발행 여부
6. 사업보고서 제출 지연 및 보고서 수정 이유

찾아보기

찾아보기

ㅂ

ㅅ

ㅇ

ㅈ

A

B